이게 되네?

업무 자동화

미친 활용

앱스 스크립트 with 챗GPT

저자 서휘승

GOLDEN RABBIT

업무에서 구글 스프레드시트와 구글 설문을 정말 많이 활용하는데 추가로 구현하면 좋겠다 싶었던 기능이 모두 이 책에 있네요! 챗GPT를 활용해 문제를 해결하는 방법까지 친절하고 자세히 안내되어 있어서 코딩을 조금 할 줄 알고 구글 워크스페이스를 평소에 많이 쓰는 분이라면 책장에 반드시 두고 참고해야 할 필수템입니다!

송석리 교사, 《모두의 데이터 분석 with 파이썬》 저자

회사 업무를 더욱 스마트하게 처리할 방법을 쉽고 친절하게 안내하는 책입니다. 구글 워크스페이스와 연동한 강력한 기능을 중심으로 다뤄 실용적인 경험을 쌓을 수 있는 점이 특히 매력적입니다. 앱스 스크립트를 활용한 반복 업무 자동화 과정을 단계별로 설명하여 누구나 실무에 바로 적용할 수 있도록 돕습니다. 또한 복잡해 보일 수 있는 스크립트 작업을 체계적으로 정리해 초보자도 쉽게 따라 할 수 있도록 구성되어 있습니다. 자바스크립트에 익숙하지 않더라도 충분히 따라갈 수 있도록 설명해서 자동화에 관심이 있는 누구에게나 큰 도움이 될 것입니다.

박민지 AWS 클라우드 서포트 엔지니어

이 책은 구글 워크스페이스를 다루는 간단한 예제부터 외부 데이터를 활용한 실용적인 예제까지 체계적으로 알려줍니다. 코드를 처음 접하는 초보자도 쉽게 따라 할 수 있도록 구성되어 있고, 자바스크립트 개발자까지 새로운 통찰을 얻을 수 있는 다양한 예제가 담겨 있습니다. 업무 효율을 극대화하는 강력한 도구로 이 책이 당신의 귀중한 시간을 절약해줄 것이라 확신합니다. 특히 바쁜 직장인들에게는 정시 퇴근을 실현해줄 믿음직한 가이드가 될 것입니다. 강력히 추천합니다.

배창훈 한국발전인재개발원 인재개발실

가끔 구글 스프레드시트를 업무용으로 사용했지만 효율적인 활용법은 몰랐습니다. 구글 앱스 스크립트를 사용하면서 다양한 방법으로 업무를 편리하게 처리할 수 있다는 점을 알게 되었고, 구글 기능을 활용해 업무 자동화를 해보고 싶은 분들에게 추천합니다.

최고운 유라코퍼레이션 소프트웨어 엔지니어

투자 세계에 입문하면서부터 구글 스프레드시트는 항상 다뤄왔는데, 이렇게 구글 앱스 스크립트를 통해 아주 다양한 작업을 원하는 대로 자동화할 수 있다는 것을 많은 분들이 알게 된다면 좋을 것 같습니다.

전현준 OneLineAI CTO

책을 통해 구글 앱스 스크립트를 처음 접하며 구글 도구 활용 능력과 기초적인 자바스크립트 지식을 결합해 나만의 쓸모 있는 서비스를 만들 수 있다는 것을 깨달았습니다. 복잡한 내용은 챗GPT의 도움을 받을 수 있어 비개발자이지만 '나도 할 수 있겠다'는 자신감이 생겼습니다. 책의 내용을 따라 인공지능으로 기능을 확장해 학교 업무에 활용할 도구들을 만들어 보고 싶습니다.

유혜영 구글 공인 트레이너 초등교사

설명이 친절하고 명료해서 책을 쉽게 읽을 수 있었습니다. 구글 앱스 스크립트를 활용하면 반복적인 업무를 자동화하여 효율적으로 처리할 수 있을 것 같아요. 덕분에 시간을 절약하고 중요한 일에 더 집중할 수 있을 거라는 기대가 듭니다.

우혜수 한성과학고등학교 정보교사

하나, **구글 앱스 스크립트가 뭐예요?**

구글 앱스 스크립트는 구글 워크스페이스의 앱들을 연결하고 자동화할 수 있는 클라우드 기반 스크립트 언어입니다. 자바스크립트를 기반으로 하고 반복 작업을 자동화하거나 구글 문서, 스프레드시트, 드라이브 등 다양한 구글 앱을 서로 연동해 더 효율적으로 작업할 수 있게 해주죠. 예를 들어, 일정에 맞춰 이메일을 자동 발송하거나, 스프레드시트에서 데이터를 실시간으로 처리하는 등의 작업을 쉽게 설정할 수 있습니다.

 둘, **앱스 스크립트는 코딩이라 어렵지 않나요?**

앱스 스크립트가 처음엔 어려울 수 있어요. 하지만 **매일 3시간 걸리던 일을 단 10분 만에 끝낼 수 있다면, 그만큼 배울 만한 가치가 있지 않을까요?** 익숙해지면 반복되는 함수나 패턴이 금방 보일 거예요. 이 책은 기초 함수부터 심화 내용까지, 차근차근 앱스 스크립트를 배울 수 있도록 도와줍니다. **특히 앱스 스크립트를 챗GPT와 사용하면 훨씬 쉽게 배우고 활용할 수 있답니다.** 이 책의 'with 챗GPT' 코너에서는 챗GPT를 활용해 앱스 스크립트를 응용하는 방법, 배우지 않은 코드를 물어보는 방법, 오류를 해결하는 방법, 학습용 더미 데이터를 만드는 방법 등을 자세히 설명해요.

 셋, **앱스 스크립트는 스프레드시트 쓸 때만 유용하지 않나요?**

첫 번째 질문에서도 말했듯 앱스 스크립트는 구글 워크스페이스 전체를 다룰 수 있어요. 구글 문서, 드라이브, 캘린더와 같은 다양한 도구를 자동화할 수 있죠. 더 나아가 API를 활용하면 구글 밖의 데이터도 가져와서 조작할 수 있습니다. 이 책에서는 그런 **다양한 활용법을 담은 프로젝트 45개를 준비했습니다.** "앱스 스크립트로 이런 것까지 가능하다고?" 놀랄 만큼 폭넓은 예제를 다뤘기 때문에, 앱스 스크립트를 알지만 활용 방법을 몰랐던 독자들도 새로운 아이디어를 얻는 데 도움이 될 겁니다.

HTML 개념 체크

HTML^{HyperText Markup Language}은 웹 페이지를 만
드는 데 사용하는 기본 언어입니다. 웹 문서의
구조를 정의하고, 텍스트, 이미지, 링크 등 다
양한 요소를 배치하는 역할을 하죠. 앱스 스크
립트에서는 메일 내용 구성, 모달이나 사이드
바의 내용을 구성할 때 사용합니다.

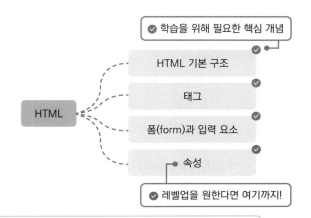

✏️ **학습 자료 추천**

- HTML 학습 문서 : developer.mozilla.org/ko/docs/Learn/HTML
- 생활코딩 HTML 무료강의 : opentutorials.org/course/2039

자바스크립트 맛보기

자바스크립트^{JavaScript}는 구글 앱스 스크립트의
기반이 되는 프로그래밍 언어입니다. 웹페이
지에 사용자가 활용할 수 있는 기능을 만들죠.
앱스 스크립트의 문법과 자바스크립트의 문법
이 완전히 같지는 않지만 다음과 같은 핵심 문
법과 개념은 알아두면 코드를 이해하는 데 큰
도움이 될 겁니다.

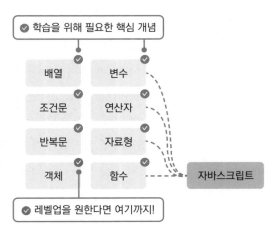

✏️ **학습 자료 추천**

- 모던 JavaScript 튜토리얼 : ko.javascript.info
- 생활코딩 자바스크립트 무료 강의 : opentutorials.org/course/743

구글 앱스 스크립트 200% 활용하려면, 커뮤니티에서 함께 연구해요

저자가 함께하는 골든래빗의 업무 자동화 오픈 카톡방과 네이버 카페에서 모르는 내용을 질문하고, 오류를 해결해보세요. 다른 사람들은 어떻게 일상과 업무의 생산성을 높이고 있는지 알아보며 더 많은 업무 자동화 아이디어를 얻어갈 수 있을 거예요.

▲ 오픈 카톡

▲ 네이버 카페

- **오픈 카톡방** : open.kakao.com/o/gBWRpyvg
- **네이버 카페** : cafe.naver.com/gpto

챗GPT와 함께 학습하세요!

챗GPT는 인공지능AI을 기반으로 한 대화형 언어 모델입니다. 챗GPT를 사용하면 앱스 스크립트를 훨씬 쉽게 배우고, 다양하게 활용할 수 있습니다. 코드나 개발 지식을 잘 몰라도 사람에게 말하듯 원하는 요청을 입력하면 되기 때문이죠. 반대로 앱스 스크립트 지식을 알고 있다면 챗GPT에게 훨씬 효과적으로 질문할 수 있습니다. 단순히 어떤 기능을 만들어달라고 요청하는 것보다 필요한 메서드, 기존에 만들어진 함수를 제시했을 때 더 완성도 있는 대답을 빠르게 얻을 수 있기 때문입니다. 이 책을 학습하기 위해서는 무료 버전 챗GPT를 사용하면 충분합니다.

▲ 챗GPT 링크

- **챗GPT 홈페이지** : chatgpt.com/

어려운 내용은 유튜브 강의로 한 번 더 공부하세요

꼭 필요한 프로젝트만 골라 유튜브 강의를 제공합니다. 글로 이해하기 어려웠던 부분, 또는 글로 이해했지만 한 번 더 설명이 필요한 부분을 동영상으로 만나보세요.

▲ 유튜브 강의

- 유튜브 강의 : youtube.com/@editorp89

실습에 필요한 코드를 전부 제공해요

앱스 스크립트를 능숙하게 익히기 위해서는 책에 나온 코드를 직접 따라 입력하는 것을 권장합니다! 하지만 너무 바쁘고, 더 빨리 학습하고 싶고, 지금 당장 쓰고 싶다면 다음 링크에서 예제 코드를 다운받아 활용하세요. 효율적인 학습에 도움을 주는 ❶ 도서 내 링크 모음, ❷ 예제 앱스 스크립트 코드, ❸ 예제 HTML 코드, ❹ '05장 앱스 스크립트 실전 업무에 활용하기' 완성작을 제공합니다.

▲ 실습 파일
다운로드

- 실습 파일 다운로드 : vo.la/owKJxg

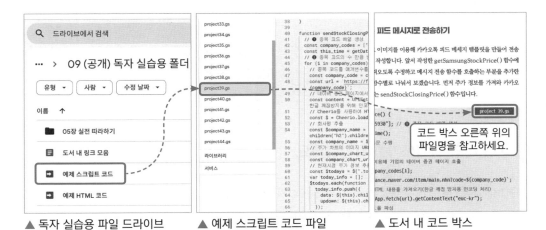

▲ 독자 실습용 파일 드라이브   ▲ 예제 스크립트 코드 파일   ▲ 도서 내 코드 박스

구글 앱스 스크립트를 배우다 보면 이런저런 오류를 많이 만날 겁니다. 그럴 때는 당황하지 말고 다음과 같은 사항들을 확인해보세요. 앱스 스크립트 활용 중 가장 빈번하게 나타나는 오류의 유형을 정리했습니다.

① 시트 이름을 확인하세요

스프레드시트와 함께 앱스 스크립트를 활용할 일이 가장 많을 겁니다. 이때 함수를 실행했는데 다음과 같은 오류가 뜬다면 시트를 불러오는 과정에서 문제가 생겼을 가능성이 높습니다.

```
오후 5:06:00  오류     TypeError: Cannot read properties of null (reading 'getRange')
                       sortQuantityAsc  @  Code.gs:4
```

이때 실제 시트의 이름과 코드의 getSheetByName( )메서드에서 인수로 불러온 시트의 이름이 같은지 확인하고 다르다면 이름을 맞춰주세요.

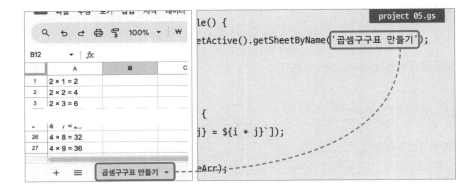

② 오타와 띄어쓰기를 확인하세요

컴퓨터는 사람과 달리 띄어쓰기 하나까지 정확하게 입력해야 작동합니다. 예제 코드를 잘 보고 오타는 없는지, 띄어쓰기가 다르진 않은지 잘 확인해보세요.

③ 올바른 함수를 실행했는지 확인하세요

프로젝트가 복잡해질수록 하나의 프로젝트에 서로 연결된 여러 개의 함수를 작성하게 됩니다. 이때 스크립트에서 실행하는 핵심 작동 함수가 무엇인지 확인하고 그 함수를 실행하세요.

④ 앱스 스크립트의 권한을 확인하세요

새로운 앱스 스크립트 프로젝트를 만들어서 실행할 때마다 접근 권한을 확인해야 합니다. 과거에 권한 승인을 한 프로젝트인데 접근, 작동이 안 된다면 권한 설정을 한 계정과 다른 계정으로 구글 로그인이 되어있지는 않은지 확인해보세요.

⑤ API 암호가 만료되지 않았는지 확인하세요

API를 활용하는 실습을 할 때는 토큰, 키 등으로 부르는 다양한 암호를 사용합니다. 이때 암호의 유지 시간을 확인하고 만료되지 않았는지 확인해보세요. 계속 문제가 생긴다면 새로운 암호를 발급받아서 다시 시도해도 좋겠습니다.

구글 앱스 스크립트 시작하기

앱스 스크립트 기초 운동하기

Part 02 앱스 스크립트로 업무 업그레이드하기

Part
03

스프레드시트 제대로 사용하기

Part
04

앱스 스크립트로 API 사용하기

Part 05

앱스 스크립트 실전 업무에 활용하기

Part

00

구글 앱스 스크립트
시작하기

학습목표

앱스 스크립트를 시작하기 위한 기본 세팅과 인터페이스를 알아봅니다. 그리고 앱스 스크립트에서 함수를 만들고 실행하는 방법을 알아보고 직접 실습해봅니다.

핵심 키워드

독립형 스크립트 # 컨테이너 바인딩 스크립트 # 클래스 # 함수 실행 # 권한 허용

(Project 00)

구글 앱스 스크립트란?

구글 앱스 스크립트^{google apps script, GAS}는 구글 워크스페이스와 함께 사용하면 시너지를 발휘하는 구글의 스크립트 언어입니다. 직장인이 자주 사용하는 엑셀, 워드 등의 기능을 구글 워크스페이스에서 구글 스프레드시트와 구글 문서 등으로 제공하고 있습니다. 이 책에서는 구글 앱스 스크립트를 앱스 스크립트라고 줄여 부르겠습니다.

앱스 스크립트를 사용하면 구글 워크스페이스 문서의 데이터를 추출하고 수정하는 등의 반복 작업을 자동화할 수 있습니다. 예를 들어 구글에서 제공하는 서비스인 구글 캘린더와 구글 폼을 관리할 수 있고 메일을 전송할 수도 있습니다. 특정 시기마다 구글 캘린더에 일정 만들기, 다량의 메일 한 번에 보내기 등의 작업을 코드로 한 번에 처리할 수 있죠. API를 호출하여 외부 데이터를 불러올 수 있고 메신저에 메시지를 보낼 수도 있습니다.

TIP 저는 앱스 스크립트를 이용하여 사내 영업 관리, 생산 관리, SAP의 회계 데이터를 시트에서 리포트 형태로 만든 적이 있고, 카드 결제 시스템 연동, 문자 메시지 전송 등 다양한 서비스와 연동한 경험이 있습니다. 그 경험을 바탕으로 이 책을 만들었죠. 이 책을 읽으면 여러분도 그렇게 될 수 있을 겁니다.

</> 앱스 스크립트의 종류

앱스 스크립트는 생성하는 방법에 따라 독립형 스크립트와 컨테이너 바인딩 스크립트로 나뉩니다. 독립형 스크립트와 컨테이너 바인딩 스크립트란 다음과 같습니다.

- **독립형 스크립트** : 독립형 스크립트는 구글 서비스와 직접 연결되지 않는 독립 스크립트로, 라이브러리, 웹 앱 등 독립된 서비스 운영을 위해 사용됩니다.
- **컨테이너 바인딩 스크립트** : 컨테이너 바인딩 스크립트는 구글 서비스와 연결되는 스크립트로, 주로 구글 문서, 스프레드시트 등 특정 서비스와 연결되어 동작합니다. 연결된 구글 서비스에서 발생하는 다양한 이벤트에 대응할 수 있으며, 데이터에 쉽게 접근할 수 있습니다.

독립형 스크립트 만들기

구글 드라이브나 앱스 스크립트 홈에서 앱스 스크립트 프로젝트를 생성하면 독립형 스크립트가 생성됩니다. 구글 드라이브에서 실습해봅시다. 여러분의 구글 계정으로 구글에 로그인 후 드라이브 홈에 접속해주세요. **[새로 만들기 또는 신규 + → 더보기 → Google Apps Script]**를 클릭합니다.

TIP 구글 드라이브 홈 : drive.google.com/drive/home

TIP 앱스 스크립트 홈 : script.google.com/home

프로젝트가 만들어졌습니다. 왼쪽의 파일 탭이 파일을 관리하는 공간, 오른쪽의 function...이라는 코드가 보이는 공간이 앞으로 여러분이 코드를 작성할 곳입니다.

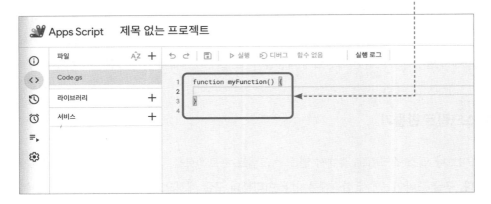

이렇게 하면 독립형 스크립트를 만든 것이 됩니다. 다만 앞으로 우리는 특정 구글 앱(구글 문서, 구글 스프레드시트, ...)에 연결할 스크립트를 작성하며 실습할 것이므로 컨테이너 바인딩 스크립트를 만드는 방법을 더 많이 사용할 것입니다. 이 방법은 잠시 잊고 컨테이너 바인딩 스크립트 만드는 방법을 알아보겠습니다.

컨테이너 바인딩 스크립트 만들고 코드 작성하여 실행하기

구글 스프레드시트에서 [**확장 프로그램** → **Apps Script**] 메뉴를 클릭해 앱스 스크립트를 생성하면 컨테이너 바인딩 스크립트가 생성됩니다.

생성된 결과 화면은 같으나 여기서 만든 스크립트 파일은 특정한 구글 앱 파일, 즉, 컨테이너에 연결되어 있다는 점이 다릅니다. 그 차이를 바로 알아봅시다. 앱스 스크립트 프로젝트를 관리하는 앱스 스크립트 홈으로 이동하면 여러분이 만든 앱스 스크립트 파일들을 확인할 수 있습니다.

두 파일은 모두 같은 앱스 스크립트지만 ❶번 파일은 ➡ 아이콘이 붙고, ❷번 파일은 🔁 아이콘이 붙었습니다. 그렇습니다. ❶번이 독립형 스크립트이고 ❷번이 컨테이너 바인딩 스크립트입니다. 이렇게 아이콘을 통해 직관적으로 특정 구글 앱과 연결된 스크립트인지 아닌지 구분할 수 있습니다.

TIP 겹쳐진 아이콘의 의미는 '특정 구글 앱에 묶인 스크립트'라고 이해해도 좋습니다.

그럼 컨테이너 바인딩 스크립트가 어떻게 동작하는지 알아봅시다. 스프레드시트와 연결된 스크립트를 여는 방법은 스크립트 파일을 오른쪽 클릭하고 **[컨테이너 열기]**를 누르면 됩니다.

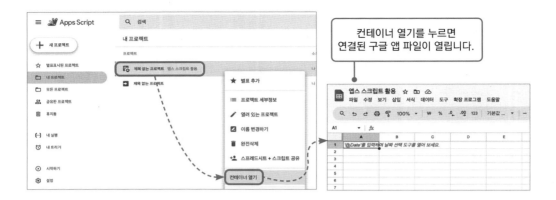

컨테이너 열기를 누르면 연결된 구글 앱 파일이 열립니다.

파일이 열리면 시트 이름을 sheet001이라고 지은 후, A1에 아무 값이나 입력해 봅시다.

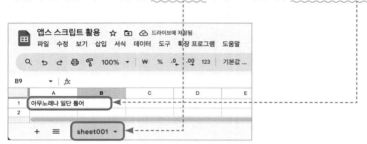

그런 다음 이 값을 스크립트에서 확인해봅니다. 스크립트 파일을 여는 방법은 **[확장 프로그램 → Apps Script]**를 누르거나, 앱스 스크립트 홈에서 보고 있던 파일 목록을 이용해서 열면 됩니다.

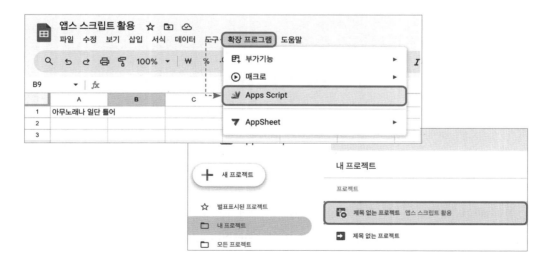

스크립트 파일에 다음과 같은 코드를 입력합니다.

```
function myFunction() {
  // 작업을 진행할 시트(sheet001) 선택
  const sheet = SpreadsheetApp.getActive().getSheetByName("sheet001");
  // A1 셀의 데이터 가져오기
  const value = sheet.getRange("A1").getValue();
  // 가져온 셀의 데이터를 콘솔에 출력
  console.log(value);
}
```

> // 뒤에 적힌 파란색 글씨는 코드를 설명하는 주석입니다. 따라 입력하지 않아도 됩니다.

TIP 코드 이해는 잠깐 멈추고 컨테이너 바인딩 스크립트가 동작하는 원리를 이해하는 것에 집중합시다.

코드를 입력한 다음에는 Ctrl + S 나 💾 버튼을 눌러 저장하고, [▶ 실행] 버튼을 눌러 코드를 실행하면 됩니다.

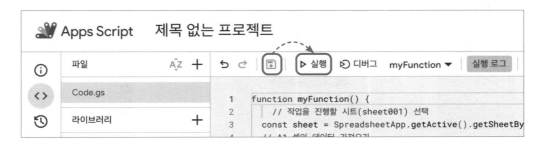

처음 앱스 스크립트를 실행하려면 접근 권한을 허용해야 합니다. 다음 과정을 참고하여 여러분 계정의 접근 권한을 허용하세요.

'승인 필요'라는 창이 뜨면 ❶ **[권한 검토]** 버튼을 누르고 ❷ 여러분의 계정을 선택하세요. 'Google에서 확인하지 않은 앱'이라는 경고가 뜨면 ❸ 왼쪽 아래 **[고급]**을 누르고 **[제목없는 프로젝트(으)로 이동(안전하지 않음)]**을 누르세요. 마지막으로 액세스 창에서 ❹ **[허용]**을 누르면 권한 확인 과정이 끝납니다. 이제 다시 **[▶ 실행]** 버튼을 누르면 여러분의 코드가 실행될 겁니다.

아래에 보이는 **[실행 로그]** 화면이 흔히 개발자들이 말하는 콘솔입니다. 앞으로는 이 **[실행 로그]** 화면을 로그 또는 콘솔이라고 이야기하겠습니다.

콘솔의 코드 실행 결과를 보면 스프레드시트의 A1에 입력한 값이 보입니다. 이렇게 스크립트가 스프레드시트의 파일에 있는 값을 바로 가져올 수 있는 이유는 바로 스크립트가 컨테이너에 바인딩되어 있기 때문입니다. 쉽게 말해 이 스크립트는 현재 '내가 이 스크립트를 실행하는 대상은 스프레드시트 파일이야'라고 인식하고 있는 것입니다.

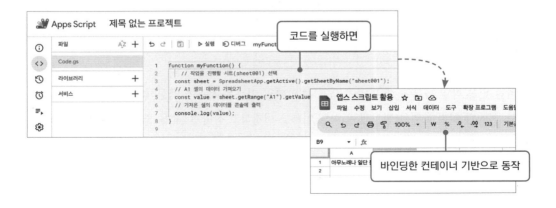

독립형 스크립트는 언제 쓸까?

그럼 자연스럽게 특정 컨테이너와 연결되지 않은 독립형 스크립트를 왜, 언제 쓸지 궁금해질 것입니다. 독립형 스크립트는 웹 앱을 배포해 웹 페이지를 생성하거나, 매일 혹은 매월 특정 시간에 정해진 기능을 실행하는 등의 역할을 위해 사용합니다. **사실 독립형 스크립트는 1~2줄의 코드만 입력하여 컨테이너 바인딩 스크립트처럼 특정 구글 앱에 연결할 수 있습니다. 다만 연결하고 싶은 문서의 아이디를 추가로 입력해야 하므로 편의성이 아주 약간 떨어질 뿐이죠.** 아, 물론 이 책에서는 두 방법을 모두 다룹니다. 걱정 말고 앞으로 나아가며 천천히 공부해봅시다.

</> 앱스 스크립트 프로젝트 만들고, 파일 이름 짓기

지금부터는 앱스 스크립트 파일을 만든 것을 **프로젝트**라고 부르겠습니다. 앞으로 프로젝트라고 이야기하면 앱스 스크립트 파일을 떠올리면 됩니다. 프로젝트에는 스크립트 파일을 여러 개 만들 수 있습니다. 스크립트 파일의 확장자는 .gs입니다. 다음을 참고하여 프로젝트에 새 파일을 만들어봅시다. 프로젝트에서 [➕ **파일 추가**] 버튼을 클릭한 다음 [**스크립트**]를 클릭하세요.

그러면 왼쪽 파일 목록에 새 파일이 생깁니다. 파일 이름은 처음에 적절하게 지어주는 것이 좋습니다. 하지만 이미 파일을 생성했고, 파일 이름을 변경하고 싶다면 ⋮ 을 클릭하여 [**이름 변경하기**]로 변경하면 됩니다.

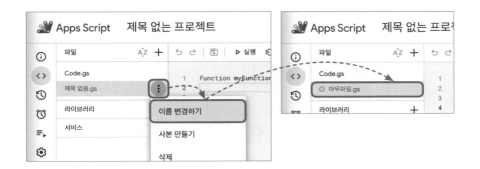

리마인드 노트

- 구글 앱스 스크립트는 다양한 구글 서비스 및 외부 API와 연동할 수 있는 스크립트 언어입니다.
- 앱스 스크립트 파일은 두 종류로 독립적으로 사용하는 **독립형 스크립트**, 구글 문서나 스프레드 시트 등 구글 서비스와 연결해 사용하는 **컨테이너 바인딩 스크립트**가 있습니다.
- **실행 로그**를 통해 앱스 스크립트의 실행 결과를 확인할 수 있습니다.

Project 01

앱스 스크립트 함수 만들고
실행하기

난이도 ▣▣□ 알아두면 유용해요 ▣▣▣

여기서는 앱스 스크립트에서 동작하는 함수를 만들 때 꼭 알아야 하는 클래스와 권한 문제, 실행
방법을 알아보겠습니다.

TIP 이 책은 자바스크립트가 무엇인지 알고 보면 훨씬 효과적입니다. 만약 자바스크립트를 처음 접한다면 유튜브나 책으로
기초 공부를 하고 오길 권합니다.

</> 클래스를 이용해 문서에 접근하기

앱스 스크립트에서는 다양한 구글 워크스페이스 서비스에 접근하고 수정할 수 있습니다. 각 서비
스를 조작하기 위한 클래스^{Class}는 다음과 같으며, 모든 클래스는 구글에서 제공합니다.

- **구글 드라이브** : DriveApp
- **구글 문서** : DocumentApp
- **구글 캘린더** : CalendarApp
- **구글 폼** : FormApp

- **구글 스프레드시트** : SpreadsheetApp
- **구글 슬라이드** : SlidesApp

클래스 이름이 구글 워크스페이스 서비스를 연상케합니다. 클래스 내부의 메서드를 이용해서 실제 서비스 작업을 할 수 있죠. 구체적인 내용은 바로 실습을 통해 알아봅시다.

스프레드시트를 만든 후 컨테이너 바인딩 스크립트를 생성합시다. 바로 앞에서 해본 실습이므로 금방 할 수 있을 겁니다. 이제 중괄호 { } 안에 app이라고 입력하면 입력 도중 여러분이 사용할 수 있는 서비스 목록이 나타날 것입니다.

```
function myFunction() {
  app
}
```

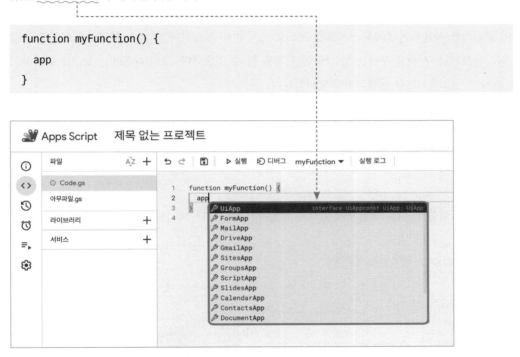

목록을 보면 스패너 모양의 아이콘이 클래스명과 함께 나열되어 있습니다. 여기서 우리가 사용할 클래스는 SpreadsheetApp입니다. 이 클래스를 선택하여 다음 코드로 완성합시다.

```
function myFunction() {
  SpreadsheetApp
}
```

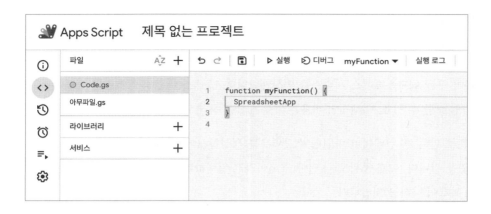

이 클래스를 사용하면 스프레드시트를 코드로 조작할 수 있습니다. 예를 들어 스프레드시트의 값을 가져오거나, 서식을 꾸미는 등 다양한 동작을 할 수 있습니다. 그런 다음에는 점(.)을 입력하고 getActive( ) 메서드를 선택하거나 입력합니다.

```
function myFunction() {
  SpreadsheetApp.getActive()
}
```

메서드를 입력할 때 다음 그림처럼 메서드 설명이 나타납니다. 메서드 설명을 읽어볼까요?

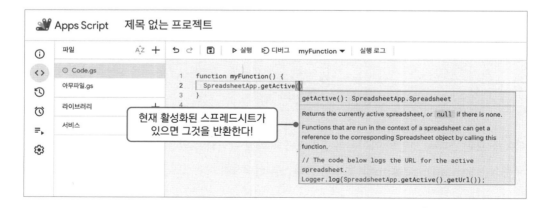

설명을 보면 '현재 활성화된 스프레드시트가 있으면 그것을 반환한다'라고 되어 있습니다. 쉽게 말해 현재 이 코드가 연결된 스프레드시트 자체를 얻어온 것입니다. 계속해서 점(.)을 입력하고 추가 작업을 위한 메서드를 붙여봅시다. 여기서는 간단하게 활성화된 스프레드시트의 제목을 가져와 콘솔에 출력해봅니다.

```
1   function myFunction() {
2     SpreadsheetApp.getActive().
3   }
```

```
⬡ addDeveloperMet…      (method) SpreadsheetApp.Spreadsheet.…
⬡ addEditor
⬡ addEditors
⬡ addMenu
⬡ addViewer
⬡ addViewers
⬡ appendRow
⬡ autoResizeColumn
⬡ copy
⬡ createDeveloperMetadataFinder
⬡ createTextFinder
⬡ deleteActiveSheet
```

`project01.gs`

```
function myFunction() {
  var ssName = SpreadsheetApp.getActive().getName();
  console.log(ssName);
}
```

작성한 코드는 활성화된 스프레드시트의 이름을 가지고 오는 getName( ) 메서드로 스프레드시트의 이름을 콘솔에 출력합니다. 코드를 실행해보면 스프레드시트의 이름인 '앱스 스크립트 활용'이 나타납니다. 코드를 통해 앞으로 다양한 업무를 자동화하겠습니다. 자바스크립트를 접한 지 얼마 되지 않았거나, 앱스 스크립트 환경이 익숙하지 않다면 조금 정신이 없을 수 있습니다. 걱정마세요. 앞으로 다양한 실습을 통해 익숙해질 수 있습니다. 저를 믿고 앞으로 나아가봅시다.

⊖ 리마인드 노트

- 앱스 스크립트로 다양한 구글 워크스페이스 서비스에 접근하고 수정할 수 있습니다.
- 각 서비스를 조작하기 위해서는 **클래스**로 접근해야 합니다.
- 클래스 안에는 그 클래스를 조작할 수 있는 행동들이 들어있습니다. 이것을 **메서드**라고 합니다.

MEMO

Part
01

앱스 스크립트
기초 운동하기

학습목표

앱스 스크립트의 기본적인 사용법과 구글 문서 도구에 접근하는 법, 트리거에 대해 설명합니다. 여기를 공부하면 앱스 스크립트를 통해 구글 시트, 구글 문서 등에 접근하고, 트리거에 대한 기본적인 사용법을 학습할 수 있습니다.

핵심 키워드

\# 트리거 \# 구글 문서 도구 \# UI사용

$$\boxed{\text{Project 02}}$$

스프레드시트 열어서 값 읽어오기

난이도  알아두면 유용해요

앱스 스크립트로 가장 많이 사용하는 구글 애플리케이션은 스프레드시트입니다. 지금부터는 스프레드시트에 앱스 스크립트로 접근하여 여러 가지 작업을 해보겠습니다.

</> 프로젝트 실습 기본 세팅하기

새로운 스프레드시트를 만들고 스프레드시트와 연결된 **컨테이너 바인딩 프로젝트**를 만듭니다.

TIP 독립형 프로젝트가 아닌 컨테이너 바인딩 프로젝트를 만들어야 합니다.

스프레드시트로 돌아가 실습에서 사용할 임의 데이터를 입력하고 시트의 이름을 '과일'로 변경합니다.

</> 특정 셀의 데이터 가져오기

앱스 스크립트로 셀 한 개의 데이터를 가져와보겠습니다. 이 내용은 앞 장에서 실습한 적이 있으므로 크게 어렵지 않을 것입니다. 복습하는 기분으로 진행합시다. A2의 값을 앱스 스크립트로 가져옵니다.

```
                                                              project02.gs
function getApple() {
  const ss = SpreadsheetApp.getActive(); // ❶ 활성화된 구글 시트 선택
  const sheet = ss.getSheetByName("과일"); // ❷ 작업 시트 이름으로 선택
  const value = sheet.getRange("A2").getValue(); // ❸ 가져올 데이터 영역 선택
  console.log(value); // ❹ 콘솔로 데이터 확인
}
```

```
                                                              실행 로그
사과
```

❶ SpreadsheetApp 클래스의 getActive( ) 메서드로 프로젝트가 바인딩된 스프레드시트를 선

택합니다.

❷ getSheetByName( ) 메서드는 시트의 이름을 이용해서 작업할 시트를 선택하는 메서드입니다. 지금은 "과일"을 입력해서 해당 시트를 선택했습니다.

❸ SpreadsheetApp 클래스의 getRange( ) 메서드를 이용해 셀의 데이터를 가져올 범위를 지정하고, getValue( ) 메서드를 이용해 값을 가지고 옵니다. getRange( ) 메서드는 스프레드시트에서 셀을 드래그하는 것을 연상하면 됩니다.

❹ 가지고 온 데이터를 로그에 출력하면 '사과'가 나타납니다.

TIP 이 부분은 앞으로 스프레드시트를 활용하는 거의 모든 앱스 스크립트에서 사용할 기본이자 핵심 코드 조각입니다.

</> 앱스 스크립트는 함수를 지정하여 실행할 수 있습니다

코드를 입력하며 눈치채지 못했을 수도 있습니다만 앱스 스크립트는 함수를 지정하여 실행할 수 있습니다. 프로젝트 화면을 잠깐 다시 살펴봅시다.

프로젝트를 보면 여러분이 입력한 getApple( ) 함수가 선택되어 있습니다. 이렇게 앱스 스크립트는 함수 단위로 코드를 실행합니다. 이후 새로운 함수를 만든 후에는 함수 이름을 선택하여 실행할 것이므로 미리 알아두기 바랍니다.

</> 특정 범위 데이터 가져오기

이번에는 특정 범위의 여러 데이터를 가져와 보겠습니다. 저는 3~4행의 데이터를 모두 가져오려고 합니다. 앞서 작성한 함수에 이어서 다음 함수를 작성해주세요.

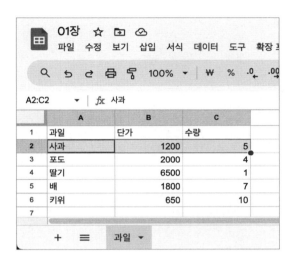

```
function getSomeFruitsData() {
  const ss = SpreadsheetApp.getActive();
  const sheet = ss.getSheetByName("과일");
  // ❶ 가져올 데이터 영역을 선택합니다.
  const values = sheet.getRange("A3:C4").getValues();
  console.log(values);
}
```

project02.gs

❶ 여러 행의 데이터를 가져올 때는 getValues( ) 메서드를 이용합니다. getValues( ) 메서드를 이용하면 2차원 배열의 구조로 데이터를 가져옵니다.

코드를 작성하고 **[저장]** 버튼을 눌러 저장하면 함수 선택 목록에 새 함수가 보일 겁니다. 다음 화면을 참고하여 함수를 새로 지정한 후 실행을 눌러주세요.

```
  ↺   ↻   🖫    ▷ 실행  ⟳ 디버그   getApple   ▼      실행 로그
                                 getApple                         ┌──────────────────────┐
   1    // 특정 셀의 데이터 가져오기                               │      실행할 함수       │
   2    function getApple() {     getSomeFruitsData               │ 'getSomeFruitsData' 선택 │
   3      const ss = SpreadsheetApp          화된 구글 시트 선택   └──────────────────────┘
   4      const sheet = ss.getSheetByName("과일"); // ❶ 작업 시트 이름으로 선택
   5      const value = sheet.getRange("A2").getValue(); // ❷ 가져올 데이터 영역 선택
   6      console.log(value); // ❸ 콘솔로 데이터 확인
   7    }
   8
   9    // 특정 범위 데이터 가져오기
  10    function getSomeFruitsData() {
  11      const ss = SpreadsheetApp.getActive();
  12      const sheet = ss.getSheetByName("과일");
  13      // ❶ 가져올 데이터 영역을 선택합니다.
  14      const values = sheet.getRange("A3:C4").getValues();
  15      console.log(values);
  16      console.log(values[0]); // ❷ [ '포도', 2000, 4 ]
  17      console.log(values[1]); // ❸ [ '딸기', 6500, 1 ]
  18
  19    }
```

그러면 다음과 같이 [ ] 안에 다시 [ ] 가 들어간 데이터가 로그에 나타납니다. 이것이 2차원 배열의
구조입니다.

```
[ [ '포도', 2000, 4 ], [ '딸기', 6500, 1 ] ]
```
실행 로그

스프레드시트의 getValues( ) 뜯어보기

프로그래밍 언어를 공부한 사람이라면 2차원 배열 구조에 익숙하겠으나 그렇지 않은 사람도 있을
겁니다. 그러므로 getValues( ) 메서드가 어떤 방식으로 스프레드시트의 데이터를 가져오는지 알
아보겠습니다. 2차원 배열은 스프레드시트 화면 자체를 떠올리면 이해하기 쉽습니다.

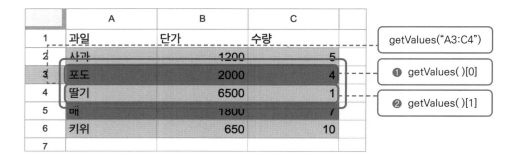

이렇게 getValues( ) 메서드는 메서드의 이름에서 유추할 수 있듯이 여러 줄의 스프레드시트의
데이터를 가져오는 것처럼 동작합니다.

❶ 만약 getValues( ) 메서드로 얻어온 데이터의 1번째 줄 데이터를 가져오고 싶다면 그림에 표시한 것처럼 getValues( )[0]을 입력하면 되고, ❷ 2번째 줄 데이터를 가져오고 싶다면 getValues( )[1]을 입력하면 됩니다. 실제로 코드로 확인해봅시다.

```project02.gs
...생략...
function getSomeFruitsData( ) {
  const ss = SpreadsheetApp.getActive( );
  const sheet = ss.getSheetByName("과일");
  const values = sheet.getRange("A3:C4").getValues( );
  console.log(values);
  console.log(values[0]); // ❶ [ '포도', 2000, 4 ]
  console.log(values[1]); // ❷ [ '딸기', 6500, 1 ]
}
```

실행 로그
```
[ [ '포도', 2000, 4 ], [ '딸기', 6500, 1 ] ]  ●── values
[ '포도', 2000, 4 ]  ●── values[0]
[ '딸기', 6500, 1 ]  ●── values[1]
```

❶ 지금은 values[0], ❷ values[1]과 같이 변수에 접근하여 데이터를 가져왔습니다.

with 챗GPT 배부터 키위까지 단가와 수량을 가져와볼까요?

앞으로 우리는 종종 챗GPT와 함께 배운 내용을 복습하거나 응용할 겁니다. getAppleData( ) 함수의 전체 코드를 보여주고 변경하고 싶은 부분을 구체적으로 물어보세요.

> A5부터 C6까지의 데이터를 가져오도록 getAppleData( ) 함수를 수정해줘. ●──(질문과 함께 코드 복붙!)

getAppleData( ) 함수를 A5부터 C6까지의 데이터를 가져오도록 다음과 같이 수정할 수 있어요.

```javascript
function getAppleData() {
  const ss = SpreadsheetApp.getActive();
  const sheet = ss.getSheetByName("과일");
  const values = sheet.getRange("A5:C6").getValues();
  console.log(values);
  console.log(values[0]);
  console.log(values[1]);
}
```

getRange( ) 메서드의 범위를 요청한 대로 "A3:C4"에서 "A5:C6"로 잘 바꿔주었네요. 실행해보니 배부터 키위까지의 단가와 수량을 맞게 가져옵니다.

</> 크기가 변하는 시트의 모든 데이터 가져오기

만약 셀의 모든 데이터를 가져오려면 getRange("A2:C6")과 같이 셀 범위를 입력하면 될 겁니다.

	A	B	C
1	과일	단가	수량
2	사과	1200	5
3	포도	2000	4
4	딸기	6500	1
5	배	1800	7
6	키위	650	10
7			

getValues("A2:C6")

그러나 데이터가 계속 추가되면 어떻게 될까요?

	A	B	C	
1	과일	단가	수량	
2	사과	1200	5	
3	포도	2000	4	
4	딸기	6500	1	getValues(???)
5	배	1800	7	
6	키위	650	10	
7	뉴과일	2000	4	

만약 이렇게 새로운 데이터가 1줄 추가되면 전체 범위의 데이터를 가져오기 위해 코드에서 범위 값을 "A2:C6"에서 "A2:C7"로 변경해야겠네요. 하지만 또 새로운 데이터가 추가된다면요? 그때 도 코드를 수정해야 할까요? 흠... 매번 이렇게 하는 건 불편합니다. 그 문제를 어떻게 해결할 수 있을까요?

마지막 행 위치를 계산하는 getLastRow( ) 메서드

바로 getLastRow( ) 메서드를 사용하면 됩니다. getLastRow( ) 메서드는 특정 시트의 마지막 데이터가 입력된 값을 보고 행 번호를 반환합니다.

	A	B	C	
1	과일	단가	수량	
2	사과	1200	5	
3	포도	2000	4	
4	딸기	6500	1	
5	배	1800	7	
6	키위	650	10	
7	뉴과일	2000	4	getLastRow( ) → 7

다음 코드를 입력해주세요.

```
function getFruitData() {
  const ss = SpreadsheetApp.getActive();
  const sheet = ss.getSheetByName("과일");
```

project02.gs

```
    const lastRow = sheet.getLastRow(); // ❶ 마지막 행의 순번
    console.log(lastRow); // ❷ console로 마지막 행의 순번을 잘 가져왔는지 확인
    // ❸ 가져올 데이터 영역을 선택
    const values = sheet.getRange(`A2:C${sheet.getLastRow()}`).getValues();
    console.log(values);
}
```

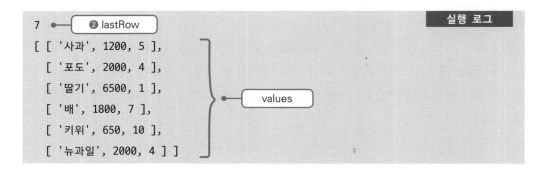

❶ getLastRow( ) 메서드로 시트의 데이터가 있는 마지막 행 번호를 가져와 변수로 선언합니다.

❷ 마지막 행 번호를 잘 가지고 왔는지 로그를 출력해봅니다.

❸ getRange( ) 메서드를 보면 범위를 지정할 때 템플릿 리터럴로 `A2:C${sheet.getLastRow( )}`와 같이 입력하여 직접 숫자를 입력하는 방식이 아닌 getLastRow( ) 메서드의 결괏값으로 입력하도록 변경했습니다.

TIP ${...}는 문자열을 코드 실행 결과와 함께 출력할 수 있는 자바스크립트의 템플릿 리터럴이라는 문법입니다. 궁금하다면 검색하여 공부하고 돌아와도 좋습니다.

실행 결과를 보면 전체 데이터를 잘 가져옵니다. 새로운 데이터를 입력하고 코드를 실행하면 그만큼 데이터를 출력할 것입니다. 직접 스프레드시트의 8행에 새로운 과일을 입력하고 함수를 재실행해보세요.

</> 범위 이름으로 데이터 가져오기

앞에서는 getLastRow( ) 메서드로 마지막 행의 위치를 계산하여 데이터를 가져왔습니다. 하지만 스프레드시트에는 범위 이름이라는 기능이 있습니다. 이 범위 이름을 이용하면 더 쉽게 범위 내의 데이터를 가져올 수 있습니다.

범위 이름 설정하기 : 스프레드시트에서

범위 이름은 스프레드시트에서 선택한 셀 범위에 고유한 이름을 부여해 셀 선택 작업의 효율을 높입니다. 스프레드시트에서는 **[데이터 → 이름이 지정된 범위]**에서 셀 범위를 지정하고 확인할 수 있습니다. 저는 셀 범위 A2:C7의 이름을 '과일범위'라고 지정했습니다.

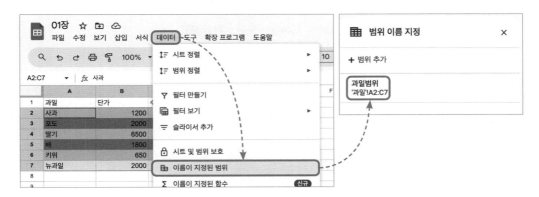

이렇게 특정 이름으로 원하는 범위를 지정할 수 있습니다. 범위 이름으로 셀의 데이터를 가져오면 코드로 "A1:G2"와 같이 범위를 직접 입력할 때보다 가독성이 좋아지고 실수를 줄일 수 있습니다.

범위 이름 설정하기 : 앱스 스크립트에서

앱스 스크립트로 범위 이름을 설정할 수도 있습니다. 앞에서 설정한 범위 이름을 지우고 코드로 범위 이름을 지정해봅시다. 범위 이름을 코드로 지정하는 방법은 getRange( ) 메서드로 영역을 지정한 뒤 setNameRange( ) 메서드를 이용하면 됩니다.

```
                                                                    project02.gs
function setAppleNameRange() {
  const ss = SpreadsheetApp.getActive();
  const sheet = ss.getSheetByName("과일");
  const appleRange = sheet.getRange("A2:C2"); // ❶ 범위 이름을 설정할 영역 선택
  ss.setNamedRange("사과범위", appleRange); // ❷ 'A2:C2'을 '사과범위'로 지정
}
```

❶ SpreadsheetApp에서 제공하는 getRange( ) 메서드를 이용해 A2:C2 범위를 입력합니다.

❷ 그런 다음 setNamedRange( ) 메서드를 이용해 해당 범위의 이름을 "사과범위"로 지정해줍
니다. setNamedRange( ) 메서드의 매개변수는 범위 이름, 범위 순서로 인수값을 입력합니다.

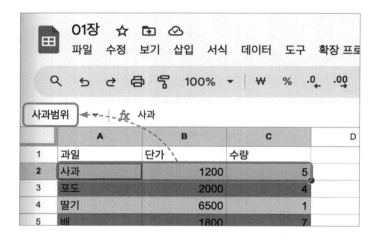

함수를 실행하고 스프레드시트로 돌아오면 다음과 같이 '사과범위'가 지정되었습니다.

범위 이름으로 데이터 가져오기

범위 이름을 설정했으니 범위 이름으로 지정한 영역의 값을 변수에 저장해봅시다. 다음 코드를 입
력해주세요.

```
                                                                    project02.gs
function getAppleNameRangeValues() {
  const ss = SpreadsheetApp.getActive(); // ❶ 스프레드시트 지정하기
```

```
    // ❷ 범위 이름으로 범위 가져오기
    const appleRange = ss.getRangeByName("사과범위");
    // ❸ 범위 이름의 값 가져오기
    const appleRangeValues = appleRange.getValues();
    console.log(appleRangeValues);
}
```

```
[ [ '사과', 1200, 5 ] ]
```

❶ getSheetByName( ) 메서드로 특정 시트를 지정해야 하는 getRange( ) 메서드와 달리 범위 이름은 스프레드시트 전체에서 가져옵니다.

❷ getRangeByName( ) 메서드를 이용해 '사과범위' 데이터의 범위를 지정합니다.

❸ getValues( ) 메서드를 이용해 지정한 범위의 데이터를 가져오고 appleRangeValues라는 이름의 변수에 저장했습니다. appleRangeValues를 출력하면 저장한 값이 나옵니다.

🤖 with 챗GPT 행별로 범위를 지정해달라고 해볼까요?

챗GPT를 활용하면 책에서 배운 개념을 더 풍부하게 사용할 수 있습니다. 행별로 범위를 지정해 달라고 요청해보겠습니다. setAppleNameRange( ) 함수와 함께 요청 사항을 작성하세요.

🧑 💬

setAppleNameRange( ) 함수를 수정해서 A2:C2부터 A6:C6까지 행별로 범위를 지정하는 함수를 만들어 줘. 각 범위의 이름은 A열의 테이터 + '범위'로 지어줘. ◀─ 질문과 함께 코드 복붙!

🤖 💬

주어진 요구사항에 따라 생성한 함수입니다.

```
function setAppleNameRange() {
const ss = SpreadsheetApp.getActive();
```

```
    const sheet = ss.getSheetByName("과일");
    const lastRow = sheet.getLastRow();  ◀--------------------┐
      for (let row = 2; row <= lastRow; row++) {
        // 해당 행의 과일 이름 가져오기
        const fruitName = sheet.getRange(`A${row}`).getValue();
        // 해당 행의 범위 가져오기
        const fruitRange = sheet.getRange(`A${row}:C${row}`);
        // 과일 이름과 '범위' 문자열을 합쳐서 범위 이름 생성하기
        const rangeName = `${fruitName}범위`;
        ss.setNamedRange(rangeName, fruitRange); // 범위 이름 설정하기
      }
    }
```

실행해보니 행별로 '과일이름 범위'라는 범위 이름이 지정됩니다. 반복되는 작업을 한 번에 끝냈네요. 모든 코드를 이해하기는 어렵지만 앞서 배운 getLastRow( ) 메서드가 눈에 띕니다. 사실이 부분까지 요청하지는 않았는데 변경되는 데이터까지 고려한 코드를 만들어준 셈입니다. 질문처럼 6행까지로 정하고 싶다면 lastRow의 값을 6으로 바꿔주면 되겠죠.

⌴ 리마인드 노트

- SpreadsheetApp 클래스의 getActive( ) 메서드로 활성화된 구글 시트를 선택합니다.
- getSheetByName( )는 시트의 이름으로 작업할 시트를 선택하는 메서드입니다.
- getRange( ) 메서드는 데이터를 가져올 범위를 지정합니다.
- getValue( ) 메서드는 셀 한 개의 값을 가져옵니다.
- getValues( ) 메서드는 여러 범위의 셀 값을 가져옵니다.
- 스프레드시트의 데이터는 2차원 배열로 가져옵니다.
- getLastRow( ) 메서드로 마지막 행의 번호를 가져올 수 있습니다.
- setNamedRange( ) 메서드로 범위 이름을 지정할 수 있습니다.
- getRangeByName( ) 메서드로 범위 이름을 지정합니다.

스프레드시트에 값 입력하기

난이도 ☆ 알아두면 유용해요 ★ ★ ★

지금까지는 스프레드시트에 입력된 데이터를 읽었습니다. 이번에는 앱스 스크립트를 이용해 여러 가지 방식으로 데이터를 입력하는 방법을 알아보겠습니다.

</> 셀에 데이터 입력하기

특정 셀에 데이터를 입력하려면 setValue( ) 메서드를 이용하면 됩니다. 여기서는 앞서 입력한 과일 데이터에 메모를 추가해봅니다. 다음과 같이 D열에 메모라는 이름만 추가해둡시다.

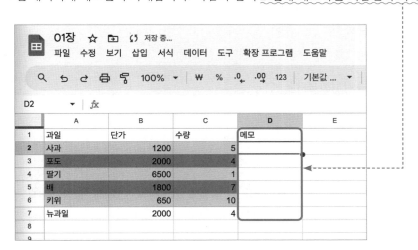

거두절미하고 코드를 바로 입력하겠습니다. 다음 코드를 입력하여 실행하면 D2에 '사과는 달콤합니다.'라는 메모를 추가할 수 있습니다.

```
function setAppleMemo() {                                    project03.gs
  const ss = SpreadsheetApp.getActive();
  const sheet = ss.getSheetByName("과일");
  // ❶ 데이터 입력
  const setAppleMemoValue = sheet.getRange("D2").setValue("사과는 달콤합니다.");
}
```

❶ getRange( ) 메서드를 이용해 데이터를 입력할 범위를 D2로 정하고 setValue( ) 메서드로 입력할 값을 "사과는 달콤합니다."로 지정합니다.

결과를 보면 D2에 메모가 잘 추가되었습니다.

</> 행에 데이터 입력하기

셀에 데이터를 입력해 보았으니 이번에는 행에 데이터를 입력할 차례입니다. 셀에 데이터를 입력하는 방법은 셀 영역을 getRange( ) 메서드로 지정하여 setValues( ) 메서드에 2차원 배열 형태로 데이터를 전달하면 됩니다.

```
function setBananaRow() {                                    project03.gs
```

```
    const ss = SpreadsheetApp.getActive();
    const sheet = ss.getSheetByName("과일");
    // ❶ 입력할 데이터 생성
    var bananaArr = [['바나나', 1300, 2, '노란색 바나나']];
    // ❷ 생성한 데이터 스프레드시트에 입력
    sheet.getRange("A7:D7").setValues(bananaArr);
}
```

❶ 입력할 데이터를 변수에 넣어 만들어줍니다. 데이터는 2차원 배열의 구조로 생성해야 하므로 중첩 대괄호를 사용했습니다.

❷ getRange( ) 메서드로 새 데이터를 입력할 범위를 선택하고, 이어서 setValues( ) 메서드의 인수로 ❶에서 만든 2차원 배열을 전달합니다.

코드를 입력할 때 주의할 점은 A7:D7에 맞는 크기의 데이터를 준비해야 한다는 겁니다. 쉽게 말해 행에 입력할 칸의 개수가 4개이므로 배열에도 4개의 데이터를 준비해야 합니다. 만약 다음과 같이 데이터를 3개만 전달하면 오류가 발생합니다. 실제로 그런지 코드를 살짝 수정하여 실행해 봅시다.

```
function setBananaRow() {
  const ss = SpreadsheetApp.getActive();
```

```
const sheet = ss.getSheetByName("과일");
// ❶ 입력할 데이터 생성(데이터를 3개만 준비)
var bananaArr = [['바나나', 1300, '노란색 바나나']];
// ❷ 생성한 데이터 스프레드시트에 입력(오류 발생!)
sheet.getRange("A7:D7").setValues(bananaArr);
}
```

❶ 데이터를 3개만 준비했습니다.

❷ setValues( ) 메서드에 데이터가 3개인 값을 전달하면 getRange( ) 메서드로 지정한 범위가 4칸이므로 오류가 발생합니다.

실행 로그			✕
오후 2:27:10	알림	실행이 시작됨	
오후 2:27:10	오류	Exception: The number of columns in the data does not match the number of columns in the range. The data has 3 but the range has 4. setBananaRow @ 01-1.gs:65	

🤖 with 챗GPT 오류를 만나면 챗GPT에게 물어보세요

앞으로 예상치 못한 오류를 자주 만날 것입니다. 그럴 때는 챗GPT에게 오류를 그대로 복사해서 물어보세요.

🤖 💬

오류 Exception: The number of columns in the data does not match the number of columns in the range. The data has 3 but the range has 4.

setBananaRow2   @ Code.gs:7

이 오류는 데이터의 열 수와 범위의 열 수가 일치하지 않는 경우에 발생합니다. 이를 해결하기 위해서는 다음과 같은 방법을 시도해 볼 수 있습니다:

1. 데이터의 열 수와 범위의 열 수가 일치하는지 확인하세요. 코드의 setBananaRow2 함수에서 데이터와 범위의 열 수가 일치하지 않는 것 같습니다.
2. 데이터의 열 수와 범위의 열 수를 일치시키세요. 데이터의 열 수를 4개로 늘리거나, 범위의 열 수를 3개로 줄이세요.
3. 코드의 다른 부분에서도 유사한 오류가 발생하는지 확인하고, 해당 부분도 수정하세요.

이와 같은 방법으로 오류를 해결할 수 있습니다. 코드의 나머지 부분도 함께 확인하여 문제가 있는 부분을 찾아 수정하는 것이 좋습니다.

앞서 설명한 것과 같은 원인을 챗GPT가 발견하고 해결 방법까지 제시합니다.

</> 여러 행에 데이터 입력하기

이번에는 제일 마지막 행 뒤에 여러 줄의 데이터를 추가하겠습니다. 마지막 행은 앞서 getLastRow ( ) 메서드를 이용하여 찾아보았습니다. 이를 응용하는 방식입니다. 다음 코드를 입력하여 실행하면 마지막 위치에 2줄의 데이터를 입력합니다.

```
project03.gs
function setFruitMultiRow() {
  const ss = SpreadsheetApp.getActive();
  const sheet = ss.getSheetByName("과일");
  // ❶ 추가할 데이터 생성
  var fruitsArr = [
    ['방울토마토', 520, 12, null],
    ['오렌지', 980, 5, '미국산 오렌지']
  ];
  // ❷ 마지막 행의 순번
  const lastRow = sheet.getLastRow( );
  // ❸ 추가할 데이터 영역 선택
```

```
sheet.getRange(`A${lastRow + 1}:D${lastRow + fruitsArr.length}`).
setValues(fruitsArr);
}
```

❶ 추가할 데이터를 2차원 배열로 생성합니다.

❷ getLastRow( ) 메서드로 마지막 행의 순번을 가져와 lastRow 변수에 넣어줍니다.

❸ 추가 데이터가 들어가야 할 영역을 지정해서 getRange( ) 메서드의 인수로 넣고, 그 범위에
setValues( ) 메서드로 추가할 데이터 fruitsArr을 입력합니다.

getRange( ) 메서드의 코드가 왠지 길어져 어려워 보이지만 차근차근 해석하면 크게 어렵지 않
은 내용입니다. 다음 그림을 보면 쉽게 이해할 수 있습니다.

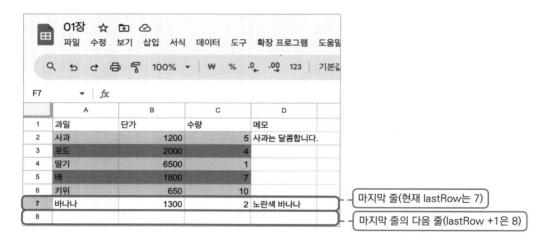

A${lastRow + 1}은 A8을 계산합니다. 마지막 줄 위치는 7이므로 여기에 1을 더해 8을 만들어
A8을 계산한 것입니다.

그리고 D${lastRow + fruitsArr.length}는 fruitsArr.length만 이해하면 됩니다.

fruitsArr.length는 fruitsArr의 길이를 계산하여 반환합니다. 결국 lastRow는 7, fruitsArr.length는 2이므로 9를 계산하여 D9가 나옵니다. 이를 모두 정리하자면 A8:D9를 계산하여 데이터를 입력할 영역을 제대로 얻을 수 있게 됩니다.

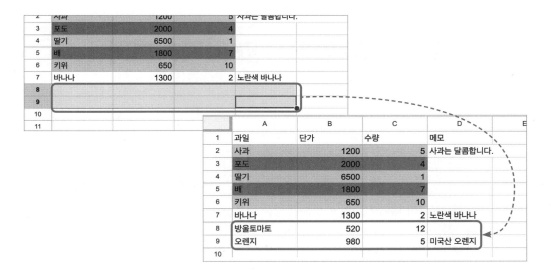

여러분이 이 방식을 알아야 하는 이유는 이렇게 식을 만들어 두면 추가로 입력할 행 데이터가 10줄이 되어도 문제 없이 잘 동작하기 때문입니다. 실제로 코드를 실행한 후에 데이터를 몇 개 더 입력하면 10행부터 제대로 데이터가 추가될 겁니다. 직접 다른 과일의 정보를 입력해보세요.

리마인드 노트

- SpreadsheetApp 클래스의 setValue( ) 메서드로 선택된 셀의 값을 입력할 수 있습니다.
- 값을 입력할 때는 지정한 범위의 크기와 같은 데이터를 만들어서 입력해야 합니다.
- 챗GPT에게 오류를 그대로 복사해서 물어보면 원인을 찾고 해결 방법을 알려줍니다.

Project 04

구글 문서 열어서 값 입력해보기

난이도 ◉◯◯　　　알아두면 유용해요 ◉◉◯

앞에서 스프레드시트의 데이터를 읽고 쓰는 방법을 익혔습니다. 이번 장에서는 구글 문서의 값을 읽어오고 새 값을 추가하는 방법을 알아보겠습니다.

</> 구글 문서의 모든 텍스트 읽어오기

우선은 간단한 것부터 시작해보죠. 그전에 구글 문서를 만들어 여러분이 입력하고 싶은 텍스트를 마음껏 입력하고, 컨테이너 바인딩 스크립트를 준비하세요.

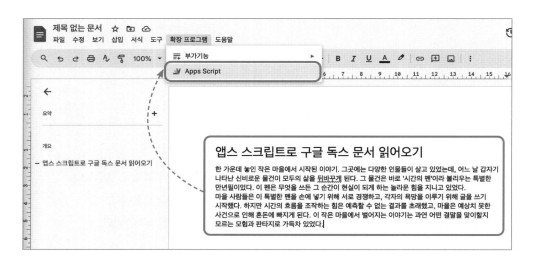

앱스 스크립트로 구글 문서의 모든 텍스트 데이터를 읽어보겠습니다. 다음 코드를 입력하고 저장한 다음 실행하여 결과를 확인해봅니다.

TIP 프로젝트 승인 필요 화면이 뜨면 [**권한 검토 → 계정 → 고급 → 프로젝트로 이동(안전하지 않음) → 허용**]을 눌러 승인하세요.

TIP 한 번에 승인이 되지 않을 수도 있습니다. 그럴 때는 한 번 더 코드를 실행하여 권한을 승인하면 됩니다.

```
project04.gs
function getDocsText() {
  var doc = DocumentApp.getActiveDocument(); // ❶ 활성화된 현재 구글 문서 선택
  var body = doc.getBody(); // ❷ 문서의 body 가져오기
  var text = body.getText(); // ❸ body 텍스트 추출
  console.log(text);
}
```

실행 로그

앱스 스크립트로 구글 문서 문서 읽어오기
한 가운데 놓인 작은 마을에서 시작된 이야기.
...생략...
 이 작은 마을에서 벌어지는 이야기는 과연 어떤 결말을 맞이할지 모르는 모험과 판타지로 가득차 있었다.

❶ DocumentApp 클래스에서 제공하는 getActiveDocument( ) 메서드를 이용해 활성화된 현재 구글 문서를 획득합니다.

❷ getBody( ) 메서드로 구글 문서의 body 부분을 코드로 가져옵니다. body는 구글 문서의 본문 내용 전체를 의미합니다. 본문은 구글 문서에 입력된 텍스트와 테이블을 의미합니다.

❸ getText( ) 메서드로 본문의 텍스트를 추출합니다.

</> 구글 문서에 텍스트 추가하고 서식 변경하기

스프레드시트에서 맨 마지막 위치 다음에 데이터를 추가했던 것과 비슷한 작업을 해봅니다.

마지막 위치에 문단 추가하기

구글 문서의 마지막 위치 다음에 문단을 추가해봅시다.

```
project04.gs
function addDocsText() {
  var doc = DocumentApp.getActiveDocument();
  var body = doc.getBody();
  body.appendParagraph("여기서 만년필의 이야기가 시작된다.") // ❶ 마지막 단락 추가
}
```

❶ appendParagraph( ) 메서드에 원하는 텍스트를 입력하면 본문, 즉, body 끝에 입력한 텍스트를 추가합니다.

앱스 스크립트로 구글 독스 문서 읽어오기

한 가운데 놓인 작은 마을에서 시작된 이야기. 그곳에는 다양한 인물들이 살고 있었는데, 어느 날 갑자기 나타난 신비로운 물건이 모두의 삶을 뒤바꾸게 된다. 그 물건은 바로 '시간의 펜'이라 불리우는 특별한 만년필이었다. 이 펜은 무엇을 쓰든 그 순간이 현실이 되게 하는 놀라운 힘을 지니고 있었다.

마을 사람들은 이 특별한 펜을 손에 넣기 위해 서로 경쟁하고, 각자의 욕망을 이루기 위해 글을 쓰기 시작했다. 하지만 시간의 흐름을 조작하는 힘은 예측할 수 없는 결과를 초래했고, 마을은 예상치 못한 사건으로 인해 혼돈에 빠지게 된다. 이 작은 마을에서 벌어지는 이야기는 과연 어떤 결말을 맞이할지 모르는 모험과 판타지로 가득차 있었다.

> 여기서 만년필의 이야기가 시작된다.

원하는 위치에 제목 추가하기

이번에는 원하는 위치를 지정해 제목을 추가해봅시다. 그러려면 insertParagraph( ) 메서드를 사용하면 됩니다. 지금까지 여러분이 사용한 메서드는 아주 간단한 형태여서 코드를 바로 입력했지만, 지금부터는 여러분에게 메서드 기본형을 알려주고 시작하겠습니다. insertParagraph( )

메서드의 기본형은 다음과 같습니다.

```
insertParagraph(추가 텍스트가 위치할 인덱스, 텍스트);
```

추가 텍스트가 위치할 인덱스가 뭘까요? 구글 문서는 문단별로 인덱스를 가지고 있습니다. 인덱스란 순서를 의미하고, 구글 문서의 문단은 Enter 를 기준으로 구분합니다. 쉽게 말해 구글 문서의 인덱스는 '6번째 문단'과 같이 특정 문단의 위치를 의미합니다. 다만 컴퓨터는 인덱스를 0부터 세기 시작합니다. 예를 들어 맨 위는 0번째 인덱스입니다.

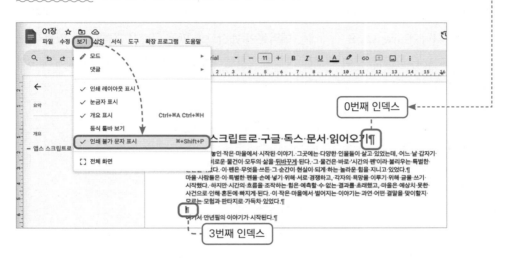

구글 문서에서 [보기 → 인쇄 불가 문자 표시]를 누르면 문단의 기준이 ¶ 문자로 명확하게 보입니다. 이 문자를 기준으로 인덱스 위치를 셉니다. 우리는 여기서 3번째 인덱스에 제목을 추가해보겠습니다. 그리고 여기서는 제목의 스타일도 변경해보겠습니다. 다음 코드를 입력합시다.

```
function addDocsHeader( ) {                                    project04.gs
  var doc = DocumentApp.getActiveDocument( );
  var body = doc.getBody( );
  // ❶ 제일 상단에 제목 추가하고, 가로선 그리기
  const insertTitle = body.insertParagraph(3, "만년필의 시작");
  // ❷ 4번째 인덱스 위치(새로 추가한 제목 다음 위치)에 평행선 추가
  body.insertHorizontalRule(4);
```

```
    // ➌ 문단의 스타일 변경을 위한 설정값 생성
    var textStyle = {
     "FONT_SIZE": 16,
     "BOLD": true,
    };
    insertTitle.setAttributes(textStyle); // ➍ 스타일 설정값 문단에 적용
}
```

➊ 인덱스 3 위치에 제목을 추가함과 동시에 메서드가 반환한 Paragraph 객체를 insertTitle 변수에 저장합니다. Paragraph 객체에는 여러분이 메서드로 만든 문단을 조작할 수 있는 정보와 기능이 모두 들어 있습니다. 이 객체를 변수에 저장했다가 ➌ ~ ➍에서 이를 이용하여 제목의 스타일을 조정합니다. 자주 사용하는 문단 스타일은 다음과 같습니다.

속성명	설명
BACKGROUND_COLOR	요소 또는 문서의 배경 색상
FONT_FAMILY	글꼴 설정
FONT_SIZE	글꼴 크기 설정
ITALIC	글꼴 이텔릭체 설정
BOLD	글꼴 두께 설정
UNDERLINE	텍스트의 밑줄 설정
STRIKETHROUGH	텍스트의 취소선 설정
HORIZONTAL_ALIGNMENT	단락의 가로 정렬 설정

이 속성을 사용하고 싶다면 ➌ textStyle에 해당 키와 값을 추가하여 설정하면 됩니다. 예를 들어 밑줄까지 설정하고 싶다면 다음과 같이 "UNDERLINE": true를 추가하면 됩니다.

project04.gs

```
var textStyle = {
  "FONT_SIZE": 16,
  "BOLD": true,
  "UNDERLINE": true,
};
```

❷ 인덱스 4 위치, 즉, 추가한 제목 다음 위치에 수평선을 넣는 코드입니다. 이 코드는 실행되는 즉시 구글 문서에 반영됩니다.

❸ 앞서 추가한 문단의 스타일 설정값을 객체로 생성합니다. 설정값 왼쪽의 "DocumentApp. Attribute.FONT_SIZE"는 서체의 크기, "DocumentApp.Attribute.BOLD"는 서체를 볼드로 설정하겠다는 뜻입니다.

❹ 스타일 설정값을 insertTitle, 즉 Paragraph 객체의 setAttributes( ) 메서드를 이용하여 반영합니다.

insertTitle에 Paragraph 객체를 저장한다는 게 무슨 말이죠?

자바스크립트의 객체를 모르면 이 설명이 좀 당황스러울 수 있습니다. 사실 body.insertParagraph ( ) 메서드는 실행되는 순간 텍스트를 삽입하기도 하지만 Paragraph라는 객체를 반환하기도 합니다.

```
17    function addDocsHea
18      var doc = DocumentApp.getActiveDocument();
19      var body = doc. ...
20
21      // 제일 상단에 제목 추가하고, 가로선 그리기
22      const insertTitle = body.insertParagraph(3, "만년필의 시작"); // ❶
23      body.insertHorizontalRule(4); // ❷ 4번째 인덱스 위치(새로 추가한 제목 다음 위치)에 평행선 추가
24
25      // ❸ 문단의 스타일 변경을 위한 설정값 생성
26      var textStyle = {
27        "DocumentApp.Attribute.FONT_SIZE": 16,
28        "DocumentApp.Attribute.BOLD": true,
29      };
30      insertTitle.setAttributes(textStyle); // ❹ 스타일 설정값 문단
31    }
32
```

❷ 객체 반환 후 변수에 저장

Paragraph

❶ 지정한 위치에 텍스트 추가

구글 문서

~~~

만년필의 시작

~~~

그림에서 보는 그대로입니다. ❶ insertParagraph( ) 메서드가 실행되면 지정한 위치에 텍스트를 추가하고 그 다음에 ❷ Paragraph 객체를 반환합니다. Paragraph 객체는 말 그대로 문단 객체인데, 쉽게 말하면 앱스 스크립트로 문단의 정보나 문단을 조작할 수 있는 기능을 모두 담고 있는 어떤 것이라고 보면 됩니다. 사실 이 개념은 자바스크립트를 공부하면 더 제대로 알 수 있는 개념이지만 지금은 이 정도로만 알아둡시다. 실제로 insertTitle을 입력하고 점(.)을 입력하면 insertParagraph( ) 메서드가 반환한 여러 기능을 확인할 수 있습니다.

```
const insertTitle = body.insertParagraph(3, "만년필의 시작"); // ❶
insertTitle.
body.insertH  ⬡ addPositionedI…   (method) DocumentApp.Paragraph.addPos…  위치)
// 방금 추가한  ⬡ appendHorizontalRule
var textStyl  ⬡ appendInlineImage
textStyle[Do  ⬡ appendPageBreak
textStyle[Do  ⬡ appendText
insertTitle.  ⬡ clear
}             ⬡ copy
              ⬡ editAsText
              ⬡ findElement
              ⬡ findText
              ⬡ getAlignment
              ⬡ getAttributes
```

예를 들어 appendText( ) 메서드를 사용하면 해당 문단에 텍스트를 추가할 수도 있고, clear( ) 메서드를 이용하면 해당 문단을 지울 수도 있습니다. 지금은 이 설명이 어렵게 느껴질 수 있습니다. 하지만 괜찮습니다. 이후 실습을 여러 번 반복하면 충분히 이해할 수 있게 될 겁니다. 우선은 계속 앞으로 나아갑시다.

리마인드 노트

- DocumentApp 클래스의 getActiveDocument( ) 메서드로 활성화된 구글 문서를 선택합니다.
- getBody( ) 메서드는 문서의 본문을 가져옵니다.
- getText( ) 메서드는 문서 본문의 텍스트를 가져옵니다.
- appendParagraph( ) 메서드는 본문 마지막에 단락을 추가합니다.
- insertParagraph( ) 메서드는 제목을 추가합니다.
- insertHorizontalRule( ) 메서드는 특정 위치에 평행선을 추가하는 메서드입니다.
- setAttributes( ) 메서드는 문단의 스타일을 지정하는 메서드입니다.

Project 05

곱셈구구표 만들기

난이도 ●●○ 알아두면 유용해요 ●●○

앱스 스크립트에 많이 익숙해졌나요? 여기서는 앱스 스크립트를 좀 더 능숙하게 다루기 위한 연습으로 곱셈구구표를 만들어보겠습니다.

</> 곱셈구구표를 일렬로 생성하기

지금까지 배운 내용을 응용하여 A행에 곱셈구구표를 만들어보겠습니다. 새 스프레드시트를 만들고 시트 이름을 '곱셈구구표 만들기'로 변경해주세요.

```
project05.gs
function createMultiplication() {
  const sheet = SpreadsheetApp.getActive().getSheetByName('곱셈구구표 만들기');
  var multiplicationArr = [];
  for (var i = 2; i <= 9; i++) { // ❶
    for (var j = 1; j <= 9; j++) { // ❷
      multiplicationArr.push([`${i} × ${j} = ${i * j}`]); // ❸
    }
  }
  sheet.getRange(`A1:A${multiplicationArr.length}`)
  .setValues(multiplicationArr); // ❹
}
```

> getSheetByNmae( )과
> 작업 시트 이름이 같은지 항상 확인하세요.

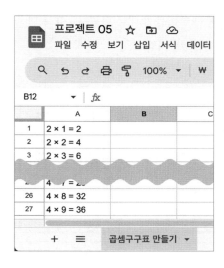

❶ 곱셈구구만큼 반복문을 실행합니다. 곱셈구구는 2~9단까지 출력합니다.

❷ 각 단마다 ×1부터 ×9까지 반복문을 수행합니다.

❸ [`${i} × ${j} = ${i*j}`]가 시트에 들어갈 행 한 줄입니다. 이것을 빈 배열 multiplicationArr에 push( ) 메서드로 추가합니다.

❹ setValues( ) 메서드로 구글 시트에 생성한 배열을 입력합니다. 함수를 실행하면 다음과 같은 결과를 확인할 수 있습니다.

</> 곱셈구구표 테이블 형태로 생성하기

일렬로 나열하다 보니 가독성이 떨어집니다. 테이블 형태로 곱셈구구표를 생성하겠습니다.

```
project05.gs
function createMultiplicationTable() {
  const sheet = SpreadsheetApp.getActive().getSheetByName('곱셈구구표 만들기');
  var multiplicationArr = [];
  for (var i = 2; i <= 9; i++) {
    var singleArr = [];
    for (var j = 1; j <= 9; j++) {
      singleArr.push([`${i} × ${j} = ${i * j}`]);
    }
    multiplicationArr.push(singleArr);
  }
  sheet.getRange(`C1:K${multiplicationArr.length}`).
  setValues(multiplicationArr);
}
```

전체적으로 코드는 비슷합니다. 다만, getRange( ) 메서드를 사용하는 과정에서 테이블 형식으로 보일 수 있도록 한 점이 다릅니다. 다음 그림을 통해 어떻게 테이블 형태로 곱셈구구표를 만들었는지 확인해봅시다. 결과를 보면 C열부터 곱셈구구표를 만들었습니다.

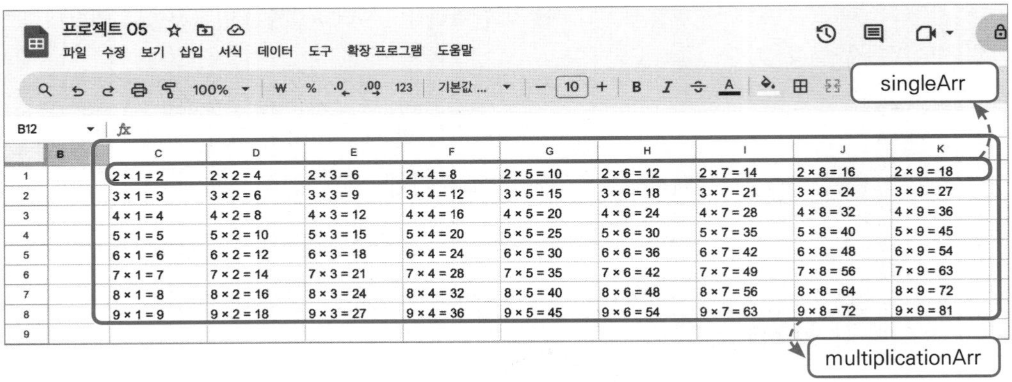

	B	C	D	E	F	G	H	I	J	K
1		2 × 1 = 2	2 × 2 = 4	2 × 3 = 6	2 × 4 = 8	2 × 5 = 10	2 × 6 = 12	2 × 7 = 14	2 × 8 = 16	2 × 9 = 18
2		3 × 1 = 3	3 × 2 = 6	3 × 3 = 9	3 × 4 = 12	3 × 5 = 15	3 × 6 = 18	3 × 7 = 21	3 × 8 = 24	3 × 9 = 27
3		4 × 1 = 4	4 × 2 = 8	4 × 3 = 12	4 × 4 = 16	4 × 5 = 20	4 × 6 = 24	4 × 7 = 28	4 × 8 = 32	4 × 9 = 36
4		5 × 1 = 5	5 × 2 = 10	5 × 3 = 15	5 × 4 = 20	5 × 5 = 25	5 × 6 = 30	5 × 7 = 35	5 × 8 = 40	5 × 9 = 45
5		6 × 1 = 6	6 × 2 = 12	6 × 3 = 18	6 × 4 = 24	6 × 5 = 30	6 × 6 = 36	6 × 7 = 42	6 × 8 = 48	6 × 9 = 54
6		7 × 1 = 7	7 × 2 = 14	7 × 3 = 21	7 × 4 = 28	7 × 5 = 35	7 × 6 = 42	7 × 7 = 49	7 × 8 = 56	7 × 9 = 63
7		8 × 1 = 8	8 × 2 = 16	8 × 3 = 24	8 × 4 = 32	8 × 5 = 40	8 × 6 = 48	8 × 7 = 56	8 × 8 = 64	8 × 9 = 72
8		9 × 1 = 9	9 × 2 = 18	9 × 3 = 27	9 × 4 = 36	9 × 5 = 45	9 × 6 = 54	9 × 7 = 63	9 × 8 = 72	9 × 9 = 81
9										

리마인드 노트

- for( ) 메서드는 자바스크립트에서 반복 작업을 수행하는 메서드입니다.
- push( ) 메서드는 자바스크립트에서 배열의 끝에 요소를 추가하는 메서드입니다.

스프레드시트에 나만의 메뉴 만들기

난이도 ◖■□□ 알아두면 유용해요 ◖■■■

지금까지는 스프레드시트나 구글 문서에 데이터를 입력하는 작업만 해보았습니다. 하지만 앱스 스크립트는 그보다 더 많은 일을 할 수 있습니다. 예를 들면 나만의 메뉴를 만들 수 있죠. 여기서 는 스프레드시트에 나만의 메뉴를 만들고, 메뉴를 눌렀을 때 원하는 작업을 하도록 만들어봅시다.

</> 나만의 메뉴 만들기

SpreadsheetApp.getUi( ) 메서드를 이용하면 나만의 메뉴를 생성할 수 있습니다. 메뉴 만들기 기본형은 다음과 같습니다.

```
SpreadsheetApp.getUi().createMenu('메뉴 목록') // ❶ 메뉴 목록 추가
    .addItem('하위 메뉴', "실행할 함수 이름") // ❷ 하위 메뉴 추가
    .addToUi(); // ❸ 최종 반영
```

메서드 이름만 봐도 대략 어떤 의미인지 알 수 있을 겁니다.

❶ createMenu( ) 메서드는 메뉴 목록을 만듭니다. 여러분이 스프레드시트에서 확인할 수 있는 **[파일]**, **[수정]**과 같은 것들이 모두 메뉴 목록입니다.

❷ 이것들을 눌렀을 때 나타나는 메뉴는 addItem( )으로 추가합니다.

❸ 마지막의 addToUi( ) 메서드는 그 메뉴들을 모두 실제 문서에 반영합니다.

코드에서 점(.)으로 여러 개의 메서드를 잇는 기법이 어색하게 느껴질 수 있습니다. 이것은 메서드 체이닝이라 부르는 자바스크립트 기법입니다. 여기서 자바스크립트 문법을 설명하긴 적절치 않으므로 자세히 이야기하지는 않겠습니다. 메서드 체이닝 과정을 다음과 같이 정리할 수 있습니다.

1 메뉴 목록을 만들고 → createMenu( )

2 이어서 그 안에 메뉴를 추가하고, → .addItem( )

3 이어서 최종 UI에 반영! → .addToUi( )

파일을 열 때 자동으로 실행되는 onOpen( ) 메서드

여기서는 onOpen( ) 메서드를 사용합니다. 이 함수는 조금 특별한 함수입니다. 제목에도 적었지만 이 메서드는 여러분이 파일을 열 때 자동으로 실행되는 특성이 있습니다. 이렇게 자동으로 실행되는 메서드를 '트리거'라고 하는데 트리거는 이후 ' Project 08 **트리거로 특정 시간, 이벤트에 맞게 함수 실행하기**'에서 자세히 설명하겠습니다.

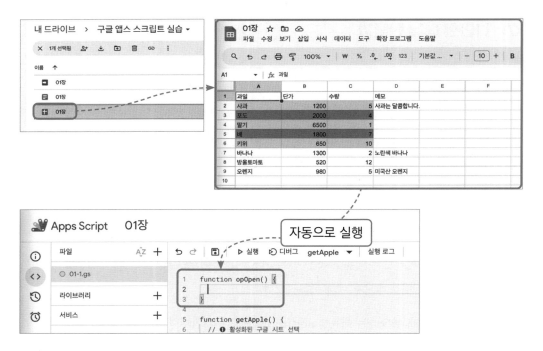

이렇게 스프레드시트를 열자마자 코드를 실행하는 onOpen( ) 메서드에 메뉴를 생성하는 코드를 적어두면 파일을 열었을 때 메뉴가 생기겠죠?

스프레드시트에 나만의 메뉴 추가하기

바로 실습해보겠습니다. 앞서 ' Project 03   **스프레드시트에 값 입력하기**'에서 사용했던 과일 시트를 다시 활용하겠습니다. 다음 코드를 작성합니다.

```
project06.gs
function onOpen() { // ❶
  SpreadsheetApp.getUi( ).createMenu('함수 실행') // ❷
    .addItem('1. 데이터 입력', "inputData")
    .addItem('2. 데이터 삭제', "deleteData")
    .addToUi();
}
```

❶ 앞서 설명한 onOpen( ) 메서드입니다. 이 메서드는 현재 연결된 스프레드시트가 열리면 자동으로 내부에 작성한 코드를 실행합니다.

❷ **[함수 실행]** 메뉴 목록을 만들고, **[데이터 입력]**, **[데이터 삭제]** 메뉴를 추가합니다.

실제로 그렇게 동작하는지 확인해봅니다. 파일을 저장한 후 스크립트 창을 닫습니다. 그런 다음 스프레드시트 화면을 새로 고침해봅니다.

나만의 메뉴가 만들어졌습니다. 아직 메뉴를 눌렀을 때 동작할 코드를 작성하진 않았으므로 지금은 빈 껍데기만 있는 상태입니다. 메뉴 이름에 걸맞도록 기능을 추가해봅니다.

나만의 메뉴에 기능 추가하기 : 데이터 입력과 삭제

[데이터 입력] 버튼을 눌렀을 때 특정 시트, A1 위치에 데이터를 추가하거나 삭제하는 기능을 추가합니다. **[확장 프로그램 → Apps Script]**를 눌러 컨테이너 바인딩 스크립트를 열고 다음 코드를 이어서 작성합니다.

```
                                                              project06.gs
function onOpen() {
  SpreadsheetApp.getUi( ).createMenu('함수 실행')
    .addItem('1. 데이터 입력', "inputData") // ❸ [데이터 입력]과 inputData를 연결
    .addItem('2. 데이터 삭제', "deleteData") // ❹ [데이터 삭제]와 deleteData를 연결
    .addToUi();
}
// 여기서부터 이어서 작성하세요
// ❶ A1 셀에 데이터를 입력하는 함수
function inputData() {
  const sheet = SpreadsheetApp.getActive( ).getSheetByName("과일");
  sheet.getRange("A1").setValue("Hello Apps Script!");
}
// ❷ A1 셀에 데이터를 삭제하는 함수
function deleteData() {
  const sheet = SpreadsheetApp.getActive( ).getSheetByName("과일");
  sheet.getRange("A1").clearContent( );
}
```

❶ inputData( ) 함수는 A1셀에 데이터를 입력합니다.

❷ deleteData( ) 함수는 A1셀의 데이터를 삭제합니다. clearContent( ) 메서드로 선택한 범위의 내용을 지웠습니다.

앞서 ❸과 ❹에 메뉴와 그 메뉴에 적용할 함수 이름을 적어주었습니다. 보는 그대로입니다. **[데이터 입력]** 메뉴는 inputData( ) 함수와 연결되고, **[데이터 삭제]** 메뉴는 deleteData( ) 함수와 연결됩니다.

> **TIP** 여전히 우리는 과일 시트를 사용하고 있습니다만, 과일 시트가 마음에 들지 않으면 새 시트를 만들고 코드에서 해당 시트를 지정해도 괜찮습니다. getSheetByName( ) 메서드의 인수와 작업 시트 이름이 같은지만 잘 확인해주세요.

파일을 저장한 다음 스프레드시트로 돌아가 새로 고침해서 새로 onOpen( ) 메서드가 동작하도록 만듭니다. 그래야 앞에서 입력한 코드가 인식됩니다. **[데이터 입력]** 메뉴를 클릭하면 A1에 지정한 값이 입력되고, **[데이터 삭제]**를 클릭하면 A1에 있는 값이 삭제됩니다. 이렇게 메뉴에 원하는 메서드를 연결하면 메뉴를 눌렀을 때 동작하므로 응용만 잘한다면 새 기능을 추가한 것처럼 스프레드시트나 독스를 사용할 수 있을 것입니다.

🤖 with 챗GPT 메뉴를 구현하라고 시켜볼까요?

deleteData( ) 함수를 챗GPT에게 알려주고 원하는 동작을 하는 메뉴를 만들어달라고 요청해보겠습니다.

🤖 💬

> deleteData( ) 함수를 수정해서 B열의 값이 1000보다 큰 수는 삭제하는 함수를 만들고 onOpen( ) 함수를 수정해서 새 메뉴와 연결해줘. ●── 질문과 함께 코드 복붙!

수정된 deleteData( ) 함수는 다음과 같이 1000보다 큰 수를 삭제하는 함수입니다. 그리고 onOpen( ) 함수는 새 메뉴와 연결되도록 수정되었습니다.

```
function deleteData() {
  const sheet = SpreadsheetApp.getActive().getSheetByName("과일");
  const dataRange = sheet.getDataRange();
  const values = dataRange.getValues();
  for (let i = 0; i < values.length; i++) {
    for (let j = 0; j < values[i].length; j++) {
      if (typeof values[i][j] === 'number' && values[i][j] > 1000) {
        sheet.getRange(i + 1, j + 1).clearContent();
      }
    }
  }
}
function onOpen() {
  SpreadsheetApp.getUi().createMenu('☑ 함수 실행')
    .addItem('2. 데이터 삭제', "deleteData")
    .addToUi();
}
```

실행해보니 1000보다 큰 수가 입력된 행이 0으로 초기화됩니다. 아예 1000보다 큰 수가 있는 데이터의 행을 삭제해도 좋겠습니다. 챗GPT에게 추가 요청을 해보겠습니다.

1000보다 큰 value가 속한 행 전체를 삭제하는 코드로 수정해줘.

아래는 1000보다 큰 값을 포함한 행 전체를 삭제하는 수정된 deleteData( ) 함수입니다.

```
function deleteData() {
  const sheet = SpreadsheetApp.getActive().getSheetByName("과일");
```

```
    const dataRange = sheet.getDataRange();
    const values = dataRange.getValues();


    for (let i = values.length - 1; i >= 0; i--) {
      for (let j = 0; j < values[i].length; j++) {
        if (typeof values[i][j] === 'number' && values[i][j] > 1000) {
          sheet.deleteRow(i + 1); // 행 삭제
          break; // 한 행에 대한 삭제를 한 번만 수행하고 다음 행으로 이동
        }
      }
    }
  }
```

이제 버튼 하나로 빠르게 데이터를 정리할 수 있습니다. 챗GPT에게 요청한 사안이 한 번에 해결되지 않으면 앞 질문의 요청 사항을 발전시켜 물어보세요.

리마인드 노트

- SpreadsheetApp 클래스의 getUi( ).createMenu( ) 메서드로 메뉴 목록을 추가하고,
- addItem( ) 메서드로 하위 메뉴를 추가하고,
- addToUi( ) 메서드로 UI에 메뉴를 추가합니다.
- 메서드 체이닝이란 여러 메서드를 한 줄로 간결하게 만드는 기법입니다.
- onOpen( ) 메서드는 심플 트리거의 하나로 스프레드시트가 열릴 때 실행되는 메서드입니다.

Project 07

스프레드시트에 나만의 버튼 만들기

난이도 * 알아두면 유용해요 * *

이번에는 메뉴와는 다른 방식으로 버튼 자체를 만드는 방법도 알아보겠습니다. 전반적인 실습은 나만의 메뉴 만들기와 큰 차이가 없으므로 바로 실습을 진행하겠습니다. 여기서는 **[+1]** 버튼과 **[−1]** 버튼을 생성하여 특정 셀의 값을 변경하는 기능을 구현해봅니다.

</> 버튼 만들기

새 스프레드시트를 만들어 작업을 진행합니다. 시트 이름은 '버튼 만들기'로 변경합니다. 새 스프레드시트에서 **[삽입 → 그림]**을 눌러 그림판으로 원하는 모양과 색의 버튼을 생성할 수 있습니다. 그림판 화면에서 원하는 도형을 선택하여 그린 후 도형을 더블 클릭하여 텍스트를 추가합니다.

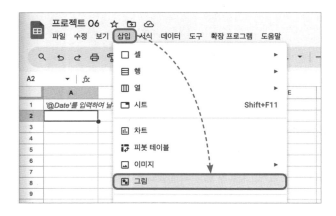

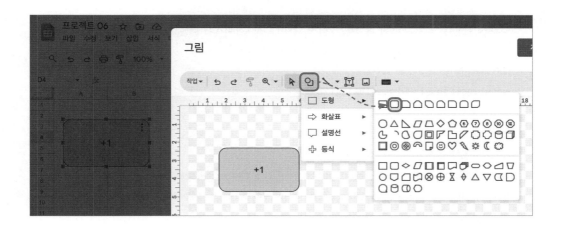

[저장 후 닫기]를 누르면 스프레드시트에 도형이 생성됩니다. 이 과정을 한 번 더 반복하여 **[-1]** 버튼도 만듭니다. 이때 기존의 **[+1]**을 더블 클릭하여 그림판 안에서 버튼을 추가하면 이후 스크립트를 개별 버튼에 연결할 수 없으니 반드시 **[삽입 → 그림]**을 2번 눌러 진행하기 바랍니다.

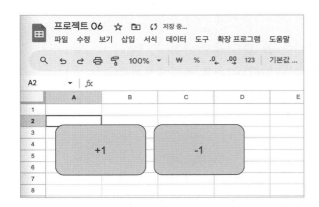

</> 버튼에 연결할 덧셈, 뺄셈 스크립트 작성하기

여기에 스크립트를 연결하면 버튼처럼 사용할 수 있습니다. 도형과 스크립트 연결을 하기 전에 도형에 입력한 텍스트에 맞게 더하기 빼기 동작을 수행하는 plusValue( ) 함수와 minusValue( ) 함수를 작성해 보겠습니다.

```
function plusValue() { // ❶ 'B2' 셀의 값 1씩 더하는 함수
```
`project07.gs`

```
  const sheet = SpreadsheetApp.getActive().getSheetByName("버튼 만들기");
  var thisValue = sheet.getRange("B2").getValue(); // ❷ B2셀 데이터 가져와서
  thisValue ++; // ❸ 1만큼 증가
  sheet.getRange("B2").setValue(thisValue); // ❹ 증가한 값 B2에 다시 입력
}

function minusValue() { // ❺ 'B2' 셀의 값 1씩 빼는 함수
  const sheet = SpreadsheetApp.getActive().getSheetByName("버튼 만들기");
  var thisValue = sheet.getRange("B2").getValue(); // ❻ B2셀 데이터 가져와서
  thisValue--; // ❼ 1만큼 감소
  sheet.getRange("B2").setValue(thisValue); // ❽ 감소한 값 B2에 다시 입력
}
```

❶ 값을 1씩 더하는 함수 plusValue( )입니다. ❷ B2 셀의 데이터를 가져와서 ❸ 증감연산자 ++
로 현재 값을 1만큼 증가시킵니다. ❹ 그리고 증가시킨 값을 B2에 다시 넣어줍니다.

❺ 값을 1씩 빼는 함수 minusValue( )입니다. ❻ B2 셀의 데이터를 가져와서 ❼ 증감연산자 --
로 현재 값을 1만큼 감소시킵니다. ❽ 그리고 감소시킨 값을 B2에 다시 넣어줍니다.

</> 버튼에 스크립트 연결하기

이제 이 함수를 버튼에 연결하면 됩니다. 스프레드시트에서 버튼에 마우스를 올리거나 우클
릭하면 오른쪽 위에 버튼이 나타납니다. 이 버튼을 클릭한 뒤 **[스크립트 할당]**을 클릭해주세요.
plusValue를 입력하면 컨테이너 바인딩 스크립트에 있는 plusValue( ) 함수를 연결할 수 있습
니다. **함수 이름을 정확히 작성해주세요.**

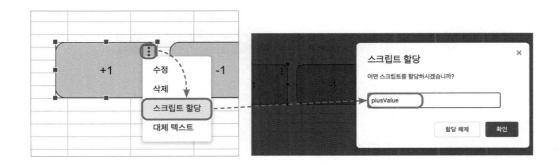

방금 만든 [+1] 버튼을 누르면 새 스프레드시트이므로 권한 할당을 다시 해야 합니다. 권한 확인을 마치고 버튼을 눌러보면 스크립트가 실행될 것입니다. 그런데 오류가 발생했습니다. 왜 그럴까요?

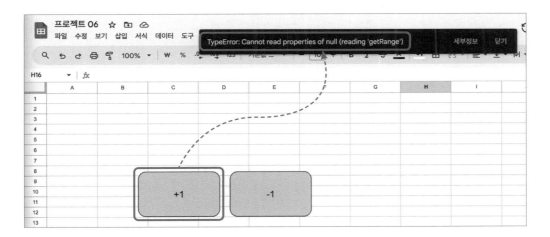

이 오류는 [+1] 버튼을 눌렀을 때 연결한 plusValue() 함수가 수정해야 할 위치, 즉, B2의 값이 아예 없으므로 +1을 했을 때 무엇이 될지 알 수 없어서 발생한 것입니다. 코드가 잘 동작하게 하려면 B2에 0과 같은 숫자를 미리 입력해 두어야 합니다. 입력 후 버튼을 누르면 잘 동작합니다.

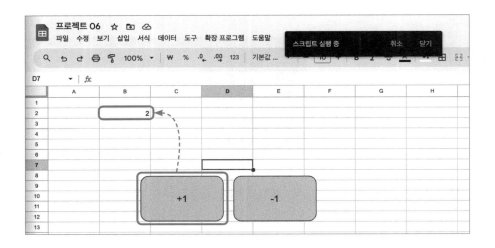

같은 방식으로 [-1] 버튼에도 스크립트를 연결하여 잘 동작하는지 확인해보세요.

⊂ 리마인드 노트

- ++는 자바스크립트의 후위 증가 연산자로 먼저 변수의 값을 확인하고, 그 다음에 변수의 값을 1 증가시킵니다.

- --는 자바스크립트의 후위 감소 연산자로 먼저 변수의 값을 확인하고, 그 다음에 변수의 값을 1 감소시킵니다.

- 스크립트 할당 기능을 이용해 버튼에 스크립트를 할당합니다. 함수의 이름을 잘 확인해주세요.

(Project 08)

트리거로 특정 시간,
이벤트에 맞게 함수 실행하기

난이도 ▢▢▢▢ 알아두면 유용해요 ★★★ ▮▮▮▢

앱스 스크립트는 특정 시간이나 이벤트에 맞춰 함수를 실행할 수 있습니다. 이를 트리거^{trigger}라고
합니다. 트리거를 영어 뜻 그대로 풀이하면 방아쇠입니다. 9시가 되면 어떤 함수 A를 동작시켜 자
동 메일을 발송하거나, 파일을 열었을 때 오늘의 날짜를 자동으로 수정해주거나, 스프레드시트의
특정 셀을 수정할 때 수정한 셀의 배경색을 노란색으로 변경하는 등의 작업을 하는 것이죠.

</> 앱스 스크립트는 내장 트리거, 외장 트리거를 제공합니다

앞서 사용한 onOpen( ) 메서드가 트리거 중 하나입니다. 앱스 스크립트에서는 이 트리거를 크게
2가지로 분류하여 제공합니다.

　1　내장 트리거^{simple triggers}
　2　외장 트리거^{installable triggers}

내장 트리거는 앱스 스크립트에 이미 지정되어 있는 함수입니다. onOpen( ) 메서드가 내장 트리
거 중 하나입니다. 반면 외장 트리거는 트리거 페이지라는 곳에서 사용자가 직접 설정을 해야 하
는 트리거입니다. 쉽게 말해 내장 트리거는 자주 사용하는 트리거를 앱스 스크립트에서 미리 제공
하는 것이고, 외장 트리거는 사용자가 다양한 상황에 맞게 사용할 수 있는 커스텀 트리거입니다.
대표적인 내장 트리거를 몇 가지 정리했습니다.

이벤트	실행 기반	설명
onOpen(e)	컨테이너 바인딩 스크립트	구글 스프레드시트, 구글 문서, 슬라이드, 폼을 열 때 자동으로 실행합니다.
onEdit(e)	컨테이너 바인딩 스크립트	스프레드시트에서 값을 변경할 때 자동으로 실행합니다.
onInstall(e)	컨테이너 바인딩 스크립트	구글 스프레드시트, 구글 문서, 슬라이드, 폼 애플리케이션에서 편집자 권한이 있는 사용자가 부가 기능을 설치할 때 자동으로 실행합니다.
onSelectionChange(e)	컨테이너 바인딩 스크립트	스프레드시트에서 선택 항목을 변경할 때 자동으로 실행합니다.
doGet(e)	컨테이너 바인딩 스크립트, 독립형 스크립트	웹 애플리케이션이 HTTP GET 요청을 받았을 때 호출됩니다. 홈페이지를 렌더링하거나 데이터를 보여줄 때 사용합니다.
doPost(e)	컨테이너 바인딩 스크립트, 독립형 스크립트	웹 애플리케이션이 HTTP POST 요청을 받았을 때 호출됩니다. 웹에서 데이터를 전달할 때 사용합니다.

가장 많이 사용하는 심플 트리거는 onOpen( ), onEdit( )입니다. 구체적인 내용은 실습을 통해 알아봅시다. 그렇게 어렵지 않습니다. 이번 실습을 따라하면서 앱스 스크립트 프로젝트 왼쪽의 메뉴들도 구석구석 살펴볼 겁니다. 버튼 아이콘을 잘 보고 따라하세요.

스프레드시트 셀 값이 변경될 때마다 동작하는 onEdit( ) 트리거

우선은 스프레드시트의 셀 값이 변경될 때마다 동작하는 onEdit( ) 트리거를 사용해봅니다. onEdit( )은 매개변수에 이벤트 객체인 e를 넣어 생성합니다. 이 e라는 값에 이벤트가 어디서 발생하였는지에 대한 정보가 전달됩니다. 아마 이 설명만으로는 부족할 겁니다. 'e가 그래서 대체 뭔데?'라는 생각이 들 겁니다. 실제 코드로 확인해봅시다.

TIP 새 스프레드시트를 만들고 컨테이너 바인딩 스크립트를 준비하여 진행합시다. 시트 이름은 '분 단위 트리거'로 지어주세요.

```
project08.gs
function onEdit(e) {
    // ❶ 이벤트 정보가 담긴 스프레드시트 객체 코드로 획득
    const spreadSheet = e.source;
    // ❷ 변경이 발생한 시트 이름 저장
    const sheetName = spreadSheet.getActiveSheet().getName();
    // ❸ 변경이 발생한 열 번호 저장
    const column = e.range.getColumn();
    // ❹ 변경이 발생한 행 번호 저장
    const row = e.range.getRow();
    // ❺ 변경된 새로운 값 저장
    const newValue = e.value;
    // ❻ 변경되기 이전 값 저장
    const oldValue = e.oldValue;
    // ❼ 콘솔에 알림 출력
    console.log(`"${sheetName}" 시트의 행 번호 ${row} 열번호 ${column} 의 값이
"${oldValue}" 에서 "${newValue}" 로 변경되었습니다. `);
}
```

❶ e.source를 입력하면 값 수정 이벤트가 발생한 스프레드시트를 객체로 얻어옵니다. 이 안에 스프레드시트의 정보가 모두 들어 있습니다.

❷ e.source로 얻은 스프레드시트 정보에서 활성화된 시트의 이름을 추출해 저장합니다.

❸ ~ ❹ 값 수정 이벤트가 발생한 곳의 열 번호, 행 번호를 각각 저장합니다.

❺ 현재 스프레드시트에 변경된 새 값을 코드에 저장합니다.

❻ 변경되기 전의 값은 e.oldValue로 얻을 수 있습니다. 이 값을 코드에 저장하여 비교해봅니다.

❼ ❷ ~ ❻으로 얻은 모든 정보를 콘솔에 출력해봅니다.

저장 후 스크립트와 바인딩되어 있는 스프레드시트로 돌아가 아무 값이나 변경해봅시다.

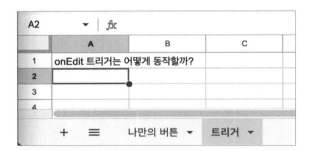

그런 다음 앱스 스크립트 프로젝트 화면 왼쪽에서 [≡▸실행] 버튼을 클릭합니다. 여기에서 트리거 실행 결과를 확인할 수 있습니다.

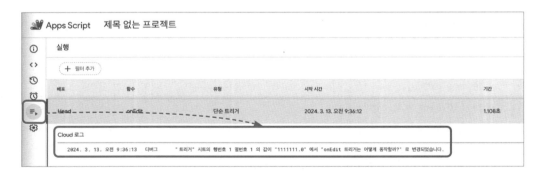

</> 외장 트리거 사용하기

외장 트리거는 심플 트리거와 동작 원리는 같습니다. 다만 트리거의 조건을 여러분이 직접 설정한 후에 사용해야 합니다. 바로 사용해봅시다. 앱스 스크립트 프로젝트 화면에서 왼쪽 메뉴의 **[⏰ 트리거]** 버튼을 누르면 **[+ 트리거 추가]**로 새 트리거를 만들 수 있습니다.

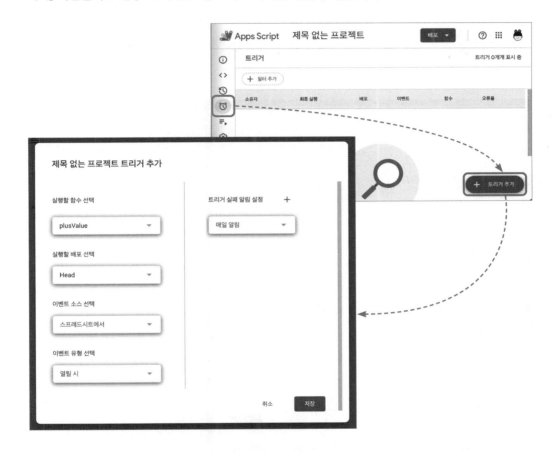

트리거 추가 화면의 버튼 목록을 보면 대략 어떤 느낌으로 트리거를 만들 수 있는지 감이 올 겁니다.

- **실행할 함수 선택 :** 앱스 스크립트 프로젝트에 작성한 함수를 트리거와 연결합니다
- **실행할 배포 선택 :** 실행할 함수의 배포 버전을 선택합니다. **[배포]** 버튼을 통해 앱스 스크립트를 배포한 경우에만 선택할 수 있습니다. 배포하지 않은 경우 Head만 선택합니다.
- **이벤트 소스 선택 :** 트리거가 발생할 수 있는 배경을 선택합니다.

이벤트 소스 선택을 바꾸면 그 아래 옵션들은 바뀌므로 나머지 목록은 실습하며 알아보겠습니다.

특정 시간을 트리거로 사용하기

트리거 창에서 이벤트 소스 선택에 **[시간 기반]** 목록을 선택하고, 트리거 기반 시간 유형 선택을 **[분 단위 타이머]**로, 시간 간격 선택을 **[1분마다]**로 설정하여 1분마다 트리거가 발생하여 함수를 실행하도록 해봅시다. 아직 실행할 함수는 선택하지 않았습니다. 실행할 함수 선택은 함수 작성 후 수정하겠습니다.

우선은 함수부터 작성합시다. 왼쪽 메뉴의 **[⟨⟩ 편집기]** 버튼을 눌러 편집 화면으로 돌아가 현재 시간을 스프레드시트에 순서대로 입력하는 함수 timeDrivenTriggerTest( )와 시간을 계산해줄 getDateTime( ) 함수를 생성해봅니다.

```
function timeDrivenTriggerTest() {
  // 활성화된 현재 구글시트, 작업할 시트 선택
  const sheet = SpreadsheetApp.getActive().getSheetByName('분 단위 트리거');
  const lr = sheet.getLastRow(); // ❶ 마지막 데이터 행 번호
  const range = sheet.getRange(`A${lr + 1}:B${lr + 1}`); // ❷ 데이터 입력 범위 설정
  range.setValues([[lr, getDateTime()]]); // ❸ 선택한 범위에 추가할 데이터 입력
}
// ❹ 시간을 년-월-일 시간:분:초로 계산
function getDateTime() {
  const today = new Date();
  const date = [
    today.getFullYear(),
    (today.getMonth() + 1).toString().padStart(2, '0'),
    today.getDate().toString().padStart(2, '0')
  ].join('-');

  const time = [
    today.getHours().toString().padStart(2, '0'),
    today.getMinutes().toString().padStart(2, '0'),
    today.getSeconds().toString().padStart(2, '0')
  ].join(':');

  const result = `${date} ${time}`;
  console.log(result);
  return result;
}
```

❶ 시간을 매 행마다 출력하도록 출력할 행을 getLastRow( ) 메서드로 계산합니다.

❷ 입력 범위를 설정하고 ❸ getDateTime( ) 함수 실행 결과를 입력합니다. 입력 범위 계산 식은 getLastRow( )로 얻은 마지막 행의 값에 1을 더하는 방식으로 구하여 A${lr + 1}:B${lr + 1}로 지정했습니다.

❹ getDateTime( )은 현재 시각을 만드는 함수입니다. 꽤 복잡해보이지만 자바스크립트 기초를 알고 있다면 아주 쉬운 코드입니다. 그래도 모르겠다면 인터넷으로 getDate( ), toString( ), padStart( ) 함수를 검색해서 공부해도 좋습니다.

이제 트리거에 이 함수를 연결합시다. 트리거 화면에서 아까 입력했던 트리거를 눌러 실행할 함수 선택을 [timeDrivenTriggerTest]로 지정합니다.

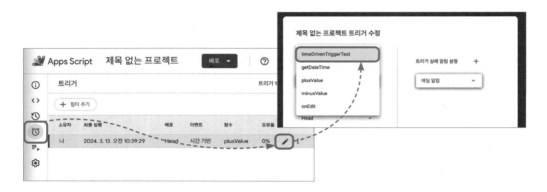

이제 시트로 돌아갑시다. 저장하고 기다리면 다음 그림처럼 1분마다 스프레드시트에 데이터가 입력됩니다. 만약 값이 제대로 나오지 않으면 코드에서 시트 이름을 제대로 입력했는지 확인하기 바랍니다.

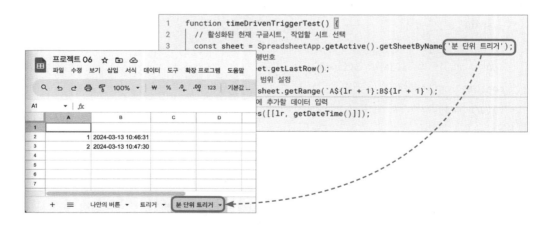

앱스 스크립트에서 설정한 시간대에 따라 달라지는 new Date( ) 메서드

혹시 timeDrivenTriggerTest( ) 함수가 만든 시간값이 여러분의 시간과 다른가요? 그렇다면 그 이유는 앱스 스크립트에서 설정한 시간대가 여러분이 있는 곳과 달라서일 수도 있습니다. 한국 기준으로 10시 30분으로 출력해야 하는데 그렇지 않다면 다른 나라를 기준으로 하고 있을 수도 있습니다. 왼쪽의 [⚙ 프로젝트 설정] 버튼을 눌러 일반 설정에서 '시간대'를 [서울]로 바꿔 실행해 보기 바랍니다.

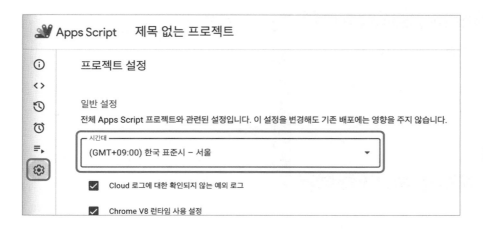

</> 트리거 삭제하기

지금 여러분이 만든 트리거는 1분마다 동작하는 어마어마한 녀석입니다. 이 실습을 한 사실을 잊고 프로젝트 창을 닫으면 여러분의 계정에서는 1분마다 트리거가 동작할 겁니다. 이제 트리거를 삭제합시다. [⏰ 트리거] 화면에서 해당 트리거 오른쪽에 있는 [...] 버튼을 누르고 [트리거 삭제 → 완전 삭제]를 눌러 트리거를 삭제합시다.

리마인드 노트

- 심플 트리거는 이미 정해져 있는 메서드로, 특정 이벤트가 발생할 때 자동으로 실행됩니다. 스프레드시트가 열릴 때 실행되는 onOpen( ) 메서드나, 셀이 편집될 때 실행되는 onEdit( ) 메서드 등이 있습니다.
- 외장 트리거는 사용자가 직접 설정하는 트리거로, 특정 시간 또는 특정 이벤트가 발생할 때 사용자 정의한 함수를 실행하도록 설정할 수 있습니다. 예를 들어, 매일 정해진 시간에 실행되거나, 폼이 제출될 때 실행되는 함수 등을 설정할 수 있습니다.

(Project 09)

스프레드시트의 데이터를
구글 문서로 간편하게 옮기기

난이도 ◖▬▭◗   알아두면 유용해요 ◖★★★◗

스프레드시트와 구글 문서에 데이터들을 읽고 쓰는 법을 알아봤습니다. 이번 프로젝트에서는 스프레드시트의 데이터를 구글 문서에 테이블 형태로 생성하는 법에 대해서 알아보겠습니다.

</> 다른 스프레드시트의 데이터 가져오기

지금까지는 getActive( ) 메서드를 이용해 스프레드시트나 구글 문서에 접근했습니다. getActive( ) 메서드는 말 그대로 '활성화된 파일'에 접근하는 함수입니다. 그러니 이 함수로는 컨테이너 바인딩된 파일에서만 앱스 스크립트 조작을 할 수 있습니다.

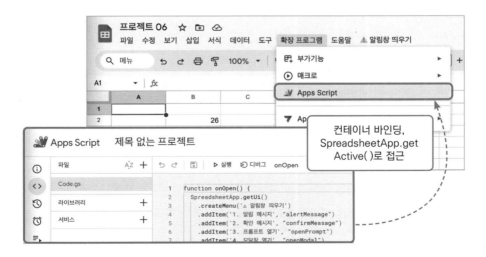

그러면 매번 파일에서 컨테이너 바인딩 스크립트를 만들어 작업을 해야 하는 걸까요? 한 앱스 스크립트 파일에서 다른 구글 앱에 접근할 수는 없을까요? 예를 들어 URL 같은 것으로요.

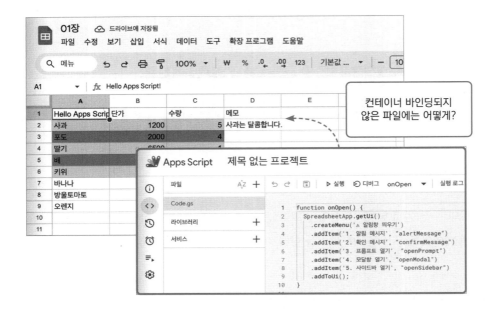

그럴 때는 openByUrl( )과 openById( ) 메서드를 이용하면 됩니다. 메서드 이름을 보면 어떤 역할을 하는 메서드인지 짐작이 갈 것입니다. URL을 통해 파일을 불러오거나, 파일의 ID를 통해 파일을 불러오는 역할을 합니다. 두 함수의 기본형은 다음과 같습니다.

```
SpreadsheetApp.openByUrl(스프레드시트의 URL);
SpreadsheetApp.openById(스프레드시트의 ID);
```

더이상의 설명은 무의미합니다! 직접 코드를 입력하며 확인해봅시다. 새 스프레드시트 파일을 만들고 시트의 이름을 여러분 마음대로 지어주세요. 원하는 데이터도 채워주세요. 저는 이렇게 했습니다.

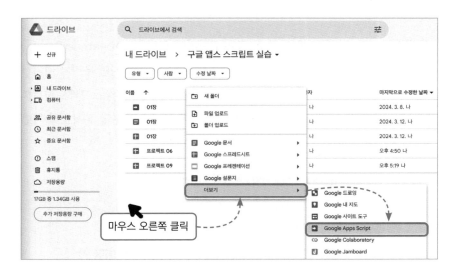

이제 **[확장 프로그램 → Apps Script]**가 아닌 구글 드라이브에서 앱스 스크립트 파일을 만들어봅시다. 즉, 컨테이너 바인딩을 하지 않은, 독립적인 앱스 스크립트 파일을 만드는 겁니다. 다음 화면을 참고해서 만드세요.

그런 다음 다음 함수를 작성합니다. 여기서 openById( ) 메서드를 사용합니다. 스프레드시트의 ID를 복사하여 문자열 형태로 붙여넣으면 됩니다.

```
                                                              project09.gs
function sheetToDocs( ) {
  const ss = SpreadsheetApp.openById("1K90Z***WGzCo");
  const sheet = ss.getSheetByName("뉴과일시트")
  var values = sheet.getRange(`A1:C${sheet.getLastRow( )}`).getValues( );
  console.log(values);
}
```

```
                                                              실행 로그
[ [ '과일', '단가', '수량' ],
  [ '사과', 1200, 5 ],
  [ '포도', 2000, 4 ],
  [ '딸기', 6500, 1 ],
  [ '배', 1800, 7 ],
  [ '키위', 560, 10 ] ]
```

코드는 아주 단순합니다. getRange( ) 메서드로 **A1부터 C마지막 영역(sheet.getLastRow( ))**
을 선택한 다음 getValues( ) 메서드로 전체 값을 읽어옵니다. 결과는 단순하지만 우리가 여기서
짚어야 할 사실은 컨테이너 바인딩된 스프레드시트가 아닌 ID를 이용하여 다른 스프레드시트의
데이터를 가져왔다는 사실입니다. 이제 남은 것은 하나입니다. **이 데이터를 구글 문서로 옮기면**
됩니다.

TIP openByUrl( ) 메서드는 인수로 ID가 아닌 URL 전체를 가져오면 됩니다. 직접 해보세요.

</> 구글 문서에 스프레드시트 데이터 복사하여 테이블 생성하기

이제 가져온 데이터를 다른 구글 문서에 옮겨봅시다. 계획은 다음과 같습니다.

❶ 스프레드시트에 openByUrl( ) 메서드나 openById( ) 메서드로 접근합니다.

❷ getRange( ) 메서드로 원하는 영역을 선택하고 getValues( ) 메서드로 영역의 값을 가져옵니다.

❸ 구글 문서에 openByUrl( ) 메서드나 openById( ) 메서드로 접근합니다.

❹ 스프레드시트에서 복사한 데이터를 구글 문서에 입력합니다.

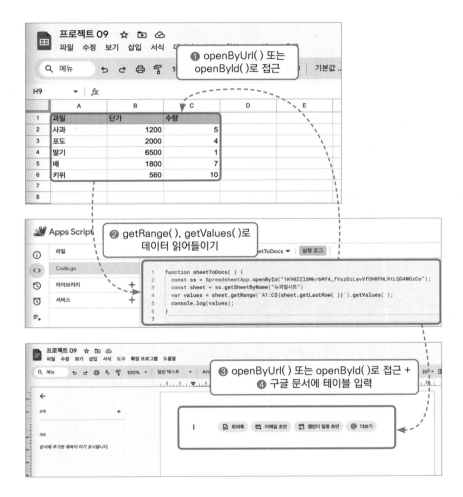

그림과 함께 보면 구체적인 계획이 잘 보일 것입니다. 이대로 작업을 진행해보겠습니다. ❶ ~ ❷
의 코드는 다음과 같습니다.

project09.gs

```
function sheetToDocs( ) {
    // 스프레드시트 데이터를 가져오는 부분
```

```
  const ss = SpreadsheetApp.openById("1K90***GzCo");
  const sheet = ss.getSheetByName("뉴과일시트")
  const values = sheet.getRange(`A1:C${sheet.getLastRow()}`).getValues();
  console.log(values);
}
```

결과는 아까와 같습니다. 이제 그 아래에 가져온 데이터를 구글 문서에 옮기는 코드만 추가하면 됩니다. ❸ ~ ❹의 코드는 다음과 같습니다.

```
                                                            project09.gs
function sheetToDocs( ) {
...생략...
  // 구글 문서에 테이블을 생성하는 부분
  const docs = DocumentApp.openById("1lbO***BwTs"); // ❸ 구글 문서 ID 입력
  const body = docs.getBody( );
  body.appendTable(values); // ❹ 표 생성
}
```

❸ 데이터를 붙여넣을 구글 문서를 새로 만들고 openById( ) 메서드의 인수로 구글 문서의 아이디를 넣어주세요. ❹ 구글 문서에 표를 생성하기 위해 appendTable( ) 메서드를 사용했습니다. appendTable( ) 메서드의 인수로 2차원 배열을 전달하면 2차원 배열의 형태를 표처럼 바꿔 구글 문서에 입력해줍니다.

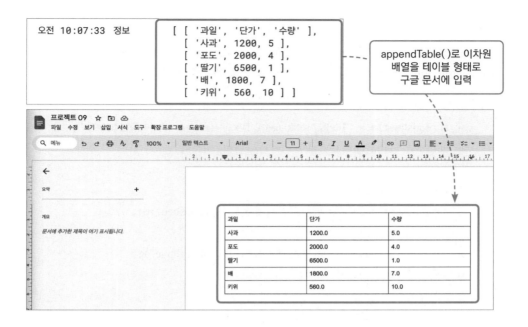

그림을 보면 콘솔에서 보았던 2차원 배열의 데이터, 즉 스프레드시트에서 읽어온 데이터가 구글 문서에 테이블 형태로 옮겨졌습니다.

🤖 with 챗GPT 챗GPT에게 스프레드시트의 데이터를 구글 문서로 옮기라는 일을 시켜볼까요?

본문에서 배운 함수를 처음부터 챗GPT와 만든다면 어떻게 질문해야 좋을까요? 챗GPT에게 원하는 코드를 요청할 때는 다음과 같이 조건을 목록화하면 좋습니다. 또한 활용하고 싶은 메서드가 있다면 구체적으로 알려주세요.

> 구글 앱스 스크립트로 구글 문서에 데이터를 복사하여 테이블 형태로 입력하는 작업을 하고 싶어.
>
> 1. 스프레드시트의 Id는 1K90ZZ***********L9tLQG4WGzCo야.
> 2. 구글 문서의 Id는 1lbO_rpta1-VtaV*********fzauzUejlVBwTs야.
> 3. 구글 문서에 테이블 형태로 데이터를 입력할 때는 appendTable( ) 메서드를 사용해.

구글 앱스 스크립트를 사용하여 스프레드시트의 데이터를 구글 문서에 테이블 형태로 입력하는 작업은 가능합니다. 아래는 예시 코드입니다. 이 코드를 구글 앱스 스크립트 에디터에 붙여넣고 실행하면 됩니다.

```
function copyDataToDocs() {
  var spreadsheetId = "1K90ZZl8Mkr6Mf4_fVxz**********FHL9tLQG4WGzCo";
  var docId = "1lbO_rpta1-VtaV0***********fzauzUejlVBwTs";

  // 스프레드시트 데이터 가져오기
  var spreadsheet = SpreadsheetApp.openById(spreadsheetId);
  // ❶ 여기에 시트 이름을 입력하세요
  var sheet = spreadsheet.getSheetByName("YourSheetName");
  var data = sheet.getDataRange().getValues();
  // 구글 문서 열기
  var doc = DocumentApp.openById(docId);
  var body = doc.getBody();
  // ❷ 테이블 형태로 데이터 입력
  var table = [];
  for (var i = 0; i < data.length; i++) {
    table.push(data[i].join("\t"));
  }
  body.appendTable(table);
}
```

이 코드는 시트 이름이 없는 상태이므로 여러분이 입력한 시트의 이름으로 수정해야 제대로 동작할 겁니다. 현재 실습 구성에 맞춰 코드를 수정한다면 ❶을 이렇게 수정하면 되겠네요.

```
var sheet = spreadsheet.getSheetByName("~~YourSheetName~~뉴과일시트");
```

실행해보니 제대로 동작하지 않습니다.

```
오전 10:18:10 오류    Exception: The parameters (number[]) don't match the method signature for DocumentApp.Body.appendTable.
                     copyDataToDocs @ Code.gs:31
```

오류를 복사해서 다시 물어보니 다음과 같은 답을 주네요.

이 오류는 appendTable 메서드가 예상하는 파라미터 타입이 현재 전달된 배열의 타입과 일치하지 않아서 발생합니다. appendTable 메서드는 2차원 배열을 받아들이지만, 현재 코드는 1차원 배열을 join 메서드로 문자열로 변환하고 있습니다. 올바른 2차원 배열을 만들고 전달해야 합니다.

다음은 오류를 수정한 코드입니다:

```
function copyDataToDocs() {
...생략...
  // 테이블 형태로 데이터 입력 코드를 다음과 같이 변경하세요
  body.appendTable(data);
}
```

이렇게 수정하면 appendTable 메서드가 2차원 배열 형식의 데이터를 올바르게 받아들일 수 있습니다. 여기서 data는 2차원 배열로 스프레드시트의 각 행을 나타내므로 추가 변환 없이 바로 appendTable에 전달할 수 있습니다.

챗GPT가 한 번에 맞는 답을 주지 않을 때도 있을 겁니다. 그럴 때는 코드 전문과 오류 메시지를 같이 복사해서 물어보거나, 필요한 경우 스프레드시트에 입력된 데이터도 같이 설명하세요. 챗GPT와 오류를 해결할 때는 최대한 구체적인 정보를 전달하는 것이 중요합니다.

⌲ 리마인드 노트

- SpreadsheetApp 클래스의 openByUrl( ) 메서드를 사용하여 URL을 입력하면 다른 스프레드 시트나 문서에 접근할 수 있습니다.
- openById( ) 메서드를 사용하여 ID를 입력하면 다른 스프레드시트나 문서에 접근할 수 있습니다.
- appendTable( ) 메서드는 구글 문서 본문 마지막에 테이블을 추가하는 메서드입니다.

스프레드시트에 체크박스 생성하기

난이도 🔘▭▭   알아두면 유용해요 🔘▭▭

스프레드시트에 체크박스로 데이터 확인 등의 작업을 할 때가 많습니다. 여기서는 앱스 스크립트로 스프레드시트에 체크박스를 생성하거나 개수를 세는 등의 조작 방법을 알아봅니다.

</> 체크박스 생성해서 개수 세기

체크박스가 많아지면 개수를 세어 추가 작업을 할 때도 있을 겁니다. 여기서는 앱스 스크립트로 스프레드시트에 체크박스를 생성하고 체크박스의 개수를 세어봅니다. 새 스프레드시트를 만들고 앱스 스크립트 프로젝트를 준비합니다. 여기부터는 독립형 스크립트로 해도 좋고, 컨테이너 바인딩 스크립트로 해도 좋습니다. 저는 컨테이너 바인딩 스크립트를 기본으로 하되, 필요할 때 독립형 스크립트로 실습을 진행하겠습니다. 시트 이름은 '체크박스 조작하기'로 변경해주세요.

```
project10.gs
function createCheckbox() {
  // 활성화된 스프레드시트의 작업 시트 선택
  const sheet = SpreadsheetApp.getActive().getSheetByName("체크박스 조작하기");
  // ❶ 입력 범위에 체크박스 생성
  sheet.getRange("A2:A5").insertCheckboxes();
}
```

❶ getRange( ) 메서드로 스프레드시트에서 체크박스를 생성할 영역을 선택합니다. 그런 다음 메서드 체이닝 방식으로 insertCheckboxes( ) 메서드를 이어 이용해 체크박스를 생성합니다.

선택한 체크박스의 개수 세기

이제 체크한 체크박스의 개수를 가져와보겠습니다. 스프레드시트에서 직접 체크박스를 체크합시다.

체크한 체크박스의 개수는 다음 코드를 통해 가져올 수 있습니다. getValues( )로 체크박스 영역을 읽어오면 어떤 값이 코드로 넘어올까요?

```
                                                                      project10.gs
function getCheckboxData() {
  const sheet = SpreadsheetApp.getActive().getSheetByName("체크박스 조작하기");
  // 범위의 체크박스 값 가져오기
  const values = sheet.getRange("A2:A5").getValues();
  console.log(values);
}
```

```
[ [ false ], [ true ], [ false ], [ true ] ] // ❶
```

❶ 결과를 보면 체크한 체크박스의 값은 코드에서 **[true]**로 넘어옵니다.

이 **[true]**의 개수를 세면 체크박스의 개수를 셀 수 있을 것 같습니다. 여기서는 자바스크립트를 조금 알아야 코드를 잘 이해할 수 있습니다. 앞에서 반복하여 언급했지만 getValues( ) 메서드는 스프레드시트의 데이터를 2차원 배열 형태로 가져옵니다. 이를 1차원 배열로 납작하게 눌러서 개수를 세기 편하도록 변경해야 합니다. flat( ) 메서드를 이용하면 2차원 배열을 1차원 배열로 변환할 수 있습니다.

TIP 아마 자바스크립트에 익숙하지 않다면 1차원 배열로 변환하는 이유를 받아들이기 어려울 수 있습니다. 아쉽지만 이 책에서 그 이유까지 설명하기는 너무 글이 길어지므로 생략했습니다. 의미를 제대로 알고 싶다면 2차원 배열과 1차원 배열 그리고 반복문을 공부하고 오기 바랍니다.

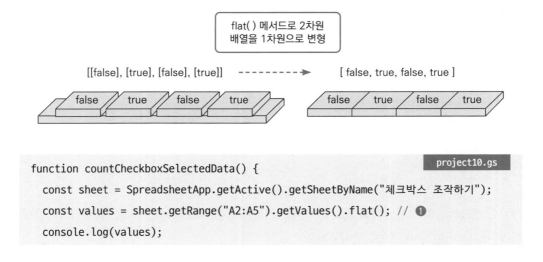

```
                                                                      project10.gs
function countCheckboxSelectedData() {
  const sheet = SpreadsheetApp.getActive().getSheetByName("체크박스 조작하기");
  const values = sheet.getRange("A2:A5").getValues().flat(); // ❶
  console.log(values);
```

```
  var cnt = 0; // ❷
  for (i in values) { // ❸
    if (values[i]) { // ❹
      cnt++; // ❺
    }
  }
  console.log(`선택된 체크박스 수 => ${cnt}`);
}
```

```
[ false, true, false, true ]
선택된 체크박스 수 => 2
```

❶ getValue( ) 메서드로 가져온 값은 2차원 배열이므로 flat( ) 메서드를 사용하여 1차원 배열로 변환합니다.

❷ 선택된 체크박스의 수를 세어 저장할 변수 cnt를 선언합니다.

❸ for 반복문을 사용하여 개수를 셉니다. values의 길이만큼 반복하여 체크 여부를 확인하고 ❹ 값이 true 즉, 체크이면 ❺ cnt에 1을 더합니다.

</> 체크박스 체크하거나 해제하기

체크박스를 지정하고 싶은 범위와 true 또는 false를 전달하면 해당 영역의 체크박스를 체크하거나 해제합니다. 이를 응용하여 지정한 범위를 체크하거나 해제하는 코드를 작성해봅시다.

```
function setCheckboxValues(range, value) {                    project10.gs
  const checkRange = SpreadsheetApp.getActiveSpreadsheet()
    .getSheetByName("체크박스 조작하기")
    .getRange(range);
  checkRange.setValue(value);
}
```

```
function checkAll() {
  const range = "A2:A5"; // ❶ 값을 입력할 영역
  const value = true; // ❷ 변경하고 싶은 체크박스의 값
  setCheckboxValues(range, value); // ❸
}

function uncheckAll() {
  const range = "A2:A5"
  const value = false; // ❹
  setCheckboxValues(range, value);
}
```

체크박스를 조작하는 핵심 함수 setCheckboxValues( )를 만들고 이것을 이용해서 선택한 영역을 일괄 체크하는 checkAll( ) 함수와 일괄 체크 해제하는 uncheckAll( ) 함수를 만들었습니다.

❶ 원하는 체크박스의 영역을 선택합니다. 여기서는 A2:A5를 선택했습니다.

❷ 체크박스의 상태를 모두 true로 변경합니다. value 변수에 true를 저장한 다음 setCheckbox Values( ) 메서드에 인수로 전달합니다. unCheckAll( ) 함수 역시 같은 방식으로 체크를 해제합니다.

❹ 해제를 위해 false로 지정하는 것만 다릅니다. 코드를 저장한 다음 checkAll( ) 함수와 uncheckAll( ) 함수를 실행하며 스프레드시트를 확인해봅니다.

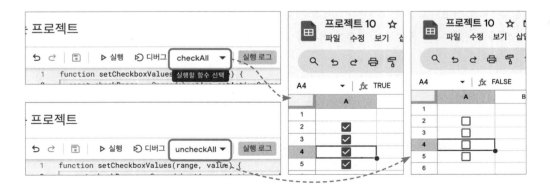

</> 체크박스에 이벤트 적용하기

스프레드시트의 특정 영역에서 벌어진 이벤트를 처리해볼까요? 예를 들어 체크박스를 선택했을 때 체크박스 오른쪽 셀에 선택이라는 텍스트를 입력하도록 만드는 것이지요.

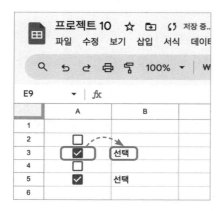

그럴 때는 onEdit( ) 트리거를 사용하면 됩니다. 그리고 offset( ) 메서드를 사용합니다. offset의 뜻은 컴퓨터 과학 용어로 다음과 같습니다.

- 동일 오브젝트 안에서 오브젝트 처음부터 주어진 요소나 지점까지의 변위차를 나타내는 정수형

쉽게 말해 오프셋은 현재 위치부터 얼만큼 떨어진 거리인지 나타내는 말입니다. offset( ) 메서드를 사용하면 선택된 셀 영역 기준으로 지정한 만큼 떨어진 셀에서 작업을 할 수 있습니다. 기본형은 다음과 같습니다.

```
getRange("A1").offset(rowOffset, columnOffset)
```

- **rowOffset** : 양수를 입력하면 행 아래로, 음수를 입력하면 행 위로 이동합니다.
- **columnOffset** : 양수를 입력하면 열 오른쪽으로, 음수를 입력하면 열 왼쪽으로 이동합니다.

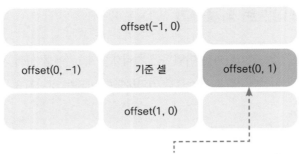

예를 들어 offset(0, 1)을 사용하면 열 오른쪽으로 1칸 떨어진 곳에 작업을 이어갈 수 있습니다. 바로 코드를 작성해봅시다.

```javascript
function onEdit(e) {
  const getValue = e.value;
  const sheetName = e.source.getActiveSheet().getName();
  const column = e.range.getColumn();
  const row = e.range.getRow();
  const activeCell = e.source.getActiveCell();
  // ❶ 체크박스 값 변경 시 트리거 적용하는 조건문
  if (sheetName == "체크박스 조작하기" && column == 1 && row >= 2) {
    if (getValue == "TRUE") { // ❷ 체크박스가 선택되었다면
      activeCell.offset(0, 1).setValue("선택"); // ❸ '선택' 입력
    } else { // ❹ 선택되지 않았다면
      activeCell.offset(0, 1).clearContent(); // ❺ '선택' 삭제
    }
  }
}
```

project10.gs

❶ 가장 바깥쪽의 if문 설명입니다. 시트 이름이 '체크박스 조작하기'이면서(&&) 첫 번째 열, 두 번째 행 범위 내에서 발생할 이벤트를 여기서 잡아냅니다.

❷ getValue에는 발생한 이벤트 값인 e.value가 들어옵니다. 이때 체크박스 이벤트 값은 "TRUE" 또는 "FALSE"인데 "TRUE"를 if문에서 잡아냅니다.

❸ 현재 활성화된 셀의 오프셋(0, 1) 위치의 값으로 "선택"을 입력합니다.

❹ getValue가 "TRUE"가 아니면, 즉 "FALSE"면 오프셋(0, 1)의 값을 clearContent( ) 메서드로 지웁니다.

코드 작성 후에 스프레드시트를 수정하면 체크박스 오른쪽에 '선택'이라는 텍스트가 생겼다가 없어졌다가 합니다. 코드 편집기에서 내장 트리거 함수를 실행하면 트리거의 이벤트 객체가 없기 때문에 오류가 발생합니다. 꼭 스프레드시트에서 직접 값을 바꿔 확인하기 바랍니다.

리마인드 노트

- SpreadsheetApp 클래스의 insertCheckboxes( ) 메서드로 정해진 범위에 체크박스를 생성합니다.
- 체크박스가 선택되어 있으면 값은 true, 선택되어 있지 않으면 값은 false입니다.
- setValue( ) 메서드에 true를 입력하면 선택된 범위의 체크박스가 선택되고, false를 입력하면 선택된 범위의 체크박스 선택이 해제됩니다.
- offset( ) 메서드를 이용해 특정 셀을 기준으로 다른 셀에 접근할 수 있습니다.
- onEdit( ) 메서드는 내장 트리거의 하나로 셀의 값 변경이 일어나면 동작하는 트리거입니다.

Project 11

스프레드시트 드롭다운 생성하기

스프레드시트에서 미리 선택지를 만든 후 그 안에서 값을 선택하는 방법인 드롭다운 기능을 생성하고 조작하는 방법을 알아보겠습니다. 스프레드시트의 메뉴로도 드롭다운을 쉽게 만들 수 있지만 앱스 스크립트 드롭다운 생성 방식을 알아놓으면 훨씬 유용하게 사용할 수 있습니다. 여러 시트에 동시에 드롭다운을 만들 수 있고, 실무에서 자주 쓰는 종속 드롭다운을 구현할 수도 있죠. 종속 드롭다운은 'Project 30 종속 드롭다운 만들어보기'에서 실습해볼 겁니다. 일단 기본부터 익혀봅시다.

</> 배열을 이용해 드롭다운 생성하기

스프레드시트에서 드롭다운을 생성하려면 newDataValidation( ) 메서드와 requireValueInlist( ) 메서드 또는 requireValueInRange( ) 메서드를 조합하여 이용합니다. 기본형은 다음과 같습니다.

```
newDataValidation().requireValueInList(['드롭다운 1', '드롭다운 2', ...])
newDataValidation().requireValueInRange(드롭다운으로 사용할 셀 영역)
```

- **requireValueInList( )** : 직접 배열을 전달하여 드롭다운 생성
- **requireValueInRange( )** : 스프레드시트의 데이터를 참조하여 드롭다운 생성

requireValueInList( ) 메서드로 드롭다운 생성하기

requireValueInList( ) 메서드로 드롭다운을 생성해보겠습니다. 새 스프레드시트를 준비하고 시트 이름은 '드롭다운 조작하기'로 변경해주세요. 다음과 같이 코드를 작성하고 실행합니다.

```
function settingDropdownByArray() {                          project11.gs
  const sheet = SpreadsheetApp.getActive().getSheetByName('드롭다운 조작하기');
  const setCell = sheet.getRange('B2'); // ❶ 드롭다운 생성 영역 설정
  // ❷ 선택한 셀의 데이터 확인 규칙 초기화
  setCell.clearContent().clearDataValidations();
  // ❸ 데이터 확인 규칙 생성, 드롭다운 목록 생성, 빌드
  const validationRule = SpreadsheetApp.newDataValidation()
    .requireValueInList(['가', '나', '다'])
    .build();
  // ❹ 선택한 셀에 데이터 확인 규칙 할당, 화면 반영
  setCell.setDataValidation(validationRule);
}
```

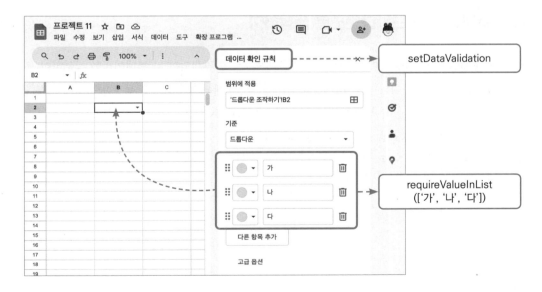

드롭다운은 셀에 데이터를 바로 입력하지 않고 데이터 확인 규칙을 만들어 넣습니다.

❶ 드롭다운을 만들 셀을 지정합니다.

❷ clearDataValidations( ) 메서드는 드롭다운을 만들 셀의 데이터 확인 규칙을 초기화합니다. 새 데이터 확인 규칙을 만듭니다.

❸ 생성할 영역에 새 데이터 확인 규칙을 생성합니다. 셀에 데이터를 입력하는 방식이 아님에 집중합니다.

- **newDataValidation( ) :** 새 데이터 규칙을 만듭니다 (이어서).
- **requireValueInList( ) :** 드롭다운 요소를 리스트로 전달합니다 (이어서).
- **build( ) :** 드롭다운을 만듭니다 (마무리).

build( ) 메서드를 실행하면 새 데이터 확인 규칙과 드롭다운 요소를 코드 상에서 구성합니다. 다만 실제 화면에 반영하지는 않습니다. 굳이 비유하자면 데이터 확인 규칙에서 작업만 한 채로 실제 셀에 반영을 하지는 않은 것과 같습니다.

❹ 실제로 드롭다운을 셀에 반영하려면 setDataValidation( ) 메서드를 사용해야 합니다.

</> 특정 범위를 드롭다운으로 생성하기

requireValueInRange( ) 메서드로 이미 스프레드시트에 입력되어 있는 데이터를 참조하여 드롭다운을 생성해 보겠습니다. requireValueInRange( ) 메서드의 인수로 설정한 영역에 드롭다운 대상이 될 데이터가 있어야 코드가 동작하므로 스프레드시트에 '데이터 가져오기'라는 이름의 시트를 만들고 데이터를 미리 입력해두기 바랍니다.

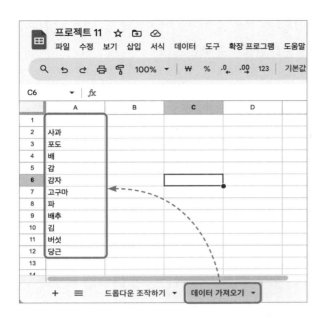

```
function settingDropdownByRange() {
  const ss = SpreadsheetApp.getActive();
  // 가져올 데이터 영역 지정하기
  const data_sheet = ss.getSheetByName('데이터 가져오기');    가져올 데이터가 있는 시트
  const validationCell = data_sheet.getRange('A2:A12');
  // 드롭다운 생성할 셀 선택
  const sheet = ss.getSheetByName('드롭다운 조작하기');    드롭다운을 만들 시트
  const setCell = sheet.getRange('C2');
  // 선택한 셀의 데이터 확인 규칙 초기화
  setCell.clearContent().clearDataValidations();
  // 데이터 확인 규칙 생성, 드롭다운 목록 생성, 빌드
  const validationRule = SpreadsheetApp.newDataValidation()
    .requireValueInRange(validationCell)
    .build();
  // 선택한 셀에 데이터 확인 규칙 할당, 화면 반영
  setCell.setDataValidation(validationRule);
}
```

`project11.gs`

settingDropdownByRange( ) 함수를 실행하면 '데이터 가져오기' 시트의 데이터를 이용하여 '드롭다운 조작하기' 시트 C2 위치에 드롭다운을 만들어 줍니다.

</> 연도를 선택할 수 있는 드롭다운 생성하기

드롭다운은 날짜 선택 용도로도 많이 사용합니다. 특정 연도부터 올해까지의 데이터를 입력하는 드롭다운을 생성해보겠습니다. 앞에서는 데이터를 직접 입력하는 방식으로 드롭다운을 만들었지만 여기는 다르게 할 겁니다. 년, 월의 조합은 매우 다양하므로 2024, 2023, 2022, ...와 같이 직접 입력하기는 어렵죠. 그러므로 년, 월을 코드로 만들어주는 getYearOrMonth( ) 함수를 먼저 만들어 이를 해결해보겠습니다.

TIP 이 함수 역시 자바스크립트 지식이 필요합니다. 만약 자세한 내용이 궁금하다면 getFullyear( ), getMonth( ) 메서드를 검색하여 공부하고 와도 좋습니다.

```
function getYearOrMonth(gubun) {
  const today = new Date(); // 오늘 날짜 가져오기
  var returnValue;
  if (gubun == 'year') {
    // 오늘 날짜에서 연도 추출
    returnValue = today.getFullYear();
  } else if (gubun == 'month') {
    //  오늘 날짜에서 월 추출
    returnValue = (today.getMonth() + 1).toString().padStart(2, '0');
  }
  return returnValue;
}


function settingYearDropDownList() {
  const sheet = SpreadsheetApp.getActive().getSheetByName('드롭다운 조작하기');
  const thisYear = getYearOrMonth('year'); // ❶ 오늘 날짜의 연도 값 가져오기
  const startYear = 2019; // ❷ 시작 연도 값 입력하기
  // ❸ 연도를 담은 배열 생성
  var arr = [];
  for (var i = thisYear; i >= startYear; i--) {
    arr.push(i);
  }
  // ❹ 드롭다운 생성
  const rule = SpreadsheetApp.newDataValidation()
    .requireValueInList(arr)
    .setAllowInvalid(false) // 임의 값을 입력하지 못하도록 설정
    .build();
  sheet.getRange('B5').setDataValidation(rule);
  // ❺ 오늘의 연도 값을 초깃값으로 설정
  sheet.getRange('B5').setValue(thisYear);
}
```

❶ getYearOrMonth('year') 함수로 오늘 날짜의 연도 값을 가져옵니다. getYearOrMonth( ) 메

서드는 if문으로 gubun에 'year'가 넘어오면 연도 계산을, 'month'가 넘어오면 월을 계산합니다.

❷ 반복문을 시작할 연도 값을 2019로 선언합니다. 그러면 2019부터 현재까지의 드롭다운이 만들어질 겁니다.

❸ 시작 연도부터 오늘 연도까지 반복문을 이용해서 배열을 생성해줍니다.

❹ 배열을 드롭다운으로 생성합니다. setAllowInvalid( ) 메서드에 false 값을 넣어 임의의 값을 넣지 못하도록 설정해줍니다.

❺ setValue( ) 메서드로 드롭다운의 초깃값을 설정합니다. 여기서는 오늘의 연도 값을 초깃값으로 설정하겠습니다.

</> 월을 선택할 수 있는 드롭다운 생성하기

월 드롭다운도 생성해봅니다. 1월부터 12월까지 고정값이므로 1~12를 반복하여 생성합니다.

```
project11.gs
function settingMonthDropDownList() {
  const sheet = SpreadsheetApp.getActive().getSheetByName('드롭다운 조작하기');
```

```
  const thisMonth = getYearOrMonth('month'); // ❶ 월 가져오기
  // ❷ 1 ~ 12 배열 생성
  const arr = Array.from({ length: 12 }, (undefined, i) => i + 1);
  // ❸ 드롭다운으로 배열 생성
  const rule = SpreadsheetApp.newDataValidation()
    .requireValueInList(arr)
    .setAllowInvalid(false)
    .build();
  sheet.getRange('C5').setDataValidation(rule);
  sheet.getRange('C5').setValue(thisMonth); // ❹ 월값을 이달로 설정
}
```

❶ getYearOrMonth('month')를 실행하여 월을 계산하여 가져옵니다.

❷ 1~12까지의 배열을 생성해줍니다.

❸ 배열을 드롭다운으로 생성합니다.

❹ setValue( ) 메서드로 현재 셀의 월 값을 이달로 자동 설정하고, 드롭다운을 1~12 범위로 만들어줍니다.

4			
5		2024 ▼	3
6			1
7			
8			2
9			3
10			4
11			
12			5
13			6
14			7
15			8
16			
17			9
18			10
19			11
20			
21			12
22			
23			✎

리마인드 노트

- SpreadsheetApp 클래스의 newDataValidation( ) 메서드를 이용해 데이터 규칙을 만듭니다.

- requireValueInList( ) 메서드는 드롭다운 요소를 리스트 형태로 입력받습니다.

- requireValueInRange( ) 메서드는 드롭다운 요소를 스프레드시트의 데이터 영역으로 입력받습니다.

- build( ) 메서드를 이용해 드롭다운을 생성합니다.

- setDataValidation( ) 메서드는 앞서 만든 데이터 규칙을 적용하여 드롭다운을 생성합니다.

- clearDataValidations( ) 메서드는 선택된 범위에 설정된 데이터 규칙을 제거하는 메서드입니다.

Project 12

스프레드시트 값 계산
내 마음대로 하기

난이도 ▰▰▱ 알아두면 유용해요 ▰▰▱

스프레드시트로 자동화를 구현할 때 셀의 값 계산을 해야 할 경우가 있습니다. 물론 스프레드시트 기능 자체도 매우 훌륭하기는 하지만 자동화 과정에 계산을 조합해야 할 경우도 상당히 많으므로 스프레드시트 값 계산 방법도 알아두면 좋습니다. 여기서 다루는 내용은 '스프레드시트로 충분히 할 수 있는데 왜 앱스 스크립트로 하지?'라는 의문이 들 정도로 간단한 데이터 작업만 진행합니다. 하지만 이 방법을 알아두고 나면 이후 프로젝트에서 이 방법을 조합하여 진행할 때 진가를 느낄 수 있을 것입니다. 먼저 챗GPT에게 부탁하여 계산할 데이터를 만들어봅시다.

🤖 with 챗GPT 챗GPT에게 실습용 데이터를 요청하세요

앞으로 종종 실습에 필요한 가상의 데이터를 챗GPT에게 부탁해서 받을 겁니다. 원하는 데이터의 머리행, 내용을 상세히 적어서 챗GPT에게 요청해보세요.

> 가상의 실수 데이터를 만들어줘. 머리행은 최소값, 최대값, 차이. 최소값은 최대값보다 작아야 해. 차이 열은 비워줘. 스프레드시트에 셀별로 붙여넣기 할 수 있도록 탭으로 데이터를 구분해줘.

> 가상의 실수 데이터가 생성되었습니다. 이 데이터는 각 행에 최소값, 최대값이 포함되어 있으며, 차이 열은 비어있습니다. 데이터는 다음과 같습니다:

1. 최소값: 27.440675, 최대값: 89.607079

2. 최소값: 35.759468, 최대값: 76.491856

3. ...생략...

챗GPT가 준 데이터를 스프레드시트에 붙여넣어주세요. 만약 붙여넣기 할 수 있는 형태의 데이터를 챗GPT가 한 번에 주지 않는다면 계속 요청하세요. "스프레드시트에 바로 붙여넣을 수 있게 만들어줘.", "셀별로 데이터를 나눠서 넣을 수 있게 만들어줘." 등 질문을 발전시키면 원하는 답을 얻을 수 있습니다.

	A	B	C
1	최소값	최대값	차이
2	27.4406752	89.6070794	
3	35.75946832	76.4918565	
4	30.1381688	78.4454236	
5	27.24415915	96.28727225	
6	21.18273997	53.6446993	
7	32.29470565	54.44775206	
8	21.87936056	51.10889803	
9	44.58865004	91.64773029	
10	48.18313803	88.93002187	
11	19.17207594	93.5136062	
12			

</> 앱스 스크립트에서 직접 계산해 셀에 값을 입력하기

컨테이너 바인딩 스크립트에서 다음 코드를 작성합니다. 코드의 목적은 B열의 데이터 값에서 A열의 데이터 값을 빼는 것입니다.

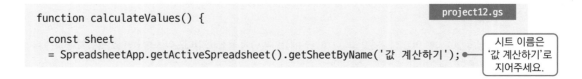

```
                                                          project12.gs
function calculateValues() {
  const sheet
  = SpreadsheetApp.getActiveSpreadsheet().getSheetByName('값 계산하기');
```

시트 이름은
'값 계산하기'로
지어주세요.

```
  const startRow = 2; // ❶
  const lastRow = sheet.getLastRow(); // ❷
  var arrValue = [];
  // 데이터의 수만큼 반복문 실행
  for (var i = startRow; i < lastRow + 1; i++) {
    const minValue = sheet.getRange(i, 1).getValue(); // ❸
    const maxValue = sheet.getRange(i, 2).getValue(); // ❹
    arrValue.push([maxValue - minValue]); // ❺
  }
  sheet.getRange(`C2:C${lastRow}`).setValues(arrValue); // ❻
}
```

❶ ~ ❷ 계산을 위한 데이터의 첫 행과 마지막 행을 선언합니다.

❸ ~ ❺ 셀에 입력할 데이터 배열 arrValue를 만드는 과정입니다. 데이터의 수만큼 반복문을 실행합니다. ❸ 최솟값을 minValue 변수에 할당하고 ❹ 최댓값을 maxValue 변수에 할당합니다. ❺ maxValue에서 minValue를 뺀 값을 최종값으로 저장합니다.

❻ 계산 값이 들어있는 arrValue 배열을 셀에 입력합니다.

calculateValues( ) 함수를 실행하면 C열에 계산된 숫자가 입력됩니다.

	A	B	C
1	최소값	최대값	차이
2	27.4406752	89.6070794	62.1664042
3	35.75946832	76.4918565	40.73238818
4	30.1381688	78.4454236	48.3072548
5	27.24415915	96.28727225	69.0431131
6	21.18273997	53.6446993	32.46195934
7	32.29470565	54.44775206	22.1530464
8	21.87936056	51.10889803	29.22953747
9	44.58865004	91.64773029	47.05908025
10	48.18313803	88.93002187	40.74688385
11	19.17207594	93.5136062	74.34153026
12			

</> R1C1을 이용해 셀에 계산 수식 적용하기

그런데 앞에서 실습한 내용은 결괏값이 그대로 들어간 상태입니다. 스프레드시트 차이 열의 아무 값이나 눌러 확인했을 때 =A2 - B2와 같은 수식의 형태가 아니므로 이후 스프레드시트에서 추가 작업이 발생해도 차이 열의 값이 달라지지 않아 사용성이 조금 떨어집니다. 이것이 수식이 될 수 있게 하려면 어떻게 해야 할까요?

C2	▼	ƒx	62.1664042039587		계산 값이 그대로 입력되어 이후 A나 B열을 수정하면 반영 X

	A	B	C
1	최소값	최대값	차이
2	27.4406752	89.60707	62.1664042039587
3	35.75946832	76.4918565	40.73238818
4	30.1381688	78.4454236	48.3072548

C2	▼	ƒx	=B2-A2	이렇게 할 수는 없을까?

	A	B	C
1	최소값	최대값	차이
2	27.4406752	89.6070794	62.1664042
3	35.75946832	76.4918565	40.73238818
4	30.1381688	78.4454236	48.3072548
5	27.24415915	96.28727225	69.0431131

setFormula( ) 메서드나 setFormulas( ) 메서드를 이용하면 됩니다. 다만 이 메서드는 전체 적용에는 효율적이지 않은 메서드입니다. 왜 그런지 구체적인 예를 들어 설명하겠습니다. 만약 setFormula( ) 메서드로 셀에 수식 자체를 적용하고자 한다면 다음과 같이 수식을 직접 입력하는 방식으로 작성해야 합니다.

- **차를 구할 때** : setFormula("B2 - A2")

- **합을 구할 때** : setFormula("B2 + A2")

- …

다음 행의 셀인 A3, B3에 수식을 만들려면 또 다시 수식을 일일이 입력해야 합니다.

- **차를 구할 때 :** setFormula("B3 - A3")
- **합을 구할 때 :** setFormula("B3 + A3")
- …

이렇게 하면 수식에 넣을 문자열을 계속 만들어야 하는 불편함이 있습니다. 하지만 setFormulaR1C1( ) 메서드나 setFormulasR1C1( ) 메서드를 사용하면 이 불편함을 해결할 수 있습니다. 그런데 두 메서드는 R1C1 표기 방법을 알아야 제대로 사용할 수 있습니다. 설명을 보면 그렇게 어렵지 않음을 알 수 있을 겁니다. 잠깐 알아봅시다.

R1C1 표기 방법 알아보기

R1C1 방법은 현재 셀을 기준으로 하여 행R과 열C의 거리가 얼마나 떨어져 있는지로 다른 셀을 집어내는 방법입니다. 만약 C2 셀을 기준으로 B2와 A2를 가져오려면 이렇게 하면 됩니다.

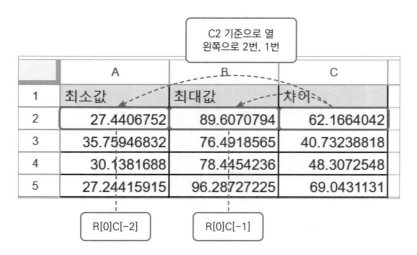

1 A2는 C2 기준으로 열을 왼쪽으로 2번 이동한 값입니다.

→ 이를 R1C1 표기로 나타내면 R[0]C[-2]입니다.

2 B2는 C2 기준으로 열을 왼쪽으로 1번 이동한 값입니다.

→ 이를 R1C1 표기로 나타내면 "R[0]C[-1]"입니다.

3 a와 b를 통해 수식에 "=R[0]C[-1] - R[0]C[-2]"를 입력하면 =B2 - A2 수식이 제대로 들어 갑니다.

setFormulasR1C1( ) 메서드로 전체 셀에 수식 반영하기

R1C1 표기법을 이용하여 setFormulasR1C1( ) 메서드를 사용하면 한 번에 모든 셀에 수식을 적용할 수 있습니다. 이 메서드는 배열에 있는 R1C1 표기법들을 보고 getRange( )로 지정한 범위의 셀에 수식을 한 번에 적용합니다.

```
function setCalculateFormulas() {                          project12.gs
  const sheet
  = SpreadsheetApp.getActiveSpreadsheet().getSheetByName('값 계산하기');
  const startRow = 2;
  const lastRow = sheet.getLastRow();
  var arrFormula = [];
  // ❶ 데이터의 수만큼 반복문을 실행하여 R1C1 표기로 수식 준비(전체 같은 표기를 사용함)
  for (var i = startRow; i < lastRow + 1; i++) {
    arrFormula.push(['=R[0]C[-1]-R[0]C[-2]']); // ❷
  }
  // ❸ 셀에 수식 적용
  sheet.getRange(`C2:C${lastRow}`).setFormulasR1C1(arrFormula);
}
```

❶ 지정한 모든 셀에 =R[0]C[-1] - R[0]C[-2] 수식을 적용해야 하므로 같은 수식을 지정한 셀 범위만큼 만들어 ❷ push( ) 메서드로 R1C1 수식을 배열로 저장합니다.

❸ getRange( ) 메서드로 지정할 범위를 넣은 다음, ❶ ~ ❷에서 만든 수식 배열을 한 번에 적용했습니다.

아마 setFormulasR1C1( ) 메서드의 동작 방식이 잘 이해되지 않을 수 있습니다. 그림을 보면 getRange( )로 지정한 셀 범위만큼 R1C1 수식을 배열로 준비하여 한 번에 적용하고 있습니다. 이렇게 setFormulasR1C1( ) 메서드는 배열로 준비한 R1C1 수식을 한 번에 적용합니다.

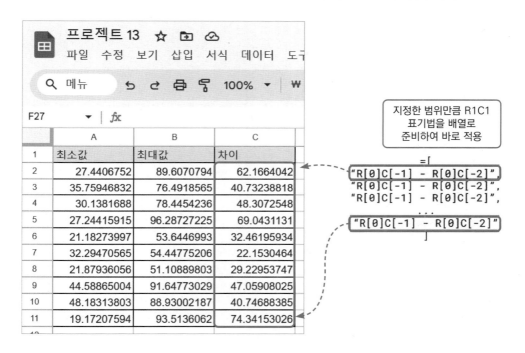

리마인드 노트

- SpreadsheetApp 클래스의 setFormula( ) 메서드는 셀에 수식을 입력하는 메서드입니다.
- setFormulasR1C1( ) 메서드는 셀에 R1C1 스타일의 수식을 입력하는 메서드입니다.
- R1C1은 셀 참조 스타일로, 행 번호와 열 번호를 사용하여 셀을 선택하는 방식입니다.

MEMO

Part

02

앱스 스크립트로
업무 업그레이드하기

학습목표

앱스 스크립트 코드에 조금 익숙해졌다면 이제 업무에 바로 쓸 수 있는 작은 단위의 기능들을 만들며 더 친해져 봅시다. 앱스 스크립트를 이용해 스프레드시트, 구글 문서, 구글 드라이브, 구글 캘린더에 접근해 관리하는 기능들을 다양하게 알아봅니다. 자동화의 기본이 되는 시간 단위트리거도 알아봅니다.

핵심 키워드

#트리거 #구글 문서 #캘린더 #드라이브 #자동화

문서에 공지사항 띄우기

난이도 ☆☐☐☐☐ 알아두면 유용해요 ★★☐☐

구글 스프레드시트를 여러 사람과 공유해서 쓰는 일이 많을 겁니다. 스프레드시트로 작업하는 사람들이 파일을 열었을 때 다음과 같이 공지를 팝업하는 기능을 만들어봅시다.

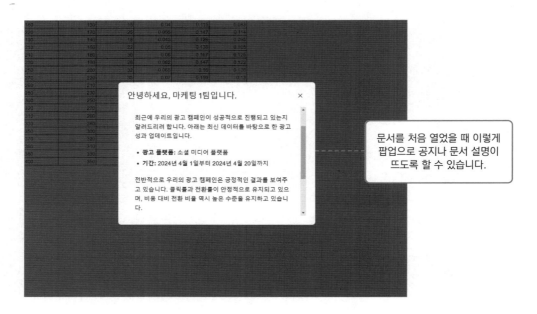

문서를 처음 열었을 때 이렇게 팝업으로 공지나 문서 설명이 뜨도록 할 수 있습니다.

이런 창을 띄우려면 새로운 메서드인 getUi( )를 알아야 합니다. 그럼 기초부터 공지사항 띄우기까지 진행해봅시다.

</> 알림, 확인, 프롬프트 등을 띄워 UI 제어하기

getUi( ) 메서드는 구글 스프레드시트, 구글 문서, 구글 슬라이드에서 모두 사용할 수 있습니다. 이 메서드의 역할은 각 애플리케이션에서 지원하는 UI들을 모두 코드로 가져오는 것입니다. 여기 서는 메뉴 목록과 메뉴를 몇 개 만들어 UI를 제어하는 기능을 메뉴에 하나씩 연결해보겠습니다.

TIP UI(User Interface)란 화면과 버튼, 창과 같이 컴퓨터나 스마트폰을 사용할 때 사용자가 보거나 다룰 수 있는 모든 시 각적 요소를 말합니다.

우선 다음 코드를 작성하여 스프레드시트를 열었을 때 메뉴 목록과 메뉴가 나타나도록 해봅시다.

```
                                                          project13.gs
function onOpen( ) {
  SpreadsheetApp.getUi( )
    .createMenu('알림창 띄우기')
    .addItem('1. 알림 메시지', "alertMessage")
    .addItem('2. 확인 메시지', "confirmMessage")
    .addItem('3. 프롬프트 열기', "openPrompt")
    .addItem('4. 모달창 열기', "openModal")
    .addItem('5. 사이드바 열기', "openSidebar")
    .addToUi( );
}
```

스프레드시트를 새로 고침하면 새로운 메뉴가 생깁니다. 아직은 메뉴에 함수를 연결하지 않았으 므로 메뉴를 눌러도 아무런 일이 일어나지 않을 것입니다.

알림 창 띄우기

간단한 알림 창을 띄워봅니다. alert( ) 메서드는 알림 창을 띄웁니다. 알림 창의 구성과 기본형은
다음과 같습니다.

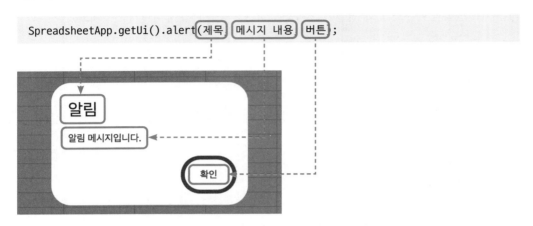

기본형에서 본 알림 창을 만드는 코드는 다음과 같습니다. onOpen( ) 함수 아래에 작성하고, 함
수 이름에 유의해주세요.

```
function onOpen( ) {
  SpreadsheetApp.getUi( )
    .createMenu('알림창 띄우기')
...생략...
    .addToUi( );
}


function alertMessage( ) {
  var ui = SpreadsheetApp.getUi( );
  ui.alert("알림", "알림 메시지입니다.", ui.ButtonSet.OK);
}
```

project13.gs

프로젝트를 저장하고 스프레드시트로 돌아가 **[알림창 띄우기 → 1. 알림 메시지]** 메뉴를 누르면 알
림 창이 나타납니다.

확인 창 띄우기

확인 창도 만들어봅니다. 확인 창도 alert( ) 메서드를 이용해 구현합니다. **달라진 것은 마지막 인수에 ui.ButtonSet.YES_NO를 전달하는 것입니다.** 그러면 **[예], [아니오]** 버튼을 띄울 수 있습니다. 바로 이어서 코드를 입력해봅시다.

```
function confirmMessage() {
  const ui = SpreadsheetApp.getUi();
  const response = ui.alert('확인', '버튼을 클릭하세요.', ui.ButtonSet.YES_NO);
  if (response == ui.Button.YES) {
    ui.alert('예', "'예'를 누르셨습니다.", ui.ButtonSet.OK);
  } else {
    ui.alert('아니오', "'아니오'를 누르셨습니다.", ui.ButtonSet.OK);
  }
}
```
project13.gs

프로젝트를 저장하고 스프레드시트로 돌아가 **[알림창 띄우기 → 2. 확인 메시지]** 메뉴를 누르면 확인 창이 나타납니다.

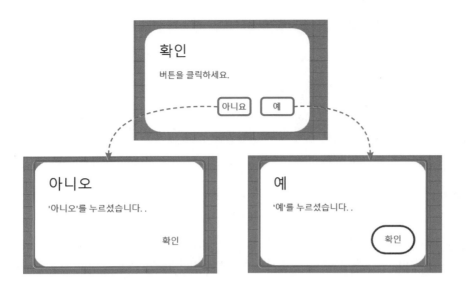

여기서 **[아니요]**를 누르면 '아니오' 알림 창이 나타나고, **[예]**를 누르면 '예' 알림 창이 나타납니다. 확인 메시지를 이용해 **[예]**를 누르면 다음 작업으로 이동하고, **[아니요]**를 누르면 함수를 종료하는 기능을 구현할 수 있습니다.

이것으로 alert( ) 메서드 마지막 인수에 어떤 버튼 셋을 전달할지에 따라 다른 창이 나타난다는 것을 알 수 있습니다. 버튼셋으로 전달할 수 있는 인수는 다음과 같습니다.

버튼 셋	설명
OK	창을 닫을 수 있는 [확인] 버튼을 보여줍니다.
OK_CANCEL	[확인] 버튼과 [취소] 버튼을 사용하여 사용자가 작업을 계속하거나 중지할 수 있습니다.
YES_NO	사용자가 예/아니요 질문에 답변할 수 있도록 [예] 버튼과 [아니요] 버튼을 제공합니다.
YES_NO_CANCEL	사용자가 예/아니요 질문에 답하거나 작업을 중지할 수 있는 [예] 버튼, [아니요] 버튼, [취소] 버튼을 제공합니다.

프롬프트 창 띄우기

prompt( ) 메서드를 이용하면 값을 입력하는 기능도 제공할 수 있습니다. **이렇게 값을 입력할 수 있는 창을 프롬프트 창이라고 합니다.**

이런 프롬프트 창을 띄우려면 다음 코드를 입력하면 됩니다. onOpen( ) 함수 뒤로 계속 이어서 작성해주세요. onOpen( ) 함수 메뉴의 함수 이름을 잘 보고 입력하세요.

```
function openPrompt() {
    var ui = SpreadsheetApp.getUi();
    ui.prompt("입력", "값을 입력하세요.", ui.ButtonSet.YES_NO);
}
```
project13.gs

프롬프트 창으로 입력한 값은 실제 코드에서 그대로 가져다 쓸 수 있습니다. 예를 들어 다음과 같이 프롬프트로 입력받은 값을 스프레드시트에 입력할 수 있습니다.

```
function openPrompt() {
  var ui = SpreadsheetApp.getUi();
  var response = ui.prompt('입력', '값을 입력하세요.', ui.ButtonSet.OK_CANCEL);
  if (response.getSelectedButton() == ui.Button.OK) {
    var promptInputValue = response.getResponseText();
    const sheet = SpreadsheetApp.getActive().getSheetByName('프롬프트입력');
    sheet.getRange('A1').setValue(promptInputValue);
  }                                              시트 이름 확인!
}
```
project13.gs

프로젝트를 저장하고 스프레드시트로 돌아가 **[알림창 띄우기 → 3. 프롬프트 열기]** 메뉴를 누르면 프롬프트 창이 나타납니다. 프롬프트에 값을 입력하면 해당 값이 스프레드시트에 입력됩니다.

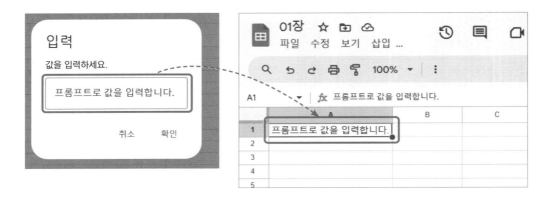

모달 창 띄우기

showModalDialog( ) 메서드를 사용하면 모달 창을 띄울 수도 있습니다. 사용자가 주목할 수 있도록 별도의 창을 띄우고, **[닫기]**와 같은 버튼을 눌러야만 꺼지는 이런 창을 모달 창이라고 합니다.

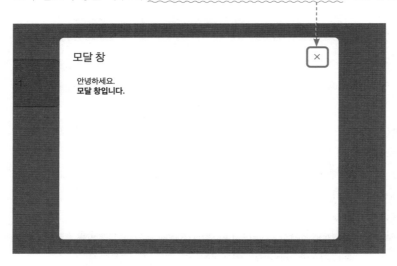

이렇게 모달 창은 별도의 창이 나타나기는 하되, 뒷 배경을 검정색 등으로 처리하고 **[x]** 버튼을 눌러야만 꺼지는 등의 방법으로 사용자의 주목을 이끄는 효과가 있습니다. 모달 창을 띄우려면 이렇게 함수를 작성하면 됩니다. 거듭 이야기하지만 함수 이름은 여러분 마음대로 지어도 됩니다.

onOpen( ) 함수에 있는 메뉴 함수 이름과 맞추기만 하면 됩니다. 바로 코드를 작성하고 저장한 다음 스프레드시트로 돌아와 **[알림창 띄우기 → 4. 모달창 열기]** 메뉴를 눌러 열어봅니다.

```
project13.gs
function openModal() {
  var ui = SpreadsheetApp.getUi();
  var html = HtmlService.createHtmlOutput("안녕하세요.<br><b>모달 창입니다.</b>")
    // ❶ 모달 창 설정
    .setTitle("Modal") // 모달 창 이름
    .setHeight(300) // 모달 창 높이
    .setWidth(480); // 모달 창 너비
  ui.showModalDialog(html, "모달 창");
}
```

❶ HtmlService.creatHtmlOutput( ) 메서드에 HTML 구조로 모달 창을 구현합니다. HTML 은 문서의 서식을 만들어주는 마크업 언어입니다. HTML에 대한 설명은 이 책에서 다루기에는 한 계가 있으므로 여기서 쓰인 〈br〉과 〈b〉 ~ 〈/b〉만 설명하자면 〈br〉은 줄바꿈, 〈b〉〈/b〉로 감싼 글 자는 굵은 글씨가 됩니다.

TIP 구글 앱스 스크립트는 뒷 배경을 어둡게 하지 않는 showModelessDialog( ) 메서드도 제공합니다.

사이드바 띄우기

showSidebar( ) 메서드를 이용하면 사이드바를 띄울 수도 있습니다. 바로 코드를 작성하고 저장 한 다음 스프레드시트로 돌아와 **[알림창 띄우기 → 5. 사이드 바 열기]** 메뉴를 눌러 열어봅니다.

```
project13.gs
function openSidebar( ) {
  var ui = SpreadsheetApp.getUi( );
  var html = HtmlService.createHtmlOutput("안녕하세요.<br><b>사이드바입니다.</b>")
    .setTitle("Sidebar");
  ui.showSidebar(html);
}
```

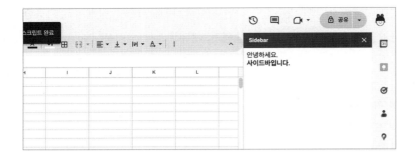

사이드바도 문서에 관련된 메모장이나 공유 게시판 등으로 활용하면 굉장히 유용합니다. 다만 이 사이드바도 HTML로 구현해야 하므로 조금 더 많은 지식이 필요할 겁니다.

with 챗GPT 사이드바를 구현하라고 시켜볼까요?

openSidebar( ) 함수를 응용해서 챗GPT가 짜준 코드로 사이드바의 내용을 채워봅시다.

openSidebar( ) 함수를 수정해서 골든래빗 도서 이벤트가 시작되었음을 알리는 페이지로 꾸며줘.

> 질문과 함께 코드 복붙!

openSidebar( ) 함수를 수정하여 골든래빗 출판사 도서 이벤트가 시작되었다는 내용을 보여주는 페이지로 변경하겠습니다.

```
function openSidebar( ) {
  var ui = SpreadsheetApp.getUi( );
  var html = HtmlService.createHtmlOutput(
    '<h1>골든래빗 출판사 도서 이벤트가 시작되었습니다!</h1>' +
    '<p>지금 당장 참여하여 특별한 혜택을 누리세요.</p>' +
    '<p>도서 이벤트 페이지로 바로 가기: <a href="https://goldenharebooks.com/
    events">골든래빗 이벤트 페이지</a></p>'
  ).setTitle("골든래빗 출판사 도서 이벤트");
  ui.showSidebar(html);
}
```

완성 화면은 다음과 같습니다. 아름답지는 않지만 기본 사이드바 실습보다는 훨씬 의미있는 화면이 나왔습니다.

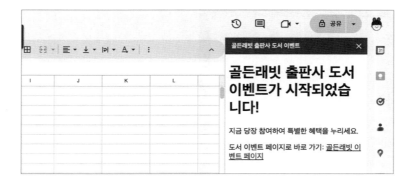

만약 화면을 꾸미고 싶다면 CSS 지식도 필요합니다. 챗GPT에게 파란색 테마로 제목이나 내용을 꾸며달라고 하면 충분히 해줄 것입니다. 여러분이 직접 해보기 바랍니다.

</> 트리거와 UI 메서드를 조합하여 공지사항 띄워보기

배운 내용을 활용해봅시다. 트리거와 showModalDialog( ) 메서드를 이용하여 스프레드시트를 열었을 때 공지사항을 모달 창으로 띄워봅시다. 이어서 openNotice( ) 함수를 새로 만듭니다. 다음 코드를 따라 작성하세요.

```
                                                    project13.gs
function openNotice() {

  var ui = SpreadsheetApp.getUi();

  var html = HtmlService

   .createHtmlOutput("공지사항.<br><b>앱스 스크립트 모달창입니다.</b>")

   .setTitle("Modal")

   .setHeight(300)

   .setWidth(400);

  ui.showModalDialog(html, "공지사항");

}
```

파일을 저장한 후에 트리거를 설정합니다. 왼쪽의 **[⏱ 트리거]** 버튼을 누르고 오른쪽 아래에 있는 **[＋트리거 추가]** 버튼을 누른 다음 화면을 참고하여 트리거를 추가합니다.

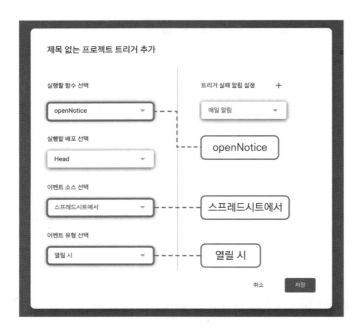

이제 스프레드시트를 새로 고침하여 다시 시작해봅시다. 그러면 다음과 같이 공지사항 모달 창이 나타나는 것을 확인할 수 있습니다.

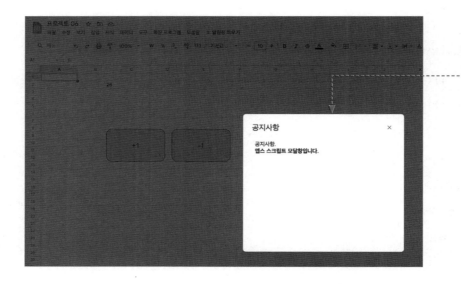

문서에 접속하는
사용자의 정보 가져오기

난이도 ◖▭▭◗　　알아두면 유용해요 ◖▭▭◗

앱스 스크립트를 실행하는 사람의 정보를 가져와야 할 경우가 있을 것입니다. 예를 들어 문서에
들어올 때 '서휘승 님 환영합니다.'와 같은 인사말을 넣어 모달로 띄울 수 있습니다. 또는 문서를
수정한 사람의 정보를 저장할 수도 있습니다. 여기서는 그 방법을 알아봅니다.

</> Session 클래스로 사용자 정보 가져오기

Session.getActiveUser( ) 메서드를 사용하면 현재 문서에 접속하고 있는 사용자의 이메일과
아이디를 알아낼 수 있습니다. 새 스프레드시트를 만들고 앱스 스크립트에 다음 코드를 입력하여
실행해봅니다.

```
                                                              project14.gs
function getUserInfoUsingSession() {
    // ❶ Session에서 사용자 정보 가져오기
    const user = Session.getActiveUser();
```

```
    console.log(user);
}
```

```
{ toString: [Function],
  getEmail: [Function],
  getUsername: [Function],
  getUserLoginId [Function] }
```

그런데 결과가 좀 이상합니다. 아이디나 이메일 주소와 같은 사용자 '정보'가 아니라, 사용자 정보를 가져올 수 있는 '함수'가 출력되었습니다. 즉, getActiveUser( ) 메서드로 다시 새로운 4개의 메서드를 얻은 것입니다. 메서드를 보면 어떤 역할을 하는 메서드인지 알 수 있습니다. 하나씩 사용해봅시다.

```
function getUserInfoUsingSession() {
  // ❶ Session에서 가져온 사용자 정보를 user 변수에 할당
  const user = Session.getActiveUser();
  console.log(`사용자 이름 : ${user.getUsername()}`); // ❷ Session 사용자 이름
  console.log(`사용자 이메일 : ${user.getEmail()}`); // ❸ Session 사용자 이메일
}
```

```
사용자 아이디 : phk707kr
사용자 이메일 : phk707kr@gmail.com
```

❶ 앞서 본 코드입니다. 4개의 메서드를 가진 결괏값인 세션 정보를 user에 할당합니다.

❷ getUsername( ) 메서드는 이메일에서 아이디만 따옵니다. 결괏값을 출력할 때 user.getUsername()의 실행 결과를 문자열로 바로 반영하기 위해 ${ } 표기법을 사용했습니다.

❸ getEmail( ) 메서드로 세션 정보에서 이메일을 가져옵니다.

</> Drive API로 사용자 정보 가져오기

지금은 사용자의 아이디와 이메일 주소만 알 수 있고, 실제 사용자의 이름을 알 수 없습니다. 사용자의 이름은 Session 클래스가 아닌 Drive API를 사용해야 합니다. 다음과 같이 앱스 스크립트 프로젝트 화면에서 ❶ [서비스]를 누른 다음 ❷ Drive API 서비스를 추가해봅시다.

TIP Drive API 서비스를 추가할 때 V3로 추가하지 않도록 주의하세요. V3보다 V2가 API를 더 쉽게 가져올 수 있기 때문에 실습에서는 V2를 사용합니다.

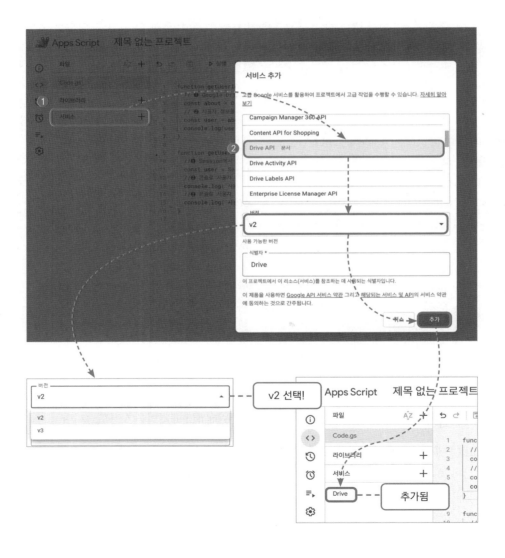

이렇게 서비스를 추가하면 구글에서 제공하는 애드센스^AdSense, 구글 드라이브^Google Drive, 구글 애널리틱스^Google Analytics, 유튜브^YouTube 등의 서비스를 앱스 스크립트에서 사용할 수 있게 됩니다. 우리는 그 중 Drive API를 추가했습니다. 왼쪽 서비스 아래 목록에 Drive가 보이면 제대로 추가된 것입니다.

이제 사용자 이름을 가져올 건데 그 전에 '프로퍼티'라는 개념을 짚고 가겠습니다. 프로퍼티란 특정 객체나 데이터의 속성 또는 특성을 의미합니다. 쉽게 말해 정보를 설명하는 데이터로, 만약 사람이 객체라면 이름, 나이, 키 등이 그 사람의 프로퍼티가 될 수 있습니다.

사용자 이름은 Drive API의 About 프로퍼티에 들어있습니다. About 프로퍼티는 사용자의 정보, 구글 드라이브의 설정 등의 정보들을 담고 있습니다. About 프로퍼티에는 또 user라는 프로퍼티가 있는데 이것이 바로 사용자 이름입니다. 다음 코드를 입력합니다.

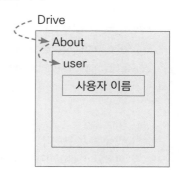

```
project14.gs
function getUserInfoUsingDrive() {
  const about = Drive.About.get(); // ❶ Google Drive API 호출
  const user = about.user; // ❷ 사용자 정보를 user 변수에 할당
  console.log(user);
}
```

실행 로그
```
{ isAuthenticatedUser: true,
  kind: 'drive#user',
  displayName: 'Editor P',
  picture: { url: 'https://lh3.googleusercontent.com/a/ACg8ocJo****hY=s64' },
  permissionId: '08522579205619468923',
  emailAddress: 'phk707kr@gmail.com' }
```

❶ Drive API를 이용해 구글 드라이브의 정보를 가져옵니다.

❷ 구글 드라이브와 연결된 사용자 정보를 가져옵니다. 콘솔에 출력해보니 앞서 본 정보보다 훨씬 다양한 정보가 들어 있습니다. displayName 항목을 보면 실제 사용자 이름도 들어 있습니다.

우리가 원하는 값은 사용자의 이름과 이메일입니다. 앞서 만든 함수에 console.log(user)만 지우고 다음 코드를 이어서 입력합니다.

```javascript
function getUserInfoUsingDrive() {                          project14.gs
  const about = Drive.About.get();
  const user = about.user;
  console.log(user);
  console.log(`사용자 이름 : ${user.displayName}`); // ❶
  console.log(`사용자 이메일 : ${user.emailAddress}`); // ❷
}
```

```
실 행 로 그
사용자 이름 : Editor P
사용자 이메일 : phk707kr@gmail.com
```

❶ user 객체에서 사용자 이름 속성인 displayName을 출력합니다.

❷ user 객체에서 이메일 속성인 emailAddress을 출력합니다.

🤖 with 챗GPT 모달에 사용자 이름과 이메일을 띄우라고 해볼까요?

문서에 접속했을 때 앞서 가져온 사용자 정보를 띄워주는 모달을 만들고 싶습니다. 다음과 같이 원하는 속성을 명확히 전달해서 챗GPT에게 응용을 요청해봅시다.

🧑‍💻 💬

> getUserInfoUsingDrive( ) 함수를 조금만 개선해서 구글 앱스 스크립트로 스프레드시트 파일을 열면 사용자 이름(displayName)과 이메일(emailAddress)를 띄우면서 인사하는 모달을 만들어줄래?

질문과 함께 코드 복붙!

물론입니다! 아래는 구글 앱스 스크립트를 사용하여 스프레드시트에 접속할 때 사용자 이름과 이메일을 표시하는 모달을 만드는 예제입니다. 이 예제에서는 Drive API를 사용하여 사용자 정보를 가져옵니다.

```
function onOpen() {
  var ui = SpreadsheetApp.getUi();
  ui.createMenu('사용자 정보')
    .addItem('사용자 정보 확인', 'showUserInfoModal')
    .addToUi();
}


function showUserInfoModal() {
  const about = Drive.About.get();
  const user = about.user;

  var htmlOutput = HtmlService.createHtmlOutput(
    `<div>사용자 이름: ${user.displayName}</div><div>이메일 주소: ${user.
    emailAddress}</div>`
  )
    .setTitle('사용자 정보')
    .setWidth(300)
    .setHeight(150);

  SpreadsheetApp.getUi().showModalDialog(htmlOutput, '사용자 정보');
}
```

' Project 06 스프레드시트에 나만의 메뉴 만들기'와 ' Project 13 문서에 공지사항 띄우기'에서 배웠던 코드들이 보이네요. 비록 파일을 열자마자 모달이 나오는 코드는 아니지만 메뉴를 누르면 원하는 모달이 나옵니다. 이처럼 챗GPT는 완벽하게 지시사항을 이행하진 않습니다. 조금 더 질문을 이어나가면 onOpen( )에서 모달을 띄우는 코드로 개선할 수는 있겠지만 여기서 만족하고 실행해 결과를 확인해봅시다.

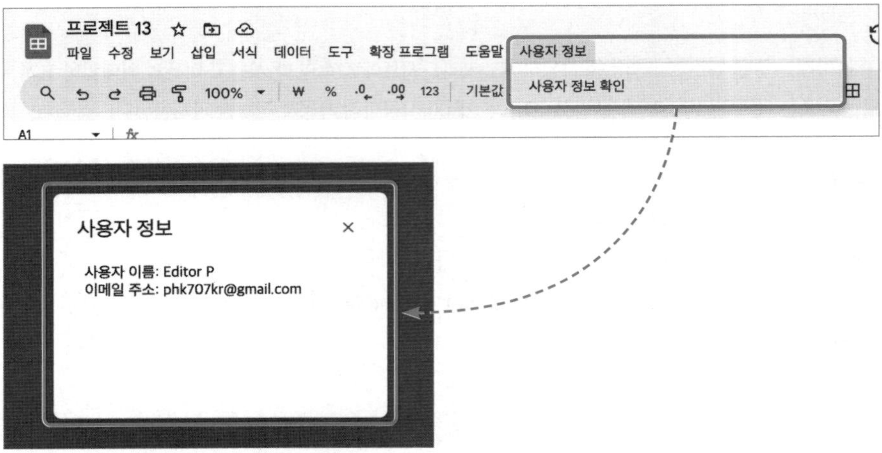

리마인드 노트

- Drive API를 이용해 구글 드라이브의 정보를 가져올 수 있습니다.
- 서비스 탭에서 API를 쉽게 추가할 수 있습니다.

스프레드시트에
데이터 정렬 버튼 만들기

난이도 ◖▭▭◗   알아두면 유용해요 ◖▭▭◗

제목을 보고 '스프레드시트에 정렬 기능은 이미 있는데...?'라고 생각했나요? 맞습니다. 스프레드시트에는 이미 데이터 정렬을 위한 기능이 있습니다. 하지만 데이터 정렬을 자주하게 되면 매번 메뉴를 눌러 정렬 기능을 찾기 번거롭다고 느껴질 수 있습니다. 여기서는 과일의 수량이나 금액에 맞도록 오름차순, 내림차순 정렬하는 버튼 4가지를 만들어봅니다.

TIP ' Project 03 스프레드시트에 값 입력하기'에서 처음 만들었던 과일 시트의 데이터를 다시 활용하세요. 또는 스프레드시트에 새롭게 정렬할 데이터를 입력해 실습을 진행해도 좋습니다.

</> 오름차순, 내림차순 함수 작성하기

이제 앱스 스크립트 프로젝트에서 각각의 메서드를 정의하면 됩니다. 정렬은 sort( ) 메서드로 구현할 수 있습니다. sort( ) 메서드의 기본형은 다음과 같습니다.

```
range.sort({column: 열 번호, ascending: 정렬 방향})
```

인수로 {column: ..., ascending: ...} 형식의 객체를 전달하면 됩니다. 말 그대로 어떤 열을 정렬할지, 어떤 방식으로 정렬할지 값을 넣어 보내주면 됩니다. ascending에는 true면 오름차순, false면 내림차순으로 정렬합니다. 그럼 코드를 바로 작성해봅시다. 우선은 수량 오름차순 코드부터 작성해봅시다.

Project 15 스프레드시트에 데이터 정렬 버튼 만들기   **141**

```
// 수량 오름차순 정렬                                          project15.gs
function sortQuantityAsc() {
  const sheet =                              ┌─ 시트 이름 확인! ─┐
    SpreadsheetApp.getActiveSpreadsheet().getSheetByName('정렬 버튼 만들기');
  const range = sheet.getRange('A2:D' + sheet.getLastRow());
  range.sort({ column: 3, ascending: true }); // 3열 오름차순 정렬
}
```

그런 다음 과일 정보를 입력하고, 버튼을 만듭니다. 버튼 만들기는 이미 ' Project 07 **스프레드시트 에 나만의 버튼 만들기**'에서 해봤습니다. 각각의 버튼에는 역할에 맞도록 함수를 할당합니다. 이후 에 나머지 함수를 만들 때 여기서 버튼에 할당한 이름과 같은지 잘 확인하세요.

- **sortQuantityAsc** : 수량 오름차순
- **sortQuantityDesc** : 수량 내림차순
- **sortAmountAsc** : 금액 오름차순
- **sortAmountDesc** : 금액 내림차순

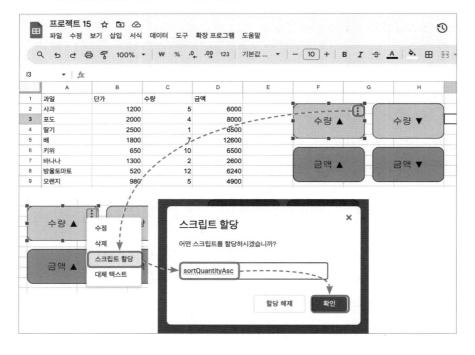

이제 내림차순도 해봅시다. sortQuantityDesc( ) 함수를 선언하고 버튼에 할당하면 됩니다.

```
// 수량 - 내림차순 정렬                                    project15.gs
function sortQuantityDesc() {
  const sheet =
    SpreadsheetApp.getActiveSpreadsheet().getSheetByName('정렬 버튼 만들기');
  const range = sheet.getRange('A2:D' + sheet.getLastRow());
  range.sort({ column: 3, ascending: false }); // 3열 내림차순 정렬
}
```

그런데 오름차순 코드와 내림차순 코드를 보면 중복된 내용이 많습니다. 달라진 것은 ascending : true에서 ascending : false로 바꾼 것 뿐입니다. 반복되는 코드를 효율적으로 만들어봅시다. 다음은 반복되는 정렬 과정을 executeSort( ) 함수로 분리하고 버튼 호출용 함수를 분리한 것입니다.

```
// 실제 정렬을 수행하는 함수                                 project15.gs
function executeSort(col, sort_option) {
  const sheet =
    SpreadsheetApp.getActiveSpreadsheet().getSheetByName('정렬 버튼 만들기');
  const range = sheet.getRange('A2:D' + sheet.getLastRow());
  range.sort({ column: col, ascending: sort_option });
}
// ❶ 수량 - 오름차순 정렬
function sortQuantityAsc() {
  executeSort(3, true);
}
 // ❷ 수량 - 내림차순 정렬
function sortQuantityDesc() {
  executeSort(3, false);
}
// ❸ 금액 - 오름차순 정렬
function sortAmountAsc() {
```

```
    executeSort(4, true);
}
// ❹ 금액 - 내림차순 정렬
function sortAmountDesc() {
    executeSort(4, false);
}
```

❶ ~ ❹는 모두 executeSort( ) 함수를 호출하면서 각각 목적에 맞는 인수를 전달하고 있습니다.
예를 들어 executeSort(4, true)는 4번 열을 오름차순으로 정렬하라는 뜻입니다. 버튼에 함수를
모두 연결한 다음 실행하면 원하는 동작이 될 것입니다.

🤖 with 챗GPT 단가를 정렬하는 버튼을 생성해봅시다

sortQuantityAsc( ) 함수와 sortQuantityDesc( ) 함수를 보여주고 단가를 정렬하는 코드를 추
가해달라고 요청해봅시다.

🤖 💬

구글 앱스 스크립트로 이런 코드를 작성했는데, 2번 열에 있는 데이터를 오름차순, 내림차순 정렬하는 코드도
추가해줄래? ●── [질문과 함께 코드 복붙!]

🤖 💬

2번 열에 있는 데이터를 오름차순, 내림차순으로 정렬하는 함수를 추가해보겠습니다. 아래와 같이 코드를 작
성할 수 있습니다.

```
// 2번 열 - 오름차순 정렬
function sortColumn2Asc() {
    executeSort(2, true);
}

// 2번 열 - 내림차순 정렬
```

```
function sortColumn2Desc() {
  executeSort(2, false);
}
```

챗GPT에 받은 코드를 스크립트에 작성하고 버튼에 연결해봅니다.

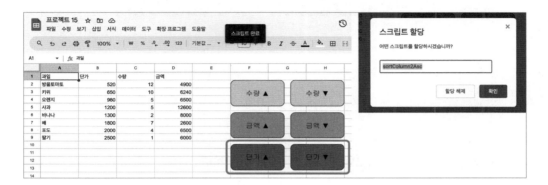

각 함수의 이름이 sortColumn2Asc, sortColumn2Desc이므로 이것을 새 버튼에 연결합니다. 버튼을 연결한 후 누르면 잘 동작합니다.

TIP 함수 이름은 여러분이 마음에 드는 것으로 수정해도 됩니다.

리마인드 노트

- SpreadsheetApp 클래스의 sort( ) 메서드를 이용해 선택된 범위의 데이터를 정렬할 수 있습니다.
- column에는 정렬할 기준이 될 열 번호를 입력하고, ascending은 오름차순(true) / 내림차순(false) 정렬 여부를 선택할 수 있습니다.

(Project 16)

스프레드시트에 목차 생성하기

난이도 ▮▯▯   **알아두면 유용해요** ▮▮▮▯

스프레드시트에서 작업을 하다보면 시트의 수가 늘어나기 마련입니다. 그럴 때 시트 목록을 한 번에 파악할 수 있는 목차를 만들어두면 편합니다. 하지만 이것도 시트를 추가할 때마다 계속 목차를 수정해야 해서 결국은 일만 늘어나는 것 같습니다. 하지만! 앱스 스크립트를 이용하면 시트가 추가되거나 삭제될 때 자동으로 목차 업데이트를 할 수 있습니다.

새 스프레드시트에서 임의로 시트를 많이 만들어놓고 실습을 시작해봅시다.

</> 시트 이름과 ID 가져오기

각 시트에는 시트 ID가 있습니다. 시트 ID는 시트를 누를 때 나오는 URL 맨 뒤에 있는 gid= 다음에 나오는 문자열입니다. 다음 그림을 보면 쉽게 이해할 수 있을 겁니다. 이 시트 ID가 있어야 시트의 이름을 앱스 스크립트로 불러들여 작업할 수 있습니다.

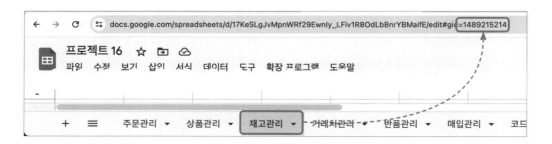

시트 ID는 getSheetId( ) 메서드를 이용하면 앱스 스크립트로 불러올 수 있습니다. 결과를 보면 시트 이름과 ID를 잘 불러옵니다.

```
project16.gs
function createIndexBasedSheetName() {
  // ❶ 활성화된 시트 가져오기
  const ss = SpreadsheetApp.getActiveSpreadsheet();
  const sheets = ss.getSheets();
  var sheet_list = [];
  // ❷ 시트의 수만큼 반복문 실행
  for (i in sheets) {
    const sheetName = sheets[i].getName(); // ❸
    const sheetId = sheets[i].getSheetId(); // ❹
    // ❺ 시트 정보를 2차원 배열로 생성
    var this_sheet = [];
    this_sheet.push(sheetName);
    this_sheet.push(sheetId);
    sheet_list.push(this_sheet);
  }
  console.log(sheet_list);
}
```

```
실행 로그
[ [ '주문관리', 0 ],
  [ '상품관리', 1809105553 ],
...생략...
  [ '회원관리', 118031775 ] ]
```

❶ 지금까지의 프로젝트에서 getSheetByName( ) 메서드로 하나의 시트만 가져온 것과 달리 이 번에는 getSheets( ) 메서드로 활성화된 스프레드시트의 모든 시트를 가져옵니다.

❷ 활성화된 시트의 수만큼 반복문을 실행하여 각각의 시트 이름과 ID를 짝지어 this_sheet 배 열에 추가합니다.

❸ getName( )으로 0부터 마지막 시트의 이름을 가져와 sheetName에 대입합니다.

❹ getSheetId( )로 0부터 마지막 시트의 ID를 가져와 sheetId에 대입합니다.

❺ 가져온 sheetName과 sheetId를 반복문을 돌면서 하나씩 푸시하여 2차원 배열을 만듭니다.

</> 시트 이름과 시트 URL 목록 만들기

이제 시트의 ID를 알았으므로 해당 시트의 URL을 만들 수 있습니다. 이 URL이 있어야 목차에서
해당 시트로 바로 이동하는 URL 목록을 만들 수 있습니다. 다음의 표시한 코드를 수정합니다.

```
project16.gs
function createIndexBasedSheetName() {
  const ss = SpreadsheetApp.getActiveSpreadsheet();
  const sheets = ss.getSheets();
  var sheet_list = [];
  for (i in sheets) {
    const sheetName = sheets[i].getName();
    const sheetId = sheets[i].getSheetId();
    // id를 이용해 URL 생성하는 코드 추가
    const sheetUrl = `https://docs.google.com/spreadsheets/d/${ss.getId()}/
edit#gid=${sheetId}`;
    var this_sheet = [];
    this_sheet.push(sheetName);
    this_sheet.push(sheetId); // 삭제
    this_sheet.push(sheetUrl); // sheet id 대신 URL을 배열에 넣는 코드 추가
    sheet_list.push(this_sheet);
  }
  console.log(sheet_list);
}
```

```
실행 로그
[ [ '주문관리',
    'https://docs.google.com/spreadsheets/d/17KeS...E/edit#gid=0' ],
  [ '상품관리',
    'https://docs.google.com/spreadsheets/d/17KeSLgJ...E/edit#gid=1809105553' ],
```

```
... 생략...
[ '회원관리',
 'https://docs.google.com/spreadsheets/d/17Ke...aifE/edit#gid=118031775' ] ]
```

함수를 실행하면 각 시트의 이름과 시트 URL 목록을 확인할 수 있습니다. 이제 시트로 이동할 수 있는 URL이 생겼습니다.

</> 목차 시트 생성하고 시트 목록 나열하기

앞에서 만든 코드를 수정하여 '목차'라는 이름의 시트가 없으면 '목차' 시트를 만들고, 해당 시트에 나머지 시트의 이름과 시트 URL을 나열하는 시트 목차를 만들겠습니다. 다음과 같이 코드를 수정합니다. 하이라이트한 코드를 추가해주세요.

```
function createIndexBasedSheetName() {                          project16.gs
  const ss = SpreadsheetApp.getActiveSpreadsheet();
  const sheets = ss.getSheets();
  var sheet_list = [];
  for (i in sheets) {
    const sheetName = sheets[i].getName();
    const sheetId = sheets[i].getSheetId();
    const sheetUrl = `https://docs.google.com/spreadsheets/d/${ss.getId()}/
    edit#gid=${sheetId}`;
    // ❶ '목차' 시트는 목차 리스트에서 제외
    if (sheetName.indexOf('목차') < 0) {
      var this_sheet = [];
      this_sheet.push(sheetName);
      this_sheet.push(sheetUrl);
      sheet_list.push(this_sheet);
    }
  }
  console.log(sheet_list); // 삭제
```

```
  const indexSheetName = '목차'; // 목차로 사용할 시트의 이름 선언
  if (!ss.getSheetByName(indexSheetName)) { // ❷ '목차' 시트가 이미 있는지 검사
    ss.insertSheet(indexSheetName); // ❸ '목차' 시트가 없으면 새로 생성
  } else {
    ss.getSheetByName(indexSheetName).clear(); // ❹ 있으면 시트 데이터 초기화
  }
  // ❺ '목차' 시트 활성화
  const indexSheet = ss.getSheetByName(indexSheetName).activate();
  ss.moveActiveSheet(1); // ❻ '목차' 시트를 문서의 맨 앞으로 이동
  // ❼ '목차' 시트에 생성한 데이터 입력
  indexSheet
    .getRange(1, 1, sheet_list.length, sheet_list[0].length)
    .setValues(sheet_list);
}
```

❶ 만들려고 하는 목차 목록에서 목차 시트는 제외합니다.

❷ '목차' 시트가 있는지 확인하려면 getSheetByName( ) 메서드를 이용합니다. 이 메서드는 시트 이름을 바탕으로 앱스 스크립트에 시트 정보 객체를 반환하므로 '목차'라는 이름의 시트가 있으면 시트 정보 객체를 반환할 것입니다. 그렇지 않으면 null을 반환합니다.

❸ '목차'라는 이름의 시트가 없으면 insertSheet( ) 메서드를 이용해 '목차'라는 이름의 시트를 생성합니다.

❹ 이미 '목차'라는 이름의 시트가 있으면 나머지 시트를 다시 검사하여 새 목차를 만들어야 하므로 clear( ) 메서드로 기존에 있는 목차를 모두 삭제합니다.

❺ ~ ❻ '목차' 시트를 스프레드시트의 맨 앞으로 이동합니다. 앱스 스크립트에서 '목차' 시트를 찾아 activate( ) 메서드로 활성화하여 moveActiveSheet( ) 메서드로 맨 앞으로 이동시킵니다.

❼ 함수를 실행하고 스프레드시트를 확인하면 다음과 같이 시트 이름을 A열에, 생성된 url을 B열에 표시해줍니다.

제대로 기능이 동작하는지 확인하려면 시트를 하나 생성해보면 됩니다. 스프레드시트에서 시트를 생성한 다음 앱스 스크립트에서 목차 생성을 다시 하면 잘 만들어줍니다.

URL이 길어서 문서가 복잡해보입니다. 챗GPT에게 URL을 깔끔하게 표현해달라고 부탁해보겠습니다.

구글 앱스 스크립트로 만든 이런 코드가 있는데 코드를 수정하고 싶어. ●────[질문과 함께 코드 복붙!]

- A열의 데이터를 이용해서 B열의 URL을 정리해줘.
- 예를 들어 A1이 "상품관리"이면 여기에 "로 이동하기"를 붙여서 B1을 hyperlink로 정리해줘.
- sheetUrl은 그대로 이용해줘.

주어진 코드를 수정하여 A열의 데이터를 이용하여 B열에 URL을 정리하는 기능을 추가할 수 있습니다. 아래는 수정된 코드입니다.

```
function createIndexBasedSheetName() {
...생략...
    if (sheetName.indexOf('목차') < 0) {
      var this_sheet = [];
      this_sheet.push(sheetName);
      this_sheet.push(sheetUrl); // 삭제
      // 추가 부분 시작
      var urlText = "로 이동하기"; // URL 텍스트
      // 하이퍼링크 생성
      var url = '=HYPERLINK("' + sheetUrl + '","' + urlText + '")';
      this_sheet.push(url);
      // 추가 부분 끝
      sheet_list.push(this_sheet);
    }
}
...생략...
```

변경된 내용은 챗GPT가 표시해 준 // 추가 부분 시작부터 // 추가 부분 끝까지입니다. URL을 그대로 노출하지 않고 "로 이동하기"로 만들기 위한 코드입니다. 앱스 스크립트를 실행하면 다음과 같은 결과가 나옵니다.

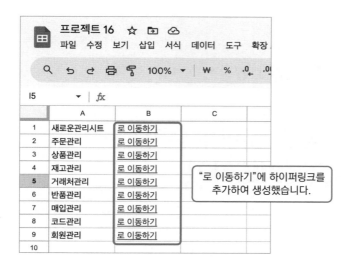

"로 이동하기"에 하이퍼링크를 추가하여 생성했습니다.

리마인드 노트

- SpreadsheetApp 클래스의 getSheets( ) 메서드는 현재 스프레드시트에 있는 모든 시트를 배열 형태로 가져옵니다.
- getName( ) 메서드는 선택된 시트의 이름을 가져옵니다.
- getSheetId( ) 메서드는 선택된 시트의 ID를 가져옵니다.
- insertSheet( ) 메서드는 새로운 시트를 생성합니다.
- moveActiveSheet( ) 메서드는 선택된 시트를 특정 순서로 이동시킵니다.

Project 17

구글 문서의 찾아바꾸기
업그레이드하기

난이도 ◖░░ 알아두면 유용해요 ◖███

구글 문서에서 찾아바꾸기는 **Ctrl + F** 를 누르면 쉽게 할 수 있습니다. 하지만 구글 문서의 찾아바꾸기는 단점이 몇 개 있습니다.

- 찾아바꾸기 수행 후 스크롤바가 마지막 위치로 바뀌어 문서가 길면 불편합니다.
- 정규식을 이용할 수 있지만 숫자만 바꾸는 등의 정교한 작업에 한계가 있습니다.
- 특정 문자만 찾아서 볼드로 바꾸거나, 색깔을 지정하는 등의 스타일 작업도 할 수 없습니다.

하지만 앱스 스크립트가 있다면 이런 모든 작업을 다 할 수 있습니다. 구글 문서 작업에서 찾아바꾸기의 불편함을 느낀 사람이라면 이 내용이 아주 유용할 것입니다. 실습 전에 챗GPT에게 요청해서 가상의 문서를 먼저 만들어보죠.

가상의 보고서 문서를 써줄래? 주제는 구글 앱스 스크립트야.

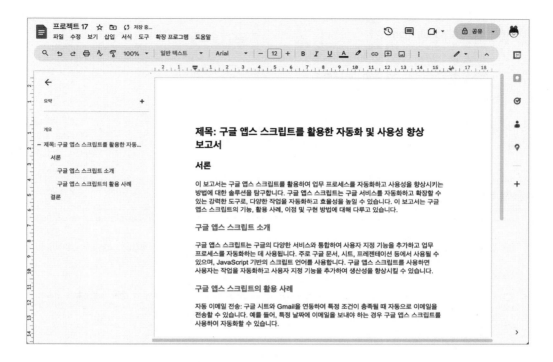

챗GPT가 보여준 결과를 구글 문서에 복사–붙여넣기했습니다. 이제 이 텍스트를 앱스 스크립트로 추출해서 찾아바꾸기를 비롯한 여러 작업들을 해보겠습니다.

</> 텍스트 추출하여 확인해보기

찾아바꾸기를 해보기 전에 구글 문서에 있는 모든 문단의 텍스트를 추출해보겠습니다. getParagraphs( ) 메서드를 이용하면 문서에 있는 모든 문단을 가져올 수 있습니다. 문단을 가져온 다음 콘솔에 출력해봅시다.

```
project17.gs
function ParagraphsText() {
  const docs = DocumentApp.getActiveDocument();
  const body = docs.getBody();
```

```
  // 문서에 있는 모든 문단을 가져오기
  const paragraphs = body.getParagraphs();
  // 문단 개수만큼 반복문을 실행, 콘솔에 출력
  for (i in paragraphs) {
    const paragraph = paragraphs[i];
    const text = paragraph.getText();
    console.log(text);
  }
}
```

실행 로그		
오후 4:00:18	정보	자동 이메일 전송: 구글 시트와 Gmail을 연동하여 특정 조건이 충족될 때 자동으로 이메일을 전송할 수 있습니다. 예를 █ 립트를 사용하여 자동화할 수 있습니다.
오후 4:00:18	정보	데이터 처리 및 분석: 구글 시트에서 수집한 데이터를 자동으로 처리하고 분석할 수 있습니다. 예를 들어, 데이터를 가져와 업을 구글 앱스 스크립트를 사용하여 자동화할 수 있습니다.
오후 4:00:18	정보	결론
오후 4:00:18	정보	구글 앱스 스크립트는 업무 프로세스를 자동화하고 사용성을 향상시키는 강력한 도구입니다. 이를 통해 사용자는 반복적이고 생산성을 향상시킬 수 있습니다. 구글 앱스 스크립트를 적극 활용하여 업무 효율성을 높이고, 비즈니스 성과를 향상시키는데
오후 4:00:18	정보	
오후 4:00:18	정보	
오후 4:00:18	알림	실행이 완료됨

</> 문서의 모든 텍스트 변경하기

이제 문서에 있는 단어 중 구글이라는 단어를 Google로 바꿔보겠습니다.

`project17.gs`

```
function replaceParagraphsText() {
  const docs = DocumentApp.getActiveDocument();
  var searchText = '구글'; // ❶ 찾을 텍스트 선언
  var replaceText = 'Google'; // ❷ 변경할 텍스트 선언
  const body = docs.getBody();
  var cnt = 0;
```

```
    const paragraphs = body.getParagraphs(); // ❸ 모든 문단 가져오기
    // ❹ 문단의 개수만큼 반복문 실행
    for (i in paragraphs) {
      const paragraph = paragraphs[i];
      const text = paragraph.getText(); // ❺ 문단의 텍스트 추출
      paragraph.replaceText(searchText, replaceText); // ❻ 일치하는 텍스트 변경
      const regex = new RegExp(searchText, 'g'); // ❼ 문자열을 찾는 정규식
      const matches = text.match(regex); // ❽ 정규식과 일치하는 패턴 찾기
      cnt += matches ? matches.length : 0; // ❾ 일치하는 텍스트 수만큼 cnt 증가
    }
    console.log(
      `해당 문서에서 "${searchText}" -> "${replaceText}" 단어 변경이 ${cnt}건 되었습니다.`
    );
}
```

해당 문서에서 "구글" -> "Google" 단어 변경이 17건 되었습니다.

❶ 찾을 단어를 입력해줍니다. ❷ 변경할 단어를 입력해줍니다.

❸ 문서(body)에 있는 모든 문단(paragraphs)을 가져옵니다.

❹ 문단(paragraphs)의 개수만큼 반복문을 실행합니다.

❺ getText( ) 메서드로 문단의 텍스트를 추출하고 ❻ replaceText( ) 메서드로 문단에서 찾은 단어를 변경합니다.

❼ 문단에서 일치하는 단어를 찾기 위한 정규식입니다. ❽ g 플래그를 사용하므로 문단에서 정규식과 일치하는 패턴을 모두 찾습니다. ❾ 찾은 텍스트가 있으면 변경 횟수를 1만큼 증가합니다.

함수를 실행하면 구글을 모두 Google로 바꿔줍니다. 만약 원래대로 돌리고 싶다면 구글 앱스 스크립트가 아닌 구글 문서에서 **[Ctrl + Z]**를 눌러 되돌아가기를 하면 됩니다.

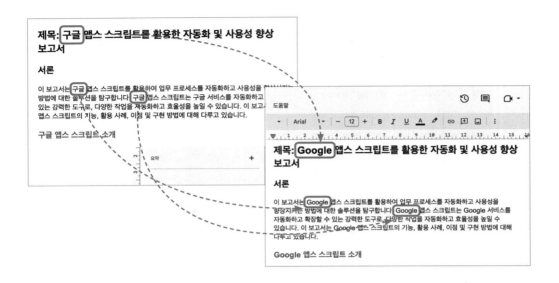

with 챗GPT 단어를 찾아서 서식도 바꿔볼까요?

구글 문서에서 작업할 때 원하는 부분을 찾아서 서식을 일괄 적용할 수 있다면 문서작업 시간이 확 줄어들 겁니다. replaceParagraphsText( ) 함수를 응용해봅시다.

> 구글 앱스 스크립트로 작성한 이런 코드가 있는데, Google로 텍스트를 바꾼 후 노란 하이라이트로 서식을 변경하도록 코드를 수정해줘. ●─── 질문과 함께 코드 복붙!

> 구글 앱스 스크립트를 수정하여 "구글"을 "Google"로 변경하고, 변경된 텍스트에 노란 하이라이트를 적용하도록 하겠습니다. 다음은 수정된 코드입니다:

```
function replaceParagraphsText2() {
  const docs = DocumentApp.getActiveDocument();
  const searchText = '구글'; // 찾을 텍스트 선언
  const replaceText = 'Google'; // 변경할 텍스트 선언
  const body = docs.getBody();
```

```
let cnt = 0;
const paragraphs = body.getParagraphs(); // 모든 문단 가져오기

for (let i = 0; i < paragraphs.length; i++) {
  const paragraph = paragraphs[i];
  let text = paragraph.getText(); // 문단의 텍스트 추출

  // 텍스트가 있으면 반복
  while (text.indexOf(searchText) !== -1) {
    const start = text.indexOf(searchText); // 찾은 텍스트의 시작 위치
    const end = start + searchText.length; // 찾은 텍스트의 끝 위치

    // 텍스트를 바꾸고 노란색 하이라이트 적용
    const textElement = paragraph.editAsText();
    textElement.deleteText(start, end - 1);
    textElement.insertText(start, replaceText);
    textElement.setBackgroundColor(start, start + replaceText.length -
    1, '#FFFF00'); // ❶

    // 다음 검색을 위해 텍스트 갱신
    text = textElement.getText();
    cnt++;
  }
}
```

```
console.log(`해당 문서에서 "${searchText}" -> "${replaceText}" 단어 변경이
${cnt}건 되었습니다.`);
  }
```

❶ setBackgroundColor( ) 메서드를 통해 텍스트에 하이라이트를 넣어주는 부분이 추가되었습니다. 코드를 실행하니 다음과 같이 텍스트 변경 후 원하는 서식까지 적용되었습니다. 이 코드를 응용해서 여러분만의 맞춤형 찾아바꾸기를 만들어보세요.

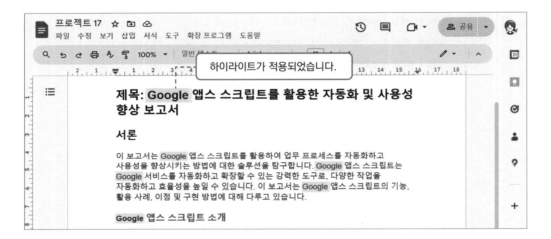

리마인드 노트

- DocumentApp 클래스의 getActiveDocument( ) 메서드로 활성화된 구글 문서를 선택합니다.
- getBody( ) 메서드는 문서의 본문을 가져옵니다.
- getParagraphs( ) 메서드는 문서의 본문의 모든 문단을 가져옵니다.
- getText( ) 메서드는 가져온 문단의 텍스트를 가져옵니다.
- replaceText( ) 메서드를 이용해 문단의 텍스트를 변경합니다.

Project 18

정규식으로 전화번호 형식 변경하기

난이도 ███░ 알아두면 유용해요 ████

앞 프로젝트에서 구글 문서의 텍스트를 변경해 보았으니 이번에는 스프레드시트의 텍스트를 변경해보겠습니다. 정규식을 사용하면 텍스트를 더 정교하게 수정할 수 있습니다. 여기서는 자주 하는 작업 중 하나인 전화번호 형식을 정규식으로 바꾸는 작업을 해보겠습니다.

</> 정규식이란?

정규식이란 문자열의 특정한 패턴을 찾아내는 식을 의미합니다. 예를 들어 다음과 같은 전화번호가 있다고 해봅시다.

- 01011112222

이 전화번호에서 앞에 있는 숫자 3개만 찾아내는 정규식은 다음과 같습니다.

- ^\d{3}

^는 '~로 시작하는'이라는 뜻입니다. \d는 숫자를 의미하고 {3}는 3자리를 의미합니다. 이렇게 정규식은 특수한 기호의 조합으로 문자열에서 특정 패턴을 찾아내는 역할을 합니다. 이 책에서 정규식을 설명하기에는 적절치 않으므로 따로 설명하진 않겠습니다. 그러나 챗GPT도 정규식을 잘 만들어줍니다. 적절한 순간에 챗GPT로 정규식을 만들어 텍스트 변경을 해보겠습니다.

</> 전화번호 형식 변경하기

01011112222 전화번호를 010-1111-2222로 보기 좋게 변경하려면 어떻게 해야 할까요? 자바스크립트에는 정규식으로 패턴을 찾아주는 match( ) 메서드가 있습니다. 기본형은 다음과 같습니다.

```
대상텍스트.match(정규식)
```

match( ) 메서드는 대상 텍스트에서 정규식 패턴을 찾고, 1번째로 찾은 것을 배열로 반환합니다. 스프레드시트에 임의로 전화번호 값을 넣어 실습을 해봅시다.

> **TIP** 챗GPT에게 0100000000 패턴으로 무작위성을 넣어 전화번호를 만들어달라고 하면 더미 전화번호를 쉽게 만들어낼 수 있습니다.

코드는 다음과 같습니다.

```
project18.gs

function formatPhoneNumbers() {
  var sheet = SpreadsheetApp.getActiveSpreadsheet().getActiveSheet();
  var range = sheet.getRange('A1:A10');
  var values = range.getValues();
  var pattern = /(\d{3})(\d{4})(\d{4})/g; // 정규식 패턴

  for (var i = 0; i < values.length; i++) {
    for (var j = 0; j < values[i].length; j++) {
      var cellValue = values[i][j];
      if (typeof cellValue === 'string') {
        var matches = cellValue.match(pattern); // ❶ 정규식 매치
        console.log(matches);
        if (matches) {
          // ❷ 전화번호 형식 변경
```

```
      var formattedPhoneNumber = matches[0].replace(pattern, '$1-$2-$3');
      // 변경된 값으로 업데이트
      sheet.getRange(i + 1, j + 1).setValue(formattedPhoneNumber);
    }
   }
  }
 }
}
```

❶ 정규식 pattern = /(\d{3})(\d{4})(\d{4})/g;에 해당하는 값을 찾습니다.

❷ 정규식 패턴을 찾으면 해당 전화번호를 기존 정규식 패턴 /
(\d{3})(\d{4})(\d{4})/g에서 새로운 정규식 패턴인 $1-$2-$3으
로 변경합니다. $1은 (\d{3})을, $2는 (\d{4})를, $3은 그 다음
(\d{4})를 의미합니다. 이 패턴 사이에 하이픈을 넣는 방식으로 새
전화번호를 만듭니다.

함수를 실행하면 전화번호 패턴이 변경되어 있습니다.

🤖 with 챗GPT 전화번호 패턴을 다시 반대로 돌려볼까요?

formatPhoneNumbers( ) 함수를 응용해서 챗GPT에게 정규식을 사용한 코드를 만들어달라
고 요청해보겠습니다. 책에서 제시한 패턴 외에도 다양한 정규식을 요청해보세요.

> 앱스 스크립트로 스프레드시트에 정규식을 사용해 입력한 전화번호 010-1111-2222를 01011112222로
> 바꿔줄래? ●━━[질문과 함께 코드 복붙!]

> 네, 앱스 스크립트에서 정규식을 사용하여 전화번호 형식을 변경할 수 있습니다. 아래는 해당 작업을 수행하
> 는 간단한 코드 예제입니다.

```
function formatPhoneNumber() {
  var sheet = SpreadsheetApp.getActiveSpreadsheet().getActiveSheet();
  var range = sheet.getDataRange(); // 전체 스프레드시트 범위 지정
  var values = range.getValues();
  var pattern = /(\d{3})-(\d{4})-(\d{4})/; // 정규식 패턴

  // 각 셀에 대해 처리
  for (var i = 0; i < values.length; i++) {
    for (var j = 0; j < values[i].length; j++) {
      var cellValue = values[i][j];
      if (pattern.test(cellValue)) { // 정규식과 일치하는 경우
        var formattedValue = cellValue.replace(pattern, '$1$2$3');
        // 형식에 맞게 변경 후 설정
        range.getCell(i + 1, j + 1).setValue(formattedValue);
      }
    }
  }
}
```

챗GPT가 정규식으로 000-0000-0000 전화번호를 0000000000로 바꿔주는 코드를 잘 만들어줬습니다. 이렇게 배운 내용을 바탕으로 적절한 질문을 하면 원하는 기능의 코드를 만들 수 있습니다. 이 코드는 sheet.getDataRange( ) 메서드로 전체 스프레드시트에서 하이픈이 있는 전화번호 패턴을 찾아 변경합니다.

</> onEdit( ) 트리거로 입력 중에 전화번호 형식 변경하기

이번에는 특정 셀에 전화번호를 입력하면 바로 형식을 변경하는 앱스 스크립트 코드도 작성해보겠습니다. 여기서는 0100000000 형식을 010-0000-0000 형식으로 바꾸는 상황을 가정합니다.

1 스프레드시트에 01000000000 형식으로 입력

2 onEdit 트리거로 입력 감지

3 010-0000-0000 형식으로 변경

스프레드시트에서 '새 전화번호'라는 시트를 만들고 다음과 같이 함수를 작성합니다.

```
                                                            project18.gs
function onEdit(e) {
  const getValue = e.value;
  const spreadSheet = e.source;
  const sheetName = spreadSheet.getActiveSheet().getName();
  const column = e.range.getColumn();
  const row = e.range.getRow();
  const activeCell = spreadSheet.getActiveCell();
  if (sheetName == '새 전화번호') {
    if (column == 1 && row >= 1) {
      console.log(`입력된 값 : ${getValue}`);
      var convertValue = convertPhoneNumberTemplate(getValue);
      console.log(`변환된 값 : ${convertValue}`);
      activeCell.setValue(convertValue);
    }
  }
}


function convertPhoneNumberTemplate(value) {
  var convertValue = value.replace(/(\d{3})(\d{4})(\d{4})/g, `$1-$2-$3`);
  return convertValue;
}
```

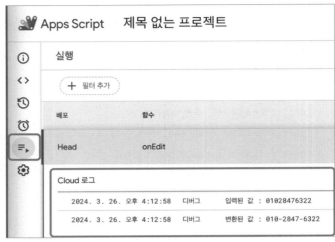

코드를 입력한 뒤 시트로 돌아가 01011112222를 입력하면 자동으로 010-1111-2222로 변환됩니다. 트리거 로그에서 실제 입력된 값과 변환된 값도 잘 보입니다.

TIP 만약 변환이 되지 않는다면 셀의 데이터 서식을 확인해보세요. 서식이 '자동'으로 지정되어 있다면 첫 자리의 0이 자동으로 지워지기 때문에 전화번호가 다 입력되지 않을 수 있습니다. 그럴 때는 전체 셀을 선택하고 [서식 → 숫자 → 일반 텍스트]로 전환한 뒤 다시 값을 입력해보세요.

리마인드 노트

- match( ) 메서드는 문자열에서 정규식 패턴과 일치하는 부분을 추출하여 배열로 반환합니다.
- replace( ) 메서드는 문자열에서 정규식 패턴과 일치하는 부분을 찾아 다른 문자열로 대체합니다.

Project 19

드라이브의 여러 구글 문서 텍스트 한 번에 바꾸기

난이도 ◖▪▪◗   알아두면 유용해요 ◖▪▪▪◗

이번 장에서는 특정 구글 드라이브에 있는 여러 개의 구글 문서에 접근하여 구글 문서에 있는 모든 텍스트를 변경합니다. 지금까지는 한 파일에서 작업을 했지만 이번에는 여러 파일에서 작업을 해보는 겁니다.

 구글 드라이브

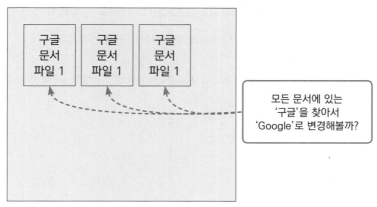

</> 구글 드라이브에 접근해서 파일 정보 가져오기

우선 구글 드라이브에 접근하는 방법부터 알아봅시다. 구글 드라이브 특정 폴더에 접근하려면 구글 문서에서 ID를 사용했던 것처럼 구글 드라이브의 폴더 ID가 필요합니다. 그림을 참고하여 ID를 미리 복사해둡니다.

이제 이 ID를 이용하여 구글 드라이브 특정 폴더를 앱스 스크립트로 가져옵니다. getFolderById( ) 메서드를 이용하면 ID를 이용해 폴더에 접근할 수 있습니다. 그리고 폴더에 있는 구글 문서만 가져오려면 getFilesByType( ) 메서드를 사용합니다. 인수로 다음과 같은 값을 전달하면 해당 타입에 맞는 파일만 구글 앱스 스크립트로 가져옵니다.

- **getFilesByType(MimeType.GOOGLE_SHEETS)** : 폴더 내 스프레드시트 파일만 가져옴
- **getFilesByType(MimeType.GOOGLE_DOCS)** : 폴더 내 문서 파일만 가져옴
- **getFilesByType(MimeType.PDF)** : 폴더 내 PDF 파일만 가져옴

TIP 목록 외 인수는 구글 앱스 스크립트 공식 문서 Enum MimeType 페이지인 vo.la/lPtwz에 접속하여 살펴보기 바랍니다.

그럼 정말로 폴더 ID에서 원하는 파일 목록을 가져올 수 있는지 확인해봅시다. 독립형 앱스 스크립트 파일을 만들고 다음 코드를 작성하여 실행해봅니다. folderId에는 여러분의 구글 드라이브 폴더 ID를 입력하세요.

TIP 이 코드는 폴더 이름도 출력합니다.

```
                                                              project19.gs
function findGoogleDocsType() {
  var folderId = '1Rj**************dKRtQZi8Q1z'; // ❶ 구글 드라이브 폴더 ID 설정
  var folder = DriveApp.getFolderById(folderId); // ❷ 폴더 가져오기
  console.log(`폴더 명 : ${folder.getName()}`);
  // ❸ 폴더 안의 구글 문서만 가져오기
  var files = folder.getFilesByType(MimeType.GOOGLE_DOCS);
  // ❹ 구글 문서의 개수만큼 반복하며 파일 이름 출력
  while (files.hasNext()) {
    var file = files.next();
    console.log(`파일 명 : ${file.getName()}`);
  }
}
```

```
                                                              실행 로그
폴더 명 : 구글 앱스 스크립트 실습
파일 명 : 프로젝트 17
파일 명 : 프로젝트 09
파일 명 : 01장
```

❶ 구글 드라이브 폴더의 ID를 설정합니다.

❷ getFolderById( ) 메서드를 이용해 폴더를 가져옵니다.

❸ getFilesByType( ) 메서드에 MimeType.GOOGLE_DOCS를 인수로 전달하여 files에 구글 문서 파일 정보들만 가져옵니다.

❹ 구글 문서 파일 정보 개수만큼 반복하여 파일 이름을 출력합니다. files.hasNext( ) 메서드는 자바스크립트를 알아야 이해할 수 있는데 간단히 말하면 files에 다음 항목이 있으면 true를 반환

합니다. 다음 파일이 있으면 그 파일을 next( )로 불러와 파일 이름을 file.getName( ) 메서드로
출력합니다. 결과를 보면 폴더 ID에 있는 구글 문서 파일 이름을 잘 보여줍니다.

</> 드라이브에서 여러 개의 구글 문서 파일들 텍스트 변경하기

이제 이 파일들의 텍스트를 변경합시다. 원리는 같습니다. 폴더에 있는 구글 문서들의 ID를 가져
와 문서에 접근하여 텍스트를 변경하면 됩니다.

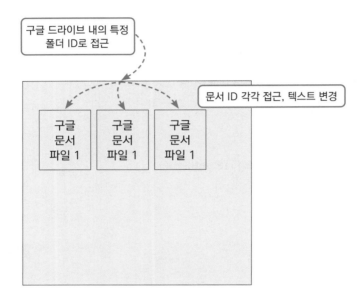

그럼 바로 코드를 작성해봅시다. 우선은 구글 드라이브에 있는 구글 문서를 찾아 각 문서에 텍스
트 변경을 요청하는 replaceTextGoogleDriveFiles( ) 함수를 작성합니다.

```
project19.gs
// 구글 드라이브에 있는 구글 문서를 찾아 각 문서에 대하여
   replaceParagraphsTextWithId() 실행
function replaceTextGoogleDriveFiles() {
    var folderId = '1x_***************BQ-vEVyopwh-'; // 구글 드라이브 폴더 ID 설정
    var searchText = 'Google'; // ❶ 찾을 텍스트 선언
    var replaceText = '구글'; // ❷ 변경할 텍스트 선언
    // ❸ 지정된 폴더의 구글 문서 파일만 가져오기
```

```
    var files
    = DriveApp.getFolderById(folderId).getFilesByType(MimeType.GOOGLE_DOCS);
    // 파일 개수만큼 반복문 실행
    while (files.hasNext()) {
       var file = files.next();
       // ❹ 텍스트를 변경하는 함수 실행
       replaceParagraphsTextWithId(file.getId(), searchText, replaceText);
    }
}
```

❶, ❷ 찾을 텍스트 searchText와 변경할 텍스트 replaceText를 지정합니다.

❸ 폴더에서 구글 문서 파일 정보들만 가져옵니다.

❹ 구글 문서 파일들을 순차적으로 살펴보면서 replaceParagraphsTextWithId( ) 함수를 요청합니다.

이어서 이 요청할 함수를 작성합시다. docId를 참조하여 해당 구글 문서의 searchText를 replaceText로 교체하는 함수입니다.

project19.gs

```
// 구글 문서에서 searchText를 replaceText로 대체
function replaceParagraphsTextWithId(docId, searchText, replaceText) {
  const docs = DocumentApp.openById(docId); // ❶ 문서 ID로 구글 문서에 접근
  const body = docs.getBody();
  var cnt = 0;
  // ❷ 모든 문단 가져와 순차 반복 실행
  const paragraphs = body.getParagraphs();
  for (i in paragraphs) {
    const paragraph = paragraphs[i];
    const text = paragraph.getText(); // ❸ 문단의 텍스트 추출
    paragraph.replaceText(searchText, replaceText);
    // ❹ 정규식으로 문자열 패턴을 찾고, 일치한 텍스트 개수 세기
    const regex = new RegExp(searchText, 'g');
    const matches = text.match(regex);
```

```
    cnt += matches ? matches.length : 0;
  }
  console.log(
    `"${docs.getName()}" 문서에서 "${searchText}" -> "${replaceText}" 단어 변경이
    ${cnt} 건 되었습니다.`
  );
}
```

```
"프로젝트 17" 문서에서 "Google" -> "구글" 단어 변경이 4 건 되었습니다.
"프로젝트 09" 문서에서 "Google" -> "구글" 단어 변경이 3 건 되었습니다.
"01장" 문서에서 "Google" -> "구글" 단어 변경이 5 건 되었습니다.
```

❶ 매개변수 docId를 통해 받은 폴더 ID로 해당 구글 문서에 접근합니다.

❷ 구글 문서의 문단을 모두 가져와 문단을 순차적으로 반복 탐색합니다.

❸ 문단의 텍스트를 추출하고 searchText를 replaceText로 변경합니다.

❹ 정규식으로 문자열을 찾아 일치한 텍스트 개수를 센 다음 로그에 출력합니다.

앱스 스크립트를 저장한 후 replaceTextGoogleDriveFiles( ) 함수를 실행하면 잘 실행됩니다.

TIP 실행이 잘 되지 않으면 replaceParagraphsTextWithId( ) 함수를 실행한 것은 아닌지 다시 점검해보세요.

⋂ 리마인드 노트

- DriveApp 클래스의 getFolderById( ) 메서드를 이용해 구글 드라이브의 폴더에 접근할 수 있습니다.
- getFilesByType( ) 메서드는 특정 MIME 타입의 파일을 검색하여 반환합니다.

Project 20

구글 캘린더 일정 관리하기

난이도 ✦ ✦   알아두면 유용해요 ✦ ✦

혹시 구글 캘린더를 유용하게 활용하고 있나요? 그렇다면 이번 프로젝트가 도움이 될 겁니다. 여기서는 앱스 스크립트로 구글 캘린더의 일정을 관리해보겠습니다. 물론 구글 캘린더 자체도 훌륭합니다. 하지만 여러 일정을 버튼을 하나하나 눌러서 등록하는 등의 반복 작업은 여전히 불편합니다. 예를 들어 팀 프로젝트를 진행하면서 정리한 스프레드시트 일정을 모두 캘린더에 등록하는 앱스 스크립트는 아주 유용하겠죠.

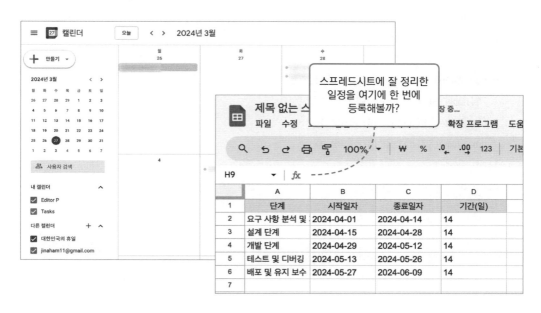

</> 일정 등록하기

구글 캘린더에 접근하기 위해서는 **CalendarApp 클래스**의 다양한 메서드를 사용하면 됩니다. 기본적인 일정 등록 방법부터 종일 일정 등록, 캘린더 ID를 이용한 등록까지 알아봅시다.

일정 등록하기

createEvent( ) 메서드에 일정 이름, 시작 시간, 종료 시간 순으로 인수를 전달하면 일정을 등록할 수 있습니다. 기본형은 다음과 같습니다.

```
CalendarApp.createEvent(일정 이름, 시작 시간, 종료 시간);
```

다만 2, 3번째 인수는 자바스크립트의 Date 형식으로 입력해야 합니다. Date 형식을 사용하는 방법은 따로 공부하기보다 실제 코드를 통해 보는 것이 낫습니다. 그럼 바로 일정을 등록해봅시다. 독립형 스크립트를 만들어 다음 코드를 작성하고 실행해봅시다.

```
project20.gs
function setCalendarSpecificTime() {
  // ❶ 일정 정보 입력
  var name = '홍길동';
  var date = '2023-09-26';
  // ❷ 일정 등록
  const event = CalendarApp.createEvent(
    `${name}님 시간 단위 예약`,
    new Date(`${date} 10:00:00`),
    new Date(`${date} 18:00:00`)
  );
  console.log(event.getId()); // ❸ 등록된 일정 ID 출력
}
```

실행 로그

```
2mf2jf9ik4r0t4oii3eupmaevk@google.com
```

❶ 일정을 등록하기 위해 날짜와 일정 정보를 입력합니다.

❷ createEvent( ) 메서드를 이용해 일정을 등록합니다. 문자열 형태의 '2023-09-26'을 Date로 변환하기 위해 new Date( )를 사용했습니다. 이것이 Date를 사용하는 방법입니다.

TIP 더 자세한 내용이 궁금하다면 'Date 객체'를 검색해보세요.

❸ 등록된 일정 ID를 콘솔에 출력합니다. 이 일정 ID는 이후 '일정 확인하기'에서 사용됩니다.

setCalendarSpecificTime( ) 함수를 실행하면 구글 캘린더에 특정 시간대에 일정이 등록된 것을 확인할 수 있습니다. 정말 그런지 캘린더에 가서 봅시다.

캘린더에 일정이 등록되었습니다. 이 기본 함수를 잘 이용하여 유용한 프로그램으로 발전시켜봅시다.

종일 일정 등록하기

이번에는 종일 일정으로 등록해봅시다. createAllDayEvent( ) 메서드를 사용하면 종일 일정을 등록할 수 있습니다. 인수로는 일정 이름, 일정 날짜를 Date로 전달하면 됩니다. 기본형은 다음과 같습니다.

```
CalendarApp.createAllDayEvent(일정 이름, 일정 날짜);
```

그럼 종일 일정을 등록해봅시다.

```
                                                           project20.gs
function setCalendarAllDay() {
  var name = '홍길동';
  var date = '2023-09-26';
  // 종일 일정 등록
  const eventAllDay = CalendarApp.createAllDayEvent(
    `${name}님 종일 예약`,
    new Date(date)
  );
  console.log(eventAllDay.getId());
}
```

처음 일정 등록 정보를 입력하고 마지막에 등록된 이벤트 ID를 출력하는 부분은 단순 일정 등록과 같습니다.

달라진 부분에는 하이라이트를 쳤습니다. createAllDayEvent( ) 메서드로 종일 일정을 등록합니다. 일정 등록 방식은 앞에서 한 것과 비슷합니다. 다만 종일 일정을 등록할 때는 날짜만 입력하고 시간 정보는 입력하지 않습니다.

코드를 저장한 다음 setCalendarAllDay( ) 함수를 실행하면 로그에 일정ID가 뜨고, 구글 캘린더에 종일 일정이 등록된 것을 확인할 수 있습니다.

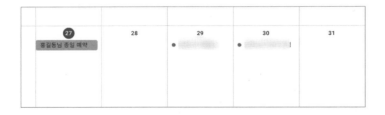

캘린더 ID를 이용하여 특정 캘린더에 종일 일정 등록하기

지금까지는 여러분이 접속한 계정에서 기본 캘린더에 일정을 등록했습니다. 하지만 계정 내에서 새로운 캘린더를 만들었다면 그 캘린더에 일정을 등록할 수도 있어야 합니다. 그러려면 해당 캘린더의 캘린더 ID를 알아내고, getCalendarById( ) 메서드를 이용해 다른 캘린더에 접근하여 일정을 관리할 수 있습니다.

새 캘린더를 만들어 봅시다. 구글 캘린더 화면 위에서 [⚙ → **설정**]을 눌러 설정 화면으로 이동해
주세요.

왼쪽 메뉴의 [**캘린더 추가 → 새 캘린더 만들기**]를 눌러서 새 캘린더를 만듭시다.

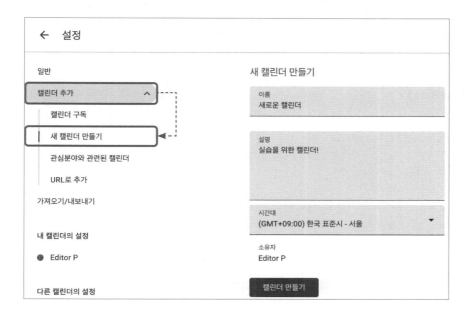

새 캘린더를 만든 다음 캘린더 ID를 확인합시다. 캘린더 ID는 캘린더 설정 화면에서 [**내 캘린더 설정**
→ 새로 만든 캘린더] 항목을 누른 후 스크롤을 조금 내리면 '캘린더 통합'에서 확인할 수 있습니다.

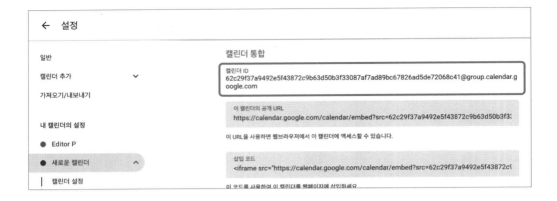

캘린더 ID를 복사한 후 다음 코드를 작성하면서 붙여넣습니다.

```project20.gs
function setCalendarOtherCalendar() {
  var name = '고길동';
  var date = '2023-09-27';
  // ID로 캘린더 가져와서 종일 일정 등록
  var calendarId = '70***a121@group.calendar.google.com';
  const eventAllDay = CalendarApp.getCalendarById(calendarId).createAllDayEvent(
    `${name}님 종일 예약`,
    new Date(date)
  );
  console.log(eventAllDay.getId());
}
```

getCalendarById( ) 메서드를 이용해 캘린더 ID로 캘린더를 가져와서 createAllDayEvent( ) 메서드로 종일 일정을 등록합니다.

코드를 저장한 다음 setCalendarOtherCalendar( ) 함수를 실행하면 캘린더 ID로 설정한 구글 캘린더에 종일 일정이 등록된 것을 확인할 수 있습니다.

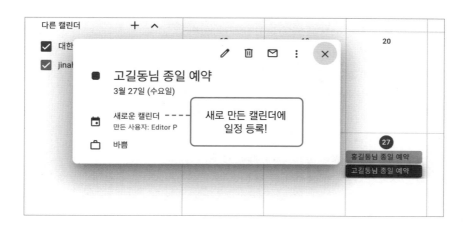

</> 일정 확인하기

getCalendarById( ) 메서드와 getEventById( ) 메서드를 사용하면 해당 캘린더에 있는 일정 정보를 확인할 수 있습니다. 일정 ID는 바로 앞에서 캘린더 ID를 이용하여 종일 일정을 등록하면서 사용한 getId( )에서 출력한 일정 ID를 사용하면 됩니다. 만약 일정 ID를 복사하지 않았다면 setCalendarOtherCalendar( ) 함수를 다시 실행하여 일정 ID를 얻고 실습을 진행하세요.

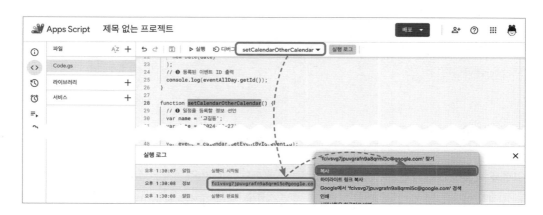

project20.gs

```
function getCalendarEvent() {
  // ❶ 캘린더 ID 입력 후 캘린더 가져오기
  var calendarId = '70**21@group.calendar.google.com';
```

```
    var calendar = CalendarApp.getCalendarById(calendarId);
    // ② 일정 ID 입력 후 일정 가져오기
    var eventId = 'vo3gmddsnlqeoku4ruqkmog1ng@google.com';
    var event = calendar.getEventById(eventId);
    // ③ 일정 정보 출력
    console.log(`일정 이름 : ${event.getTitle()}`);
    console.log(`일정 시작 : ${event.getStartTime()}`);
    console.log(`일정 종료 : ${event.getEndTime()}`);
}
```

```
일정 이름 : 홍길동님 시간 단위 예약
일정 시작 : Tue Sep 26 2023 10:00:00 GMT+0900 (Korean Standard Time)
일정 종료 : Tue Sep 26 2023 18:00:00 GMT+0900 (Korean Standard Time)
```

❶ 조회하고 싶은 캘린더의 ID를 입력하고 getCalendarById( ) 메서드로 해당 캘린더를 가져옵니다.

❷ 앞에서 복사한 일정 ID를 입력하고, getEventById( ) 메서드에 일정 ID를 전달하여 해당 일정 정보를 가져옵니다.

❸ getTitle( ), getStartTime( ), getEndTime( ) 메서드로 해당 일정의 제목, 시작 시간, 종료 시간을 출력합니다.

</> 일정 삭제하기

일정을 삭제하고 싶다면 getCalendarById( ) 메서드로 가져온 일정을 deleteEvent( ) 메서드로 삭제하면 됩니다. 지금은 1개의 일정을 삭제하지만 많은 일정을 삭제한다면 이 메서드가 굉장히 유용할 겁니다.

project20.gs
```
function deleteCalendarEvent() {
    // ❶ 캘린더 ID로 캘린더 가져오기
```

```
    var calendarId = '702fb52**9a121@group.calendar.google.com';
    var calendar = CalendarApp.getCalendarById(calendarId);
    // ❷ 삭제할 일정 ID로 일정 가져온 후 삭제하기
    var eventId = 'vo3gmddsnlqeoku4ruqkmog1ng@google.com';
    var event = calendar.getEventById(eventId);
    event.deleteEvent();
}
```

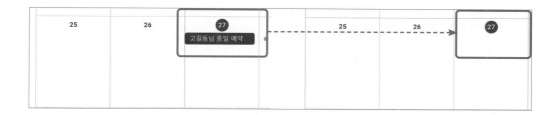

❶ 삭제하고 싶은 캘린더를 가져옵니다.

❷ 일정을 가져온 후 deleteEvent( ) 메서드로 삭제합니다.

만약 실행이 잘 되지 않는다면 캘린더 ID나 일정 ID를 제대로 입력하지 않았을 가능성이 있습니다. 그럴 때는 setCalendarOtherCalendar( ) 함수를 다시 실행해서 새 일정을 등록한 후에 나타난 일정 ID를 이용해서 다시 실습해보기 바랍니다.

</> 스프레드시트와 구글 캘린더 연동하기

이제 스프레드시트에 입력한 일정 정보들을 구글 캘린더에 일괄 등록해 보겠습니다. 지금까지의 실습은 바로 이 활용을 위한 것이었습니다. 다음과 같이 새 스프레드시트를 만들어 데이터를 입력해둡시다. 저는 이 데이터를 챗GPT를 통해 얻었습니다.

> 가상의 컴퓨터 프로그램 프로젝트의 일정표를 줄래? 내가 원하는 건 스프레드시트에 바로 복붙할 수 있는 일정표야. 가상의 날짜가 있는 형태면 돼. 단계, 시작일자, 종료일자, 기간을 알아서 출력해줘.

다음은 챗GPT에게 받은 가상의 일정을 스프레드시트에 복사–붙여넣기 한 것입니다. 여러분이 실제로 사용하는 일정 데이터가 있다면 그것을 사용해도 좋습니다.

시트 이름을 확인하세요!

project20.gs

```
function sheetToCalendar() {
  // ❶ 일정을 저장할 시트의 데이터 선택
  const sheet = SpreadsheetApp.getActive().getSheetByName('캘린더 일괄 등록');
  const items = sheet.getRange(`A2:D${sheet.getLastRow()}`).getValues();
  // ❷ 일정을 저장할 캘린더 선택
  var calendarId = '702**21@group.calendar.google.com';
  // 데이터 수만큼 반복문 실행
  for (i in items) {
    var item = items[i];
    console.log(item);
    // ❸ 선택한 캘린더에 일정 저장
    // item[0] - 단계 / item[1] - 시작일자 / item[2] - 종료일자
    const event = CalendarApp.getCalendarById(calendarId).createEvent(
      item[0],
      item[1],
      item[2]
```

```
    );
  }
}
```

❶ 일정을 적은 스프레드시트의 '캘린더 일괄 등록' 시트를 선택합니다. 이후 일정이 있는 데이터 영역을 선택합니다.

❷ 일정을 저장할 캘린더를 선택합니다. 저는 새로운 캘린더 ID를 지정했습니다.

❸ 스프레드시트에서 입력된 데이터들을 기반으로 '새로운 캘린더'에 일정을 등록합니다. item[0]이 프로젝트 단계, item[1]이 시작일자, item[2]가 종료일자입니다.

함수를 실행해보니 다음과 같이 일정이 입력되었습니다. 많은 일정을 입력해야 할 때 이번에 배운 스크립트를 꼭 활용해보세요.

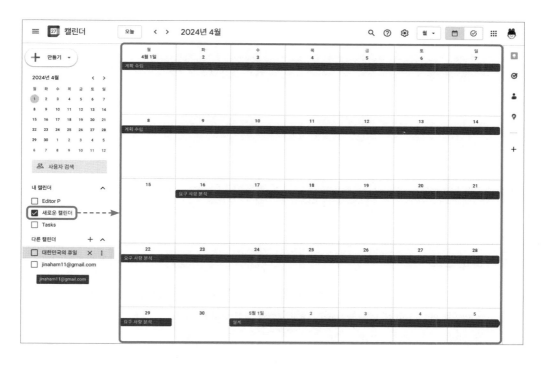

Project 21

스프레드시트의 데이터를 수정할 때 작성자 기록 남기기

난이도 ◖▩▩◗   알아두면 유용해요 ◖▩▩◗

여럿이 함께 쓰는 스프레드시트라면 누가 언제 수정했는지 기록을 남기고 싶을 수 있습니다. 여기서는 특정 셀의 데이터가 변경되었을 때 수정한 사람의 ID, 수정 시간을 자동으로 입력하는 기능을 추가해봅니다. 그렇습니다. onEdit( ) 메서드를 응용하는 프로젝트입니다.

</> 데이터 수정 정보 자동으로 입력하기

이런 스프레드시트를 준비합시다. A열에 값을 입력하면 나머지 열에 자동으로 값이 채워지는 상황을 가정한 스프레드시트입니다.

- **A열** : 신규 입력값(수동 입력)
- **B열** : 수정한 사람 ID(자동 입력)
- **C열** : 수정한 시간(자동 입력)

project21.gs

```
function onEdit(e) {
  const sheetName = e.source.getActiveSheet().getName(); // 수정이 발생한 시트 이름
  const column = e.range.getColumn(); // 수정이 발생한 열 번호
  const row = e.range.getRow(); // 수정이 발생한 행 번호
```

```
  const activeCell = e.source.getActiveCell(); // 수정이 발생한 셀
  // '수정 이력 남기기' 시트의 1번째 열의 2번째 행부터 수정 발생 시
  if (sheetName == '수정이력 남기기' && column == 1 && row >= 2) {
    // 수정이 발생한 셀 오른쪽 두 번째 위치에 ID 입력
    activeCell.offset(0, 1).setValue(getActiveUserMail());
    // 수정이 발생한 셀 오른쪽 첫 번째 위치에 시간 입력
    activeCell.offset(0, 2).setValue(getDateTime());
  }
}


// 현재 시간 계산 함수
function getDateTime() {
  const today = new Date();
  const date = [
    today.getFullYear(),
    (today.getMonth() + 1).toString().padStart(2, "0"),
    today.getDate().toString().padStart(2, "0"),
  ].join("-");
  const time = [
    today.getHours().toString().padStart(2, "0"),
    today.getMinutes().toString().padStart(2, "0"),
    today.getSeconds().toString().padStart(2, "0"),
  ].join(":");
  const result = `${date} ${time}`;
  return result;
}


// 사용자 정보 중 이메일 주소 가져오는 함수
function getActiveUserMail() {
  const about = Drive.About.get();
  const user = about.user;
  return user.emailAddress;
}
```

코드를 저장한 다음 트리거에 onEdit( ) 함수를 추가합니다.

그런데 트리거를 등록하려면 팝업 관련 오류가 나타납니다. 그럴 때는 팝업을 허용하고 다시 등록
하면 됩니다. 또한 Drive.About.get( ) 메서드를 사용하려면 서비스로 Drive를 추가해야 합니
다. 이건 ' Project 14 문서에 접속하는 사용자의 정보 가져오기'에서 이미 했던 내용이므로 다음의
화면만 보면 금방 따라할 수 있을 겁니다.

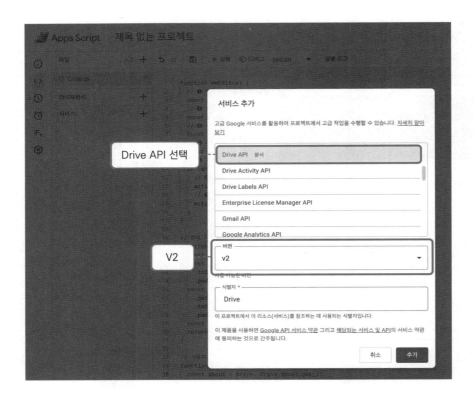

Drive API 선택

V2

이제 스프레드시트에 값을 입력해봅니다. 그런데 제대로 동작하지 않습니다! 왜 그럴까요?

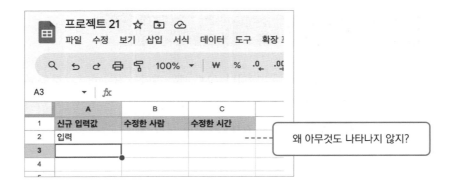

왜 아무것도 나타나지 않지?

이렇게 원하는 대로 동작하지 않으면 로그를 살펴봐야 합니다. 앱스 스크립트 프로젝트로 돌아와서 왼쪽 **[실행]** 메뉴의 로그를 보면 onEdit이 실패했다고 합니다. 실패한 항목을 클릭해서 내용을 봅시다.

메시지 내용은 권한 문제가 발생하여 Drive API를 사용하지 못한다는 뜻입니다. 이 문제는 onEdit( ) 메서드를 외장 트리거로 등록해서 생겼습니다. onEdit( ) 메서드는 자동으로 동작하는 내장 트리거인데 이를 외장 트리거에도 등록하여 2번 실행되었습니다. 내장 트리거는 스프레드시트 내부 접근만 할 수 있는데, 지금은 외부 리소스인 Drive API에 접근을 시도해서 오류가 발생한 것입니다. 설명은 복잡했지만 이 내장 트리거를 외장 트리거로 변경하면 모든 것이 해결됩니다. 외장 트리거로 바꾸려면 함수 이름을 바꾸면 됩니다. 다음과 같이 함수 이름을 onEdit_Intallable로 수정합니다.

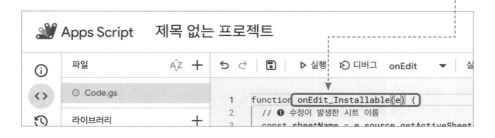

그리고 트리거 탭으로 들어가 기존 트리거를 삭제합니다.

그 후 방금 만든 함수를 다시 외장 트리거로 추가합니다.

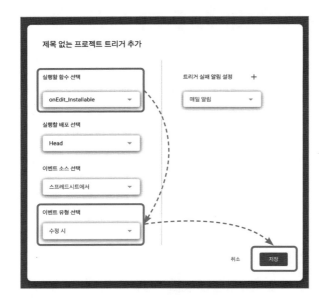

이제 다시 스프레드시트로 돌아가서 값을 입력해봅니다. 결과가 잘 나타납니다.

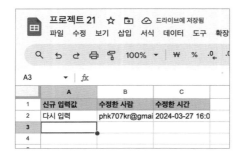

이 프로젝트는 다중 삭제에는 동작하지 않습니다

만약 영역을 지정하여 삭제하면 이 트리거는 제대로 동작하지 않습니다. 예를 들어 A2:A4를 지정하여 삭제하면 트리거는 A2만 삭제합니다. 우리가 만든 트리거는 셀 1개에 대한 이벤트를 감지하므로 다중 삭제에 대해서는 동작하지 않습니다.

🤖 with 챗GPT 이전에 입력한 값을 남기려면?

A열에는 신규 입력값을, B열에는 기존 입력값을 남기고 싶을 수 있습니다. 이런 스프레드시트가 있다고 가정하여 챗GPT와 프로그램을 작성해볼까요?

> 🧑‍💬
>
> 구글 앱스 스크립트로 작성한 이런 코드가 있는데 A열에는 신규 입력값, B열에는 이전 입력값, C열에는 수정한 사람, D열에는 수정한 시간이 생기도록 코드를 수정해줄래? ●——[질문과 함께 코드 복붙!]

> 🤖💬
>
> 아래와 같이 코드를 수정하여 A열에 신규 입력값이 있을 때 B열에는 이전 입력값, C열에는 수정자, D열에는 수정일시가 입력되도록 할 수 있습니다.

```
function onEdit_Installable(e) {
  ...생략...
  if (sheetName == '수정 이력 남기기' && column == 1 && row >= 2) {
    const oldValue = e.oldValue || ""; // ❶ 기존 입력값
    const newValue = activeCell.getValue(); // 신규 입력값
    const user = getActiveUserMail(); // 수정한 사람
    const dateTime = getDateTime(); // 수정한 시간
    console.log(oldValue, newValue, user, dateTime);

    activeCell.offset(0, 1).setValue(oldValue); // ❷ B열에 기존 입력값 입력
    activeCell.offset(0, 2).setValue(user); // C열에 수정한 사람 입력
    activeCell.offset(0, 3).setValue(dateTime); // D열에 수정한 시간 입력
```

```
    }
  }

function getDateTime() {
  ...생략...
}

function getActiveUserMail() {
  ...생략...
}
```

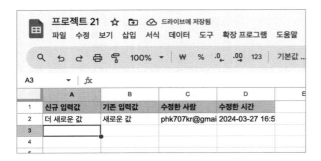

❶ ~ ❷ e.oldValue로 기존 입력값을 가져와서 입력하는 내용이 추가되었습니다. A열의 수정이 발생하면 이전에 입력한 값을 B열에 추가합니다.

값을 수정하면 이전값이 B열에 남는 앱스 스크립트로 개선되었습니다. 이렇게 아이디어가 있거나, 여러분의 업무에 맞게 코드를 일부 수정해야 한다면 챗GPT에게 구체적인 수정안과 함께 수정을 부탁하는 것도 좋습니다.

리마인드 노트

- onEdit 트리거에서 getActiveCell( ) 메서드를 이용해 트리거가 발생한 셀에 접근할 수 있습니다.
- 내장 트리거에서는 외부 API를 사용할 수 없기 때문에, 외부 API를 사용하려면 외장 트리거를 사용해야 합니다.

(Project 22)

구글 드라이브 파일 관리하기

난이도 ◖▱▱ 알아두면 유용해요 ◖▱▱

여러 사람이 동시에 문서 작업을 하다보면 초안부터 최종본까지 문서를 복사하고, 버전을 올려가며 작업을 하는 경우가 있습니다. 이런 상황에서는 특정 시점에서 문서의 백업 파일을 생성하는 것이 좋습니다. 물론 구글 드라이브에서 파일 복사–붙여넣기가 되므로 꼭 앱스 스크립트로 할 필요는 없습니다. 하지만 이번 프로젝트는 다음 프로젝트인 매일 백업 파일 만들기와 연계되므로 알아두면 꽤 유용할 겁니다.

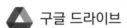 구글 드라이브

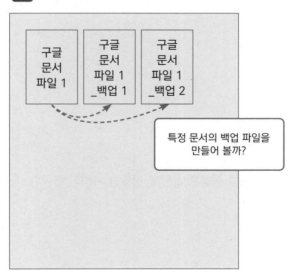

특정 문서의 백업 파일을 만들어 볼까?

</> 파일 정보 가져오기

앱스 스크립트에서 파일을 복사하려면 파일 정보를 가져와야 합니다. 파일 정보를 가져오는 방법
은 다음 두 가지 방법이 있습니다.

- 파일 이름으로 파일 정보 가져오기
- 파일 ID로 파일 정보 가져오기

여기서는 두 가지 방법을 모두 다 사용하겠습니다. 파일 이름으로 구글 드라이브에서 파일 정보
가져오기를 배우고 파일 ID로 파일 정보를 가져오는 실습은 챗GPT와 함께 해봅시다.

파일 이름으로 구글 드라이브에서 파일 정보 가져오기

파일 이름으로 문서 정보를 가져오려면 getFilesByName( ) 메서드를 이용합니다. **다만 파일 이
름으로 파일 정보를 가져올 때는 중복 이름에 주의해야 합니다.** 여러분 구글 드라이브에 파일을
하나 만들고 그 파일을 찾아봅시다. 파일 이름은 최대한 중복이 없도록 생성합니다.

이제 앱스 스크립트를 통해 파일 이름으로 파일 정보를 가져와 봅시다. 독립형 스크립트를 만든
다음 코드를 작성하세요.

```
function getDriveFileByName() {
  const fileName = '찾아야 할 파일'; // ① 파일 이름 입력
  const files = DriveApp.getFilesByName(fileName); // ② 파일 가져오기
  var cnt = 1;
  // ③ 반복문 실행
  while (files.hasNext()) {
    const file = files.next();
    // ④ 파일 정보 출력
    console.log(`######### ${cnt} 번째 파일 #########`);
    console.log(`파일 ID : ${file.getId()}`);
    console.log(`파일 소유자 : ${file.getOwner().getName()}`);
    console.log(`파일 사이즈 : ${file.getSize()}kb`);
    console.log(`파일 타입 : ${file.getMimeType()}`);
    // ⑤ 파일의 상위 폴더 정보 가져오기
    var parentFolder = file.getParents().next();
    var filePath = parentFolder.getName();
    // ⑥ 파일 경로 생성
    while (parentFolder.getParents().hasNext()) {
      parentFolder = parentFolder.getParents().next();
      filePath = parentFolder.getName() + ' > ' + filePath;
    }
    console.log(`파일 경로 : ${filePath}`);
    cnt++;
  }
}
```

실행 로그		
오전 9:17:48 알림		실행이 시작됨
오전 9:17:49 정보		######### 1 번째 파일 #########
오전 9:17:49 정보		파일 ID : 1T0W1KodPmUGKTmIIDQXIQ0_ye6tC716zSeSq4k5SEg8
오전 9:17:49 정보		파일 소유자 : Editor P
오전 9:17:49 정보		파일 사이즈 : 1024kb
오전 9:17:49 정보		파일 타입 : application/vnd.google-apps.document
오전 9:17:50 정보		파일 경로 : 내 드라이브 > 구글 앱스 스크립트 실습
오전 9:17:50 알림		실행이 완료됨

❶ 가지고 올 파일 이름을 입력합니다.

❷ getFilesByName( ) 메서드에 파일 이름을 인수로 전달하여 구글 드라이브에서 찾은 파일 정보들을 가지고 옵니다. 여기서 '파일 정보들을'이라고 말한 이유는 같은 이름의 파일이 여럿 있을 수 있기 때문입니다.

❸ 같은 이름의 파일이 많을 경우를 대비하여 반복문을 구성했습니다.

❹ 파일의 기본 정보를 콘솔에 출력합니다. 다음을 보고 메서드의 기능을 파악하기 바랍니다.

- **getId( ) :** 파일의 ID
- **getOwner( ).getName( ) :** 파일 소유자
- **getSize( ) :** 파일의 크기
- **getMimeType( ) :** 파일 타입

TIP 공유 드라이브에서 실습을 진행한다면 file.getOwner( ) 행은 삭제하고 함수를 실행하세요. 파일 소유자가 null이기 때문에 오류가 납니다.

❺ 파일의 위치를 알고 싶다면 파일 경로를 알아내야 합니다. 구글 앱스 스크립트는 아쉽게도 파일 경로까지 알려주는 메서드가 없습니다. 그 대신 getParents( ) 메서드를 이용하면 찾은 파일의 상위 폴더 정보를 가져올 수 있습니다. 상위 폴더 정보 중 폴더 이름을 가져오면 파일 경로를 만들 수 있습니다.

❻ 상위 폴더 정보들을 이용해 파일 경로를 생성합니다.

🤖 with 챗GPT 파일 ID로 파일 정보를 가져와볼까요?

파일 ID로 정보를 가져오는 코드는 챗GPT와 함께 만들어봅시다.

🤖💬

> 이런 앱스 스크립트가 있는데 getFileByName( ) 메서드를 getFileById( ) 메서드로 바꾸고 싶어.
> fileName은 fileId로 바꾸면 되고, fileId에는 임의값을 넣어서 코드를 개선해줄래?

질문과 함께 코드 복붙!

🤖💬

> 아래는 getFileById( ) 메서드를 사용하여 파일을 가져오고, fileId에 임의의 값('임의의_파일_ID')을 넣어
> 코드를 개선한 것입니다.

```
function getDriveFileById() {

  const fileId = '임의의_파일_ID';
  const file = DriveApp.getFileById(fileId);
  console.log(`######### 파일 정보 #########`);
  console.log(`파일 ID : ${file.getId()}`);
  console.log(`파일 소유자 : ${file.getOwner().getName()}`);
  console.log(`파일 사이즈 : ${file.getSize()}kb`);
  console.log(`파일 타입 : ${file.getMimeType()}`);

  var parentFolder = file.getParents().next();
  var filePath = parentFolder.getName();

  while (parentFolder.getParents().hasNext()) {
    parentFolder = parentFolder.getParents().next();
    filePath = parentFolder.getName() + ' > ' + filePath;
  }
  console.log(`파일 경로 : ${filePath}`);
}
```

실행 로그		✕
오전 9:31:07	알림	실행이 시작됨
오전 9:31:07	정보	######### 파일 정보 #########
오전 9:31:07	정보	파일 ID : 1T0W1KodPmUGKTmIIDQXIQ0_ye6tC716zSeSq4k5SEg8
오전 9:31:07	정보	파일 소유자 : Editor P
오전 9:31:07	정보	파일 사이즈 : 1024kb
오전 9:31:07	정보	파일 타입 : application/vnd.google-apps.document
오전 9:31:07	정보	파일 경로 : 내 드라이브 > 구글 앱스 스크립트 실습
오전 9:31:07	알림	실행이 완료됨

전반적인 코드는 같습니다. 챗GPT에게 바꾸고 싶은 부분을 정확하게 지시하여 얻은 결과입니다. getFileByName( ) 메서드를 getFileById( ) 메서드로 바꾸고, fileName도 fileId로 바꿔달라고 지시했습니다. 이렇게 대략 어떤 메서드를 사용하는지 알고 그 메서드를 기반으로 챗GPT에게 구체적인 지시를 하면 원하는 코드를 빨리 얻을 수 있습니다.

📎 리마인드 노트

- DriveApp 클래스의 getFilesByName( ) 메서드를 이용해 구글 드라이버의 파일 이름으로 문서를 가져올 수 있습니다. 하지만 동일한 이름의 문서가 여러 개일 수 있기 때문에 추천하지 않습니다.
- getFileById( ) 메서드를 이용해 파일 ID로 문서를 가져올 수 있습니다.

구글 드라이브에 백업 파일 만들기

난이도  알아두면 유용해요

이번에는 구글 드라이브에서 파일을 복사하거나 삭제하는 방법을 알아봅니다. 물론 구글 드라이브 기본 기능에서 파일 복사, 삭제를 제공합니다. 하지만 코드를 활용하면 보다 정교하고 정확한 일들을 할 수 있습니다. 이를테면 구글 드라이브의 파일 복사는 파일 이름 끝에 '사본'이라는 키워드를 붙이므로 처음부터 원하는 키워드로 복사하려고 할 때는 앱스 스크립트가 더 유리할 수도 있습니다.

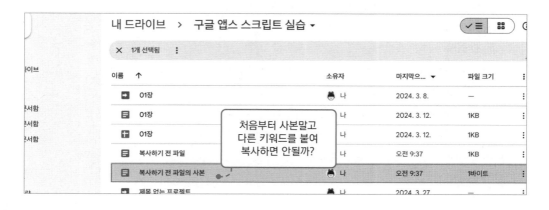

파일 이름을 바꾸는 작업은 아주 기초적인 작업이므로 여기서 하는 실습 내용을 공부하면 충분히 응용할 수 있을 겁니다. 여기서는 특정 문서의 백업 파일을 만들고, 삭제하는 등의 작업을 해봅니다. 그럼 시작해봅시다.

</> 백업 파일 만들기

백업 파일을 만들어봅시다. 파일을 복제할 때는 특정 파일을 찾아 makeCopy( ) 메서드를 실행하면 됩니다. 이번에는 특정 파일을 찾기 위해 getFileByName( ) 메서드가 아니라 getFileById( ) 메서드를 사용했습니다.

```
                                                        project23.gs
function createBackupFile() {
  const fileId = '1uNqZ8LB*****lAWiXkAf4k'; // ❶ 복사할 파일 선택
  const file = DriveApp.getFileById(fileId); // ❷ 복사 대상 파일 지정 → 파일 복사
  const newFile = file.makeCopy();
  newFile.setName(`구글독스활용_백업_${getDateTime()}`); // ❸ 복사한 파일의 이름 변경
  console.log(`${newFile.getName()} 파일이 생성되었습니다.`);
}
// 현재 시간 반환하는 함수
function getDateTime() {
  const today = new Date();
  const date = [
    today.getFullYear(),
    (today.getMonth() + 1).toString().padStart(2, "0"),
    today.getDate().toString().padStart(2, "0"),
  ].join("");
  const time = [
    today.getHours().toString().padStart(2, "0"),
    today.getMinutes().toString().padStart(2, "0"),
    today.getSeconds().toString().padStart(2, "0"),
  ].join("");
  const result = `${date}_${time}`;
  return result;
}
```

❶ 복사할 파일의 ID를 입력합니다.

❷ getFileById( ) 메서드에 파일 ID를 인수로 전달하여 복사할 파일을 가져온 다음 makeCopy( )

메서드로 복사하고 ❸ 복사한 파일의 이름을 변경해줍니다.

그러면 이렇게 파일이 생성되었다는 알림이 로그에 뜨고, 파일이 만들어진 것을 확인할 수 있습니다.

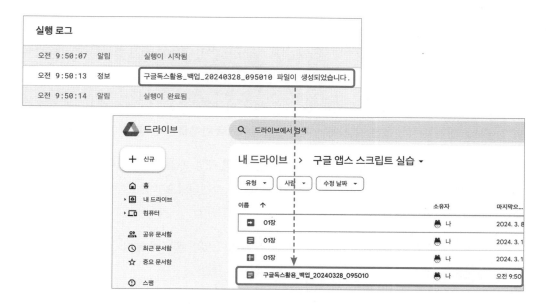

</> 백업 파일 삭제하기

이제 복사한 파일을 삭제하겠습니다. 파일 삭제는 파일을 찾은 후에 setTrashed( ) 메서드를 사용하면 됩니다. setTrashed( ) 메서드는 true 또는 false를 인수로 받습니다. 기본값은 false입니다. 인수로 true를 전달하면 파일이 삭제됩니다.

```javascript
function deleteBackupFile() {
  // ❶ 위에서 생성한 백업 파일명 입력
  const files = DriveApp.getFilesByName('구글독스활용_백업_20230827_112131');
  // ❷ 반복문 수행
  while (files.hasNext()) {
    const file = files.next();
    // ❸ 파일 삭제
    const result = file.setTrashed(true);
```

project23.gs

```
    console.log(`삭제 되었습니까? ${result.isTrashed()}`);
  }
}
```

❶ 이번에는 getFilesByName( ) 메서드를 사용해보겠습니다. 생성한 백업 파일 이름으로 파일을 가져옵니다.

❷ getFilesByName( ) 메서드가 반환하는 값은 하나 이상이므로 hasNext( ) 메서드를 이용하여 반복문을 실행합니다. 물론 지금 예는 파일이 하나이므로 반복문은 한 번만 수행됩니다.

❸ 파일을 찾고 setTrashed( ) 메서드에 true를 전달하면 해당 파일이 삭제됩니다. isTrashed( ) 메서드는 파일이 삭제되었는지 확인하는 메서드입니다. 삭제되었으면 true, 아니면 false를 반환합니다.

이번에도 파일이 삭제되었다는 알림이 로그에 뜨고, 파일이 있던 폴더에 들어가보니 해당 파일이 삭제되었네요.

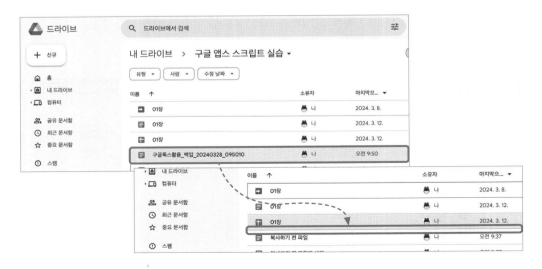

</> 트리거로 특정 시간에 백업 파일 만들기

이제 지금까지 공부한 내용을 의미있게 사용해 볼 시간입니다. 가끔 중요한 파일은 일주일 단위, 한 달 단위로 백업 파일을 만드는 것이 좋습니다. 사람이 이런 일을 하기에는 좀 어렵죠. 주기가 길면 놓치기도 쉽고요. 이런 일을 앱스 스크립트에게 시키면 좋을 것 같습니다. 지금까지 공부한 내용 중 트리거를 응용하면 충분히 할 수 있습니다. 여기서는 트리거 중 시간 기반 트리거를 응용합니다. 시간 기반 트리거는 다음과 같이 6가지 방식으로 사용할 수 있습니다.

- 특정 날짜 + 시간(예 : 2024년 03월 28일 09시 00분)
- 특정 시간 - 분 단위(예 : 1분마다)
- 특정 시간 - 시간 단위(예 : 3시간마다)
- 특정 시간 - 일 단위(예 : 매일 08시~09시 사이)
- 특정 시간 - 주 단위(예 : 매주 월요일 08시~09시 사이)
- 특정 시간 - 월 단위(예 : 매월 1일 08시~09시 사이)

여기서는 하루를 기다리거나 1시간을 기다리기에는 테스트 시간이 너무 길어지므로 분 단위로 실습하겠습니다. 그럼 시작해봅시다.

시간 기반 트리거 등록하기

구글 앱스 스크립트 [⏱ 트리거] 화면으로 이동해 [+ 트리거 추가] 버튼을 클릭해 트리거 추가 창을 열고 앞서 만든 createBackupFile( ) 함수를 실행할 함수로 선택합니다. 이벤트 소스를 '시간 기반'으로 선택하고, 시간 유형을 '분 단위 타이머'로 설정합니다.

이제 1분을 기다리면 잘 실행될 겁니다. 내가 만든 트리거가 잘 실행되었는지는 **[실행]** 화면에서 확인할 수 있습니다.

구글 드라이브에서도 백업 파일이 잘 생성되었는지 확인해봅니다. 1분 단위로 백업 파일들이 잘 생성되었네요.

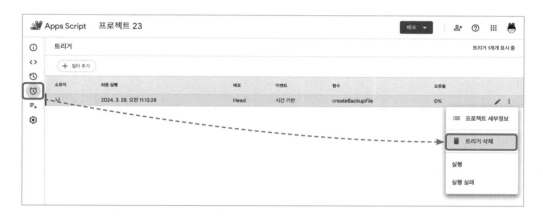

이름 ↑	소유자	마지막으... ▼	파일 크기
➡ 01장	🐵 나	2024. 3. 8.	—
📋 01장	🐵 나	2024. 3. 12.	1KB
✚ 01장	🐵 나	2024. 3. 12.	1KB
📋 구글독스활용_백업_20240328_110932	🐵 나	오전 11:09	1KB
📋 구글독스활용_백업_20240328_111032	🐵 나	오전 11:10	1KB

실습 완료 후에는 반드시 트리거를 삭제합시다. 1분마다 파일이 생기면 곤란합니다.

일 단위 트리거는 어떻게?

여기서는 일 단위 트리거를 실습하지는 않고 소개만 하겠습니다. 실습 방식은 분 단위 트리거를 참고하기 바랍니다. 분 단위 트리거와 일 단위 트리거의 차이는 '정확한 시간을 설정할 수 없음'에 있습니다. 일 단위 트리거는 시간 범위로만 설정할 수 있습니다. 예를 들어 오후 2시가 아니라 오후 2시 ~ 오후 3시와 같이 시간 범위만 설정할 수 있고, 정확한 시간 설정은 불가능합니다.

⌇ 리마인드 노트

- DriveApp 클래스의 makeCopy( ) 메서드를 이용해 구글 드라이브에서 선택된 파일을 복제합니다.
- setName( ) 메서드로 생성한 파일의 이름을 설정할 수 있습니다.
- setTrashed( ) 메서드로 파일을 휴지통으로 이동시킬 수 있습니다.
- 시간 기반 트리거는 특정 날짜, 분/시간/일/주/월 단위로 함수를 실행할 수 있습니다.
- 트리거는 삭제하기 전까지 계속 실행되기 때문에 테스트한 시간 기반 트리거는 항상 삭제해야 합니다.

스프레드시트
제대로 사용하기

학습목표

스프레드시트에 데이터만 입력하면 아무 것도 없는 백지에 글을 쓰는 것과 같습니다. 가독성을 높이고 특정 값을 강조하기 위해 앱스 스크립트로 표를 꾸미는 방법에 대해서 알아봅니다. 또한 합계와 소계를 만들고 셀 병합을 통해 보고서 형태의 문서를 만드는 법도 알아보겠습니다. 이 장을 학습하면 스프레드시트를 더욱 능숙하게 다룰 수 있을 겁니다.

핵심 키워드

#표 꾸미기 #서식 #조건부 서식 #필터 #차트 #합계 만들기 #소계 만들기 #셀 병합 #그룹화 #드롭다운 활용

음영과 테두리 지정하기

난이도 ◖▭▭ 알아두면 유용해요 ◖◖▭

여기서는 좀 쉬어가는 분위기로 스프레드시트 꾸미기를 해보겠습니다. 물론 스프레드시트 자체의 기능으로도 충분히 잘 꾸밀 수 있습니다. 하지만 앱스 스크립트도 스타일링을 할 수 있습니다. 만약 데이터 입력이나 정리를 위한 자동화를 다 구현하고 스타일링까지 적용한다면 더욱 의미가 생기겠죠. 그럼 하나씩 알아봅시다.

</> 음영 적용하기

음영을 적용하려면 셀 범위를 getRange( ) 메서드로 설정하고 setBackground( ) 메서드를 이용하면 됩니다. 예를 들어 노란색 배경색을 설정하고 싶다면 이렇게 하면 됩니다.

TIP 음영을 지우고 싶다면 인수에 null을 전달하여 setBackground(null)을 쓰면 됩니다.

```
setBackground("yellow") // 문자열 "yellow"로 노란색 설정
setBackground("#ffff00") // 16진수값으로 노란색 설정
```

새 스프레드시트를 만들고, 컨테이너 바인딩 스크립트를 만든 후 다음 코드를 작성하여 A2:B2 영역에 음영을 적용해봅시다. 16진수값으로 색상을 설정하는 편이 다양한 색을 사용할 수 있어 좋은데 인터넷에 '색상 코드표'라고 검색하면 16진수값과 색을 매치해주는 곳이 많습니다. 검색하여 원하는 색을 설정해보기 바랍니다.

```
function setBackgroundCell() {
  const sheet
  = SpreadsheetApp.getActiveSpreadsheet().getSheetByName('표 꾸미기');
  sheet.getRange('A2:B2').setBackground('yellow'); // 문자열로 A2:B2에 음영 설정
  sheet.getRange('C2').setBackground('#ffff00'); // 16진수값으로 C2에 음영 설정
}
```

코드를 저장한 다음 setBackgroundCell( ) 함수를 실행하면 표 꾸미기 시트에서 지정한 셀에 음영이 적용됩니다.

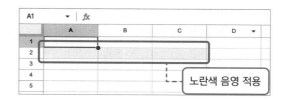

노란색 음영 적용

</> 교차 색상 적용하기

교차 색상은 이미 여러분에게 익숙한 음영 기법입니다. 스프레드시트에서 시각적으로 구분하고 강조하기 위한 기법이죠. 교차 색상 기능도 간단히 알아보겠습니다.

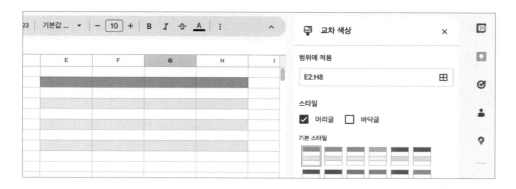

교차 색상을 적용하려면 적용할 범위를 getRange( ) 메서드로 선택하고, applyRowBanding( ) 메서드를 이용하면 됩니다. 기본값은 앞에서 본 화면대로 회색이므로 인수를 전달하지 않고 사용하면 기본값인 회색이 설정됩니다. 테마 목록은 다음과 같습니다.

- **LIGHT_GREY** : 연한 회색 테마
- **CYAN** : 청록색 테마

- **GREEN** : 녹색 테마

- **YELLOW** : 노란색 테마

TIP 그 외 테마값은 공식 문서 vo.la/TMjwB에 접속하여 확인하기 바랍니다.

```
project24.gs
function setDefaultBanding() {
  const sheet = SpreadsheetApp.getActiveSpreadsheet().getSheetByName('표 꾸미기');
  const bandingRange = sheet.getRange('A10:C16'); // ❶ 교차 색상을 적용할 범위 선택
  bandingRange.applyRowBanding(); // ❷ 교차 색상 적용
}
```

❶ 교차 색상을 적용할 범위를 A10:C16으로 설정합니다.

❷ applyRowBanding( ) 메서드로 교차 색상을 설정합니다. 기본값인 회색이 설정되었습니다.

10				
11				
12				
13				
14				
15				
16				
17				

</> 테두리 적용하기

이번엔 테두리를 적용해봅시다. 테두리는 getRange( ) 메서드로 셀 범위를 지정한 다음 setBorder( ) 메서드를 사용하면 됩니다. setBorder( ) 메서드는 많은 매개변수를 가지고 있습니다. 기본형은 다음과 같습니다.

```
setBorder(top, left, bottom, right, vertical, horizontal, color, style)
```

다음 그림은 셀 4개를 지정했다고 가정한 top, left, right, bottom, vertical, horizontal을 표시한 것입니다. 스프레드시트에서 작업할 때 사용하는 버튼 기능을 연상하면 쉽게 이해할 수 있을 겁니다.

TIP top부터 반시계방향으로 돈 후 세로선, 가로선 순서로 기억하세요.

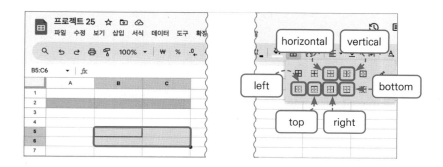

color에는 음영 색을 지정했던 것처럼 색상을 지정하면 됩니다. style에는 테두리 종류를 선택할 수 있습니다. 테두리 종류는 다음과 같습니다.

- **실선** : SpreadsheetApp.BorderStyle.SOLID
- **중간굵기선** : SpreadsheetApp.BorderStyle.SOLID_MEDIUM
- **굵은선** : SpreadsheetApp.BorderStyle.SOLID_THICK
- **점선** : SpreadsheetApp.BorderStyle.DASHED
- **이중선** : SpreadsheetApp.BorderStyle.DOUBLE

그럼 코드를 작성하여 결과를 확인해봅시다.

```
project24.gs
function setTableBorder() {
  const sheet
  = SpreadsheetApp.getActiveSpreadsheet().getSheetByName('표 꾸미기');
  // ❶ 전체 테두리 설정
  sheet.getRange('A2:C7').setBorder(true, true, true, true, true, true);
  // ❷ 마지막 행 바깥 테두리를 파란색으로 굵게 설정
```

```
sheet
  .getRange('A8:C8')
  .setBorder(
    true,
    true,
    true,
    true,
    null,
    null,
    'blue',
    SpreadsheetApp.BorderStyle.SOLID_MEDIUM
  );
// ❸ 마지막 행 세로선은 빨간색 점선으로 설정
sheet
  .getRange('A8:C8')
  .setBorder(
    null, // null은 테두리를 설정하지 않음(false는 테두리를 지움)
    null,
    null,
    null,
    true,
    true,
    'red',
    SpreadsheetApp.BorderStyle.DASHED
  );
}
```

❶ A2:C7 영역을 지정하여 모든 테두리를 true로 지정합니다.

❷ A8:C8 영역의 테두리를 변경합니다. vertical과 horizontal은 null로 지정하지 않으므로 영역의 바깥쪽만 설정하는 겁니다. 색상은 blue를, 볼드한 테두리를 위해 SpreadsheetApp.BorderStyle.SOLID_MEDIUM을 설정했습니다.

❸ A8:C8 영역의 세로선을 지정합니다. 색상은 red를, 점선 테두리를 위해 SpreadsheetApp. BorderStyle.DASHED을 설정했습니다.

함수를 실행하면 다음과 같이 서식이 적용됩니다.

Project 25

데이터 서식 설정하기

난이도 ◖▭◗ 알아두면 유용해요 ◖▰▰◗

이번에는 숫자와 날짜 서식을 설정해봅시다. 예를 들어 보고서를 작성할 때 금액은 가독성을 높이기 위해 숫자에 쉼표를 사용합니다. 물론 기본 기능으로도 충분히 할 수는 있지만 여러 파일에 한꺼번에 적용하거나, 반복해서 재설정할 일이 많다면 앱스 스크립트로 하는 것이 좋을 겁니다.

</> 숫자 서식 적용하기

이번 실습은 대량의 데이터가 있는 상태에서 실습하면 더욱 의미있을 겁니다. 챗GPT를 이용하여 더미 데이터를 만들겠습니다.

> 스프레드시트에 셀별로 붙여넣기 할 수 있도록 탭으로 데이터를 구분해줘. 가상의 도로교통공단에서 사고 유형별 교통사고 통계치를 보여주는 데이터면 좋겠어. 행은 20개 정도로 만들어줘.

다음은 챗GPT가 준 데이터를 스프레드시트에 그대로 옮긴 모습입니다.

	A	B	C	D
1	사고 유형	발생 건수	사상자 수	사망자 수
2	차대차 충돌	120	150	3
3	보행자 사고	90	110	6
4	차량 단독 사고	50	60	1
5	오토바이 사고	30	40	2
6	승용차 추돌	85	100	0
7	고정물 충돌	40	50	2
8	앞지르기 중 충돌	25	30	1
9	횡단보도 사고	60	70	3

잘 만들어주긴 했지만 실습에 적합하게 하려면 숫자 규모가 좀 크면 좋을 것 같습니다. 재질문하여 숫자 규모를 좀 키우거나 임의값을 곱해서 데이터를 준비합시다.

	A	B	C	D
1	사고 유형	발생 건수	사상자 수	사망자 수
2	차대차 충돌	1200	1800	70
3	보행자 사고	800	1300	80
4	차량 단독 사고	600	1000	40
5	오토바이 사고	400	700	30
6	승용차 추돌	850	1400	20
7	고정물 충돌	500	900	40
8	앞지르기 중 충돌	300	500	30
9	횡단보도 사고	600	1000	50
10	정면충돌	900	1600	70

재질문하여 받은 데이터

더미 데이터를 준비했으니 이제 숫자 서식을 적용해봅시다. 숫자 서식을 적용할 때는 숫자 서식을 적용할 범위를 getRange( ) 메서드로 지정한 다음 setNumberFormat( ) 메서드를 사용합니다. 서식 지정 방식은 다양한 방법이 있지만 보통 다음 패턴을 많이 사용합니다.

- **0.000 :** 숫자와 소수점 3자리까지 표시
- **#,##0 :** 천 단위 쉼표
- **#,##0.0 :** 천 단위 쉼표 + 소수점 1자리까지 표시

- **#,##0.00** : 천 단위 쉼표 + 소수점 2자리까지 표시

- **@** : 숫자 서식이 아니라 텍스트 서식으로 적용

다양한 서식을 보기 위해 앞서 소개한 것들을 모두 적용해보겠습니다.

```
project25.gs
function setNumberFormatSingleCell() {
  const sheet =
    SpreadsheetApp.getActiveSpreadsheet().getSheetByName('도로교통공단');
  // ❶ 숫자 서식을 설정할 셀을 지정 + 적용
  const cellD4 = sheet.getRange('D4');
  cellD4.setNumberFormat('0.000'); // 0.000 - 소수점 3자리까지

  const cellD5 = sheet.getRange('D5');
  cellD5.setNumberFormat('#,##0.00'); // #,##0.00 - 천 단위 쉼표 + 소수점 2자리까지

  const cellD6 = sheet.getRange('D6');
  cellD6.setNumberFormat('#,##0.0'); // #,##0.0 - 천 단위 쉼표 + 소수점 1자리까지

  const cellD7 = sheet.getRange('D7');
  cellD7.setNumberFormat('#,##0'); // #,##0 - 천 단위 쉼표 + 소수점 없음

  const cellD8 = sheet.getRange('D8');
  cellD8.setNumberFormat('@'); // 숫자 서식이 아닌 텍스트 서식 적용
}
```

❶ getRange( ) 메서드로 숫자 서식을 지정할 셀을 적용하고 서식을 각각 지정합니다. 자세한 설명은 코드에 달아놓은 주석을 참고하세요. 다음과 같이 결과를 보면 지정한 값으로 서식이 변경되었습니다.

	A	B	C	D	E
	I6 ▼	ƒx			
1	사고 유형	발생 건수	사상자 수	사망자 수	부상자 수
2	차대차 충돌	1200	1800	70	1730
3	보행자 사고	900	1300	80	1220
4	차량 단독 사고	500	1000	40.000	960
5	오토바이 사고	3㏚	700	30.00	670
6	승용차 추돌	8㏚	숫자 서식 적용	20.0	1380
7	고정물 충돌	400	900	40	860
8	앞지르기 중 충돌	250	500	30	470
9	횡단보도 사고	600	1000	50	950

🤖 with 챗GPT 천 단위 쉼표에 원을 붙이고 싶다면?

원하는 패턴을 챗GPT에게 설명하면 잘 만들어줍니다. 숫자와 한글 '원'이 섞인 패턴을 요청해보 겠습니다.

> 🧑 💬
>
> 앱스 스크립트에서 setNumberFormat( )의 인수로 들어갈 패턴을 알려줘. 천 단위 쉼표를 표시하고 뒤에 '원'이라는 단어가 붙었으면 좋겠어. ●─── 질문과 함께 코드 복붙!

> 🤖 💬
>
> 앱스 스크립트에서 setNumberFormat( )의 인수로 사용할 수 있는 패턴은 다음과 같습니다.
>
> ```
> setNumberFormat("###,###원");
> ```

코드 실행 후 결과를 확인하면 제대로 반영됩니다. 지금 데이터에는 적합하진 않으므로 저는 다른 곳에 적용해 보았습니다. 챗GPT를 이용하면 더욱 다양한 패턴의 서식을 사용할 수 있을 겁니다.

</> 특정 범위에 다양한 서식 적용하기

이번에는 다양한 데이터가 들어 있는 상황을 가정한 작업을 진행해봅시다. 스프레드시트 작업을 하다보면 숫자와 텍스트가 교차로 나오는 경우도 있습니다. 이런 상황에서 숫자 서식을 변경한다면 열을 각각 선택하여 작업해도 됩니다. 하지만 앱스 스크립트를 활용한다면 좀 더 효율적으로 처리할 수도 있습니다. 더미 데이터는 챗GPT를 이용하여 얻었습니다.

가상의 교통 사고 통계 데이터가 필요해. 이런 데이터를 만들어줘. 다른 열은 적당한 값을 채워주고, 특이사항 열은 모두 빈 값으로 처리해줘. 그리고 수치는 4000에서 10000 사이로 만들어줘. 스프레드시트에 셀별로 붙여넣기할 수 있도록 탭으로 데이터를 구분해줘.

- 사고유형대분류
- 사고유형중분류
- 사고유형
- 사고건수
- 특이사항
- 사망자수
- 특이사항
- 중상자수
- 특이사항
- 경상자수
- 특이사항

챗GPT가 만들어준 데이터를 스프레드시트에 붙여넣었습니다. 시트 이름을 '교통사고'로 수정해주세요.

	A	B	C	D	E	F	G	H	I	J	K
1	사고유형대분류	사고유형중분류	사고유형	사고건수	특이사항	사망자수	특이사항	중상자수	특이사항	경상자수	특이사항
2	차대사람	횡단중	보도통행중	6732		5678		8501		9234	
3	차대차	정면충돌	정면충돌	7250		4825		6710		7890	
4	차대차	측면충돌	좌측면충돌	8234		7351		9210		6432	
5	차대차	추돌	후진충돌	5610		6489		7001		4750	
6	차량단독	공작물충돌	전기기둥충돌	4875		5023		4210		5301	
7	차대차	측면충돌	우측면충돌	7890		6975		8123		9280	
8	차대사람	기타	불명	6412		7234		6001		5432	

데이터가 준비되었습니다. 여기서는 D, F, H, J에 서식을 지정하기 위한 코드를 살펴봅니다. 여러 서식을 한 번에 지정하려면 배열에 서식을 미리 적어 한 번에 전달하는 방식을 사용하면 됩니다.

```
function setNumberFormatsRangeMultipleType() {
  const sheet = SpreadsheetApp.getActiveSpreadsheet().getSheetByName('교통사고');
  // ❶ 숫자 서식을 설정할 범위를 지정
  const range = sheet.getRange(`D2:K${sheet.getLastRow()}`);
  // ❷ 적용할 서식을 순서대로 입력, 텍스트 서식을 적용하려면 @를 사용
  const format = ['#,##0', '@', '#,##0', '@', '#,##0', '@', '#,##0', '@'];
  // ❸ 행의 개수만큼 서식의 2차원 배열을 생성
  const formatArr = Array(sheet.getLastRow() - 1).fill(format);
  // ❹ 선택한 범위에 서식을 적용
  range.setNumberFormats(formatArr);
}
```
project25.gs

❶ 숫자 서식을 지정할 전체 범위를 getLastRow( ) 메서드를 이용하여 지정합니다. 현재 데이터가 총 21행까지 있어 getLastRow( )는 21을 반환하므로 D2:K21까지를 범위로 지정합니다.

❷ 적용할 서식을 배열로 입력합니다. 배열에 넣은 값을 보면 충분히 이해할 수 있겠지만 특이사항 행은 수치가 아닐 것이므로 텍스트 서식을 의미하는 @로 지정했습니다.

❸ format은 행 1개에 적용할 수 있는 1차원 배열 형태이므로 이것을 전체 영역에 반영하기 위해 2차원 배열로 펼치는 것입니다. sheet.getLastRow( )는 21을 반환하므로 여기에서 1을 뺀 값을 Array( )에 전달하여 20개의 배열을 생성한 후 그 배열을 모두 format으로 채우면 됩니다. 글로

보면 복잡해보이지만 그림으로 보면 아주 간단합니다.

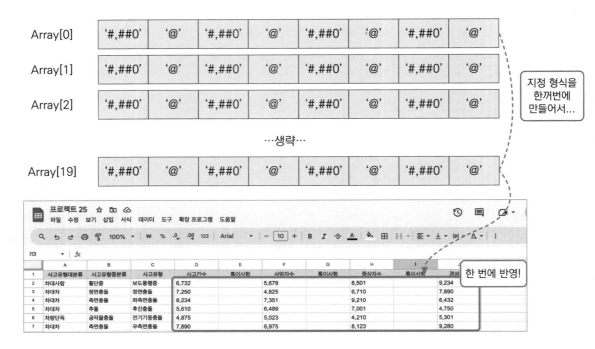

그림처럼 20줄의 Array( )를 만들어 전체 행에 한 번에 적용합니다. 그런 다음 ❹ 서식을 적용합니다. 그림에서 보는대로 코드를 실행하면 서식이 잘 적용됩니다.

</> 특정 수치를 기준으로 색상 변경하기

이제 특정 수치를 기준으로 색상을 변경해 보겠습니다. 예를 들어 6,000을 초과하는 값은 빨간색으로, 5,000 이하의 값은 파란색으로 표시하는 것입니다.

```
                                                    project25.gs
function setConditionalFormatStatus() {
  const sheet = SpreadsheetApp.getActiveSpreadsheet().getSheetByName('교통사고');
  // ❶ 숫자 서식을 설정할 범위를 지정
  const range = sheet.getRange('D2:K21');
  // ❷ 조건에 따른 숫자 서식 지정
```

```
    range.setNumberFormat(`[Red][>6000]#,##0;[Blue][<=5000]#,##0;#,##0`);
}
```

❶ 범위를 D2:K21로 지정했습니다. 물론 getLastRow( ) 메서드로 21을 대체해도 됩니다.

❷ 서식을 지정할 때 [Red][>6000]#,##0;[Blue][<=5000]#,##0;#,##0와 같이 색상, 조건, 숫자 서식을 순서대로 전달하면 앞서 의도한 대로 표현할 수 있습니다. 이때 마지막의 #,##0은 숫자 서식만 지정하고 아무것도 지정하지 않아 검정색으로 표시되었습니다. **만약 서식을 빼고 색상, 조건만 입력하면 제대로 동작하지 않으니 주의하기 바랍니다.**

	A	B	C	D	E	F	G	H	I	J	
1	사고유형대분류	사고유형중분류	사고유형	사고건수	특이사항	사망자수	특이사항	중상자수	특이사항	경상자수	특이
2	차대사람	횡단중	보도통행중	6,732		5,678		8,501		9,234	
3	차대차	정면충돌	정면충돌	7,250		4,825		6,710		7,890	
4	차대차	측면충돌	좌측면충돌	8,234		7,351		9,210		6,432	
5	차대차	추돌	후진충돌	5,610		6,489		7,001		4,750	
6	차량단독	공작물충돌	전기기둥충돌	4,875		5,023		4,210		5,301	
7	차대차	측면충돌	우측면충돌	7,890		6,975		8,123		9,280	
8	차대사람	기타	불명	6,412		7,234		6,001		5,432	
9	차량단독	도로이탈	길가장자리구역이	5,280		6,123		5,032		4,356	
10	차대사람	횡단중	횡단중	7,210		5,643		7,890		6,012	
11	차대차	측면충돌	측면직각충돌	6,943		5,123		6,810		7,234	
12	차대사람	기타	기타	5,423		6,480		7,321		5,123	
13	차대차	추돌	전복충돌	6,200		5,871		5,423		6,920	

</> 날짜 서식 적용하기

이번에는 날짜 서식을 적용해봅시다. setNumberFormat( ) 메서드를 이용하면 날짜 서식도 적용할 수 있습니다. 다음과 같이 더미 데이터를 만들고 날짜 서식을 적용해봅시다.

🤖 💬

> 가상의 날씨 정보 스프레드시트를 만들어줄래? 날짜, 강수확률, 맑음정도 등의 정보가 20줄 정도 있으면 돼.

챗GPT에게 받은 데이터를 시트에 입력합니다. 시트 이름은 '날씨'로 변경했습니다.

	A	B ▼	C	D	E
1	날짜	강수확률	맑음정도	온도(℃)	바람세기(m/s)
2	2024-03-28	20%	맑음	18	3
3	2024-03-29	10%	맑음	20	2
4	2024-03-30	30%	구름조금	17	4
5	2024-03-31	50%	비	15	5
6	2024-04-01	70%	비/눈	13	6
7	2024-04-02	40%	구름많음	16	3
8	2024-04-03	15%	맑음	19	2

```
                                                                    project25.gs
function setDateFormats() {
  const sheet = SpreadsheetApp.getActiveSpreadsheet().getSheetByName('날씨');
  // ❶ 서식을 설정할 범위 지정
  const range = sheet.getRange(`A2:A${sheet.getLastRow()}`);
  // ❷ 날짜서식 적용
  range.setNumberFormat('yyyy.mm.dd');
}
```

❶ 날짜 서식을 지정할 범위를 입력합니다. A열만 지정했습니다.

❷ setNumberFormat( ) 메서드에 날짜 형식을 전달합니다. 지금은 2024.04.03과 같은 형식으로 바꾸기 위해 점(.) 기호를 사용했습니다. 만약 - 기호로 바꾸고 싶다면 점(.)을 -로 바꾸면 됩니다.

E25	▼	fx			
	A	B	C	D	E
1	날짜	강수확률	맑음정도	온도(℃)	바람세기(m/s)
2	2024.03.28	20% 날짜 형식 수정		18	3
3	2024.03.29	10%	맑음	20	2
4	2024.03.30	30%	구름조금	17	4
5	2024.03.31	50%	비	15	5
6	2024.04.01	70%	비/눈	13	6
7	2024.04.02	40%	구름많음	16	3
8	2024.04.03	15%	맑음	19	2

리마인드 노트

- SpreadsheetApp 클래스의 setNumberFormat( ) 메서드에 숫자 서식 패턴을 입력해 셀의 서식을 적용합니다.

- 천 단위 콤마를 찍고 싶으면 setNumberFormat("###,###") 을 사용합니다.

- setNumberFormats( ) 메서드를 이용해 넓은 범위의 셀에 다양한 서식을 적용할 수 있습니다.

- 조건부 서식도 setNumberFormats( ) 메서드를 이용해 구현할 수 있습니다.

- setNumberFormat( ) 메서드에 날짜 형식을 입력하면 셀의 날짜 서식을 지정할 수 있습니다.

조건부 서식 만들기

난이도 ● 알아두면 유용해요 ★ ★ ★

바로 앞의 '**Project 25 데이터 서식 설정하기**'에서 setNumberFormat( ) 메서드를 이용하여 특정 수치를 기준으로 색상을 변경하는 작업을 해봤습니다. 그런 작업은 보통 스프레드시트의 조건부 서식 기능으로 처리합니다. 조건부 서식은 앱스 스크립트에서도 할 수 있습니다. 한 번에 여러 가지 조건부 서식을 적용하고 싶을 때 유용하게 쓰일 겁니다. 교통사고 시트로 돌아가 이 작업을 다시 해봅시다.

</> 조건부 서식 만들기

	A	B	C	D	E	F	G	H	I	J	K
1	사고유형대분류	사고유형중분류	사고유형	사고건수	특이사항	사망자수	특이사항	중상자수	특이사항	경상자수	특이사항
2	차대사람	횡단중	보도통행중	6,732		5,678		8,501		9,234	
3	차대차	정면충돌	정면충돌	7,250		4,825		6,710		7,890	
4	차대차	측면충돌	좌측면충돌	8,234		7,351		9,210		6,432	
5	차대차	추돌	후진충돌	5,610		6,489		7,001		4,750	
6	차량단독	공작물충돌	전기기둥충돌	4,875		5,023		4,210		5,301	
7	차대차	측면충돌	우측면충돌	7,890		6,975		8,123		9,280	
8	차대사람	기타	불명	6,412		7,234		6,001		5,432	

조건부 서식은 newConditionalFormatRule( ) 메서드를 이용하면 됩니다. 이때 조건부 서식은 규칙을 생성하는 코드와, 규칙을 적용하는 코드로 나눠 실행해야 합니다. 무슨 말인지는 다음

기본형 코드를 보며 이야기합시다.

```
// ❶ 조건부 서식 규칙 생성
const rule = SpreadsheetApp.newConditionalFormatRule()
  .whenTextEqualTo(비교할 텍스트)
  .setBackground(음영 색상) // 음영 색상 설정
  .setBold(true) // 폰트 굵기 설정
  .setUnderline(true) // 폰트 밑줄 설정
  .setRanges([applyRange]) // 적용할 범위 설정
  .build();
// ❷ 조건부 서식 규칙 적용
rules = sheet.getConditionalFormatRules();
rules.push(rule);
sheet.setConditionalFormatRules(rules);
```

❶ newConditionalFormatRule( ) 메서드부터 체이닝 방식으로 옵션 메서드들이 쭉 이어져 있습니다. 이어진 메서드들 중 whenTextEqualTo( ) 메서드만 조건과 관련된 것입니다. 나머지는 모두 서식 옵션과 관련된 것입니다. whenTextEqualTo( ) 메서드 외에 자주 사용하는 조건 메서드는 다음과 같습니다.

- **whenTextEqualTo(text)** : text와 일치하는 경우
- **whenTextContains(text)** : text가 포함되어 있을 경우
- **whenNumberBetween(start, end)** : start와 end 사이에 값이 있거나 일치할 경우
- **whenNumberEqualTo(number)** : 숫자가 number와 같을 경우
- **whenNumberGreaterThan(number)** : 숫자가 number보다 크거나 같을 경우
- **whenNumberLessThan(number)** : 숫자가 number보다 작거나 같을 경우

이렇게 조건부 서식을 설정하면 셀에 바로 반영되지 않습니다. ❷와 같이 규칙을 불러온 다음 규칙을 푸시하고 setConditionalFormantRules( ) 메서드를 적용해야 합니다. 그럼 이대로 코드를 작성해봅시다. 여기서는 '차대차' 항목만 강조하는 조건부 서식을 적용해봅니다. 텍스트가 일치해야 하므로 whenTextEqualTo( ) 메서드를 사용합니다.

```
function setConditionalFormattingEqualText() {
  const sheet =
    SpreadsheetApp.getActiveSpreadsheet().getSheetByName('교통사고');
  // ❶ 기존 조건부 서식 제거
  sheet.clearConditionalFormatRules();
  // ❷ 조건부 서식을 생성할 범위를 선택
  const applyRange = sheet.getRange('A4:A' + sheet.getLastRow());
  // ❸ 조건부 서식 규칙 생성
  const rule = SpreadsheetApp.newConditionalFormatRule()
    .whenTextEqualTo('차대차')  ◀── 챗GPT가 만든 더미 데이터가 다를 수 있어요.
    .setBackground('yellow')
    .setBold(true)
    .setUnderline(true)
    .setRanges([applyRange])
    .build();
  // ❹ 시트에 조건부 서식을 적용
  var rules = sheet.getConditionalFormatRules();
  rules.push(rule);
  sheet.setConditionalFormatRules(rules);
}
```

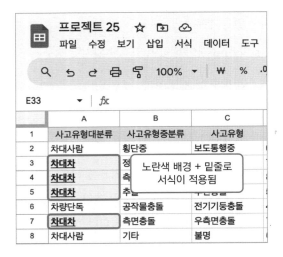

노란색 배경 + 밑줄로 서식이 적용됨

❶ ~ ❷ 기존 조건부 서식을 제거하고 새 조건부 서식을 지정할 범위를 지정합니다.

❸ newConditionalFormatRule( ) 메서드로 조건부 서식 규칙을 생성합니다. '차대차'라는 텍스트와 일치하는 셀을 찾아 나머지 체이닝 메서드로 옵션을 지정합니다.

❹ 실질적으로 조건부 서식은 여기서 반영됩니다. getConditionalFormatRules( ) 메서드로 해당 시트에 기록된 조건부 서식 규칙을 가져와 push( ) 메서드로 추가하고, setConditional FormatRules( ) 메서드로 조건부 서식을 적용합니다.

with 챗GPT 사고유형중분류에서 '충돌'이 포함된 것만 조건부 규칙을 적용하려면?

다른 규칙을 적용하는 조건부 서식을 만들고 싶다면 챗GPT에게 요청하면 됩니다. setConditio nalFormattingEqualText( ) 함수를 보여주고 응용해보겠습니다.

이런 앱스 스크립트가 있는데 B2:B21, C2:C21에 있는 값이 '충돌'을 포함하고 있으면 빨간색 음영, 볼드로 표시할 수 있도록 개선해줄래? ●━━ 질문과 함께 코드 복붙!

아래 코드는 주어진 범위 (B2:B21, C2:C21) 내에 '충돌'을 포함하는 값이 있는지 확인하고, 해당 셀을 빨간색 음영과 볼드로 표시합니다.

```
function setConditionalFormattingEqualText() {
  const sheet = SpreadsheetApp.getActiveSpreadsheet().getSheetByName('교통
사고');
  // 기존 조건부 서식 제거
  sheet.clearConditionalFormatRules();
  // 조건부 서식을 생성할 범위를 선택
  const applyRange = sheet.getRange('B2:C21');
  // 조건부 서식 규칙 생성
  const rule = SpreadsheetApp.newConditionalFormatRule()
```

```
    .whenTextContains('충돌') // ❶
    .setBackground('red')
    .setBold(true)
    .setRanges([applyRange])
    .build();
  // 시트에 조건부 서식을 적용
  var rules = sheet.getConditionalFormatRules();
  rules.push(rule);
  sheet.setConditionalFormatRules(rules);
}
```

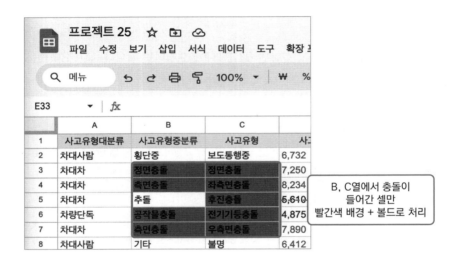

챗GPT가 앞에서 배운 메서드인 ❶ whenTextContains( )를 사용하여 '충돌'이 포함된 텍스트에 대하여 조건부 서식을 적용했습니다. 이렇게 메서드 이름을 몰라도 기존 코드를 이용하여 개선하는 방식의 질문을 하면 다른 조건부 서식도 쉽게 적용할 수 있을 겁니다.

리마인드 노트

- SpreadsheetApp 클래스의 newConditionalFormatRule( ) 메서드는 조건부 서식에서 사용하는 규칙을 생성하기 위한 메서드로,
    - whenTextEqualTo(text) 메서드는 text와 일치하는 경우,
    - whenNumberBetween(start, end) 메서드는 start와 end 사이에 값이 있거나 일치할 경우,
    - whenNumberEqualTo(number) 메서드 숫자가 number와 같을 경우 사용하며 더 많은 종류의 조건 메서드가 있으니 사용하고 싶은 조건에 맞는 조건 메서드를 사용하면 됩니다.
- build( ) 메서드로 항상 규칙을 생성해줘야 합니다.
- setConditionalFormatRules( ) 메서드는 선택된 범위에 조건부 서식 규칙을 적용합니다.
- clearConditionalFormatRules( ) 메서드는 선택된 범위의 조건부 서식을 제거하는 메서드입니다.

Project 27

필터 만들기

난이도 ●●○ 알아두면 유용해요 ●○○

여기서는 스프레드시트 자체에도 있는 필터 기능을 구현해보겠습니다. 사실 필터 만들기는 자체 프로그램에서 하는 것이 더 편하지만 나중에 필터를 고려한 자동화를 생각하고 있다면 알아두는 것이 좋습니다.

</> 공공 데이터 포털에서 데이터 준비하기

여기서는 대량의 데이터를 공공 데이터 포털에서 가져옵니다. 공공 데이터 포털 사이트(data. go.kr)로 이동하여 '교통사고 서울'이라고 검색한 다음 '도로교통공단_서울시 일별 시간별 교통 사고 현황 데이터'를 다운로드합니다. 확장자가 CSV이면 어떤 데이터로 실습해도 상관 없습니다.

파일을 엑셀 프로그램으로 열면 잘 열립니다. 전체 데이터는 8천줄이 넘습니다. 전체 데이터를 복사하여 붙여넣으면 프로그램이 멈출 수 있으므로 100줄 정도만 복사하여 구글 드라이브에 새로운 스프레드시트 파일을 만들고 붙여넣습니다. 시트 이름은 '교통사고'라고 지었습니다.

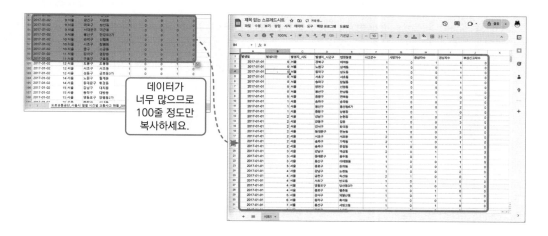

데이터가 너무 많으므로 100줄 정도만 복사하세요.

</> 필터 생성하기

컨테이너 바인딩 스크립트를 만들어 코드로 필터를 생성해보겠습니다. 필터를 생성하는 방법은 스프레드시트의 필터 생성과 원리가 같습니다. 필터를 생성할 데이터 범위를 설정하고 필터를 만들면 됩니다.

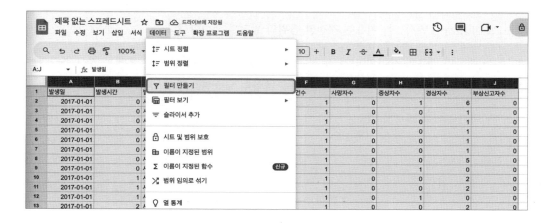

실제로 필터 생성은 createFilter( ) 메서드를 이용하면 만들 수 있습니다. createFilter( ) 메서드의 사용 방법은 아주 간단하므로 바로 코드를 작성해보겠습니다.

```javascript
function createFilters() {                                    project27.gs
  const sheet = SpreadsheetApp.getActiveSpreadsheet().getSheetByName('교통사고');
  // ❶ 필터를 적용할 범위를 선택
  const range = sheet.getRange(`A1:J${sheet.getLastRow()}`);
  // ❷ 적용할 범위에 이미 필터가 있는지 확인 후 제거
  const getFilter = range.getFilter();
  if (getFilter != null) {
    getFilter.remove();
  }
  // ❸ 적용할 범위에 필터를 생성
  range.createFilter();
}
```

❶ 필터를 적용할 범위를 지정합니다. A1부터 getLastRow( ) 메서드로 가져온 J열의 마지막 줄까지 범위를 지정했습니다.

❷ getFilter( ) 메서드로 지정한 범위에 필터가 있는지 확인하고 remove( ) 메서드로 필터를 제거합니다. 새 스프레드시트를 만들었다면 굳이 할 필요는 없지만 여러분이 다른 시트에 자동화를 하려고 한다면 기존 필터가 있는지 검사하여 remove( ) 메서드로 제거해야 합니다.

❸ createFilter( ) 메서드를 이용해 지정한 범위의 필터를 생성합니다.

코드를 실행하면 다음과 같이 필터가 잘 적용되었을 것입니다. 필터를 만든 후에는 앱스 스크립트로 다양한 필터링 작업을 할 수 있습니다. 필터링 작업도 해보겠습니다.

제목 없는 스프레드시트 ☆ 🗂 ☁
파일 수정 보기 삽입 서식 데이터 도구 확장 프로그램 도움말

필터가 적용됨

	발생일	발생시간	발생지_시도	발생지_시군구	법정동명	사고건수	사망자수	중상자수	경상자수	부상신고자수
1	발생일	발생시간	발생지_시도	발생지_시군구	법정동명	사고건수	사망자수	중상자수	경상자수	부상신고자수
2	2017-01-01	0	서울	강북구	미아동	1	0	1	6	
3	2017-01-01	0	서울	노원구	상계동	1	0	0	1	
4	2017-01-01	0	서울	동작구	상도동	1	0	0	1	
5	2017-01-01	0	서울	서초구	서초동	1	0	0	1	
6	2017-01-01	0	서울	송파구	잠실동	1	0	0	1	
7	2017-01-01	0	서울	양천구	신정동	1			1	

</> 필터 적용하기

지금 상태에서 '강남구' 데이터만 필터링하여 보려면 어떻게 해야 할까요? 스프레드시트의 기능으로 필터링을 하려면 마우스로 D1 오른쪽에 있는 **[필터]** 버튼을 누른 다음 D열의 '값별 필터링'을 '강남구'로 설정하면 됩니다. 이 작업을 자동화한다고 생각하고 코드를 작성합시다.

newFilterCriteria( ) 메서드를 이용하면 필터 기준을 설정할 수 있습니다. 필터 기준에 있는 조건들은 ' Project 26 **조건부 서식 만들기**'에서 보았던 조건 설정 메서드와 동일합니다. 전반적인 내용이 같으므로 바로 완성된 코드를 보겠습니다.

```
function createFiltersAndSetFilterCriteria() {
  const sheet = SpreadsheetApp.getActiveSpreadsheet().getSheetByName('교통사고');
  // ❶ 필터를 적용할 범위를 선택
  const range = sheet.getRange(`A1:J${sheet.getLastRow()}`);
  // ❷ 적용할 범위에 이미 필터가 있으면 삭제
  const getFilter = range.getFilter();
  if (getFilter != null) {
    getFilter.remove();
  }
  var newFilter = range.createFilter(); // ❸ 적용할 범위에 필터 생성
  const col = 4; // ❹ 4번째 열에 필터 기준 생성
  const filterCriteria = SpreadsheetApp.newFilterCriteria()
    .whenTextEqualTo('강남구')
    .build();
  newFilter.setColumnFilterCriteria(col, filterCriteria); // ❺ 필터 기준 적용
}
```

❶ 필터를 적용할 범위를 지정합니다. 앞에서와 마찬가지로 전체 범위를 지정합니다.

❷ getFilter( ) 메서드로 지정한 범위에 필터가 있는지 확인하고, 필터가 있으면 삭제합니다.

❸ createFilter( ) 메서드로 지정한 범위에 필터를 생성합니다.

❹ '시군구'는 4번째 열이므로 col에 4를 입력합니다. newFilterCriteria( ) 메서드를 이용해 필터 기준 만들기를 시작하고 체이닝으로 whenTextEqualTo( ) 메서드를 이용해 '강남구'만 필터링합니다. 이후 체이닝으로 build( ) 메서드를 실행하면 필터가 생성됩니다.

❺ 생성과 적용은 별개라고 했습니다. 필터를 적용하려면 setColumnFilterCriteria( ) 메서드를 이용해야 합니다. 이 메서드에는 필터링을 적용할 행과 만든 필터를 순서대로 넣어야 합니다.

함수를 실행하면 시군구에 '강남구' 필터링이 잘 적용되었습니다.

	A	B	C	D	E	F	G	H	I	J	
1	발생일	발생시간	발생지_시도	발생지_시군구	법정동명	사고건수	사망자수	중상자수	경상자수	부상신고자수	
13	2017-01-01	2	서울	강남구	논현동	1	0	0	2	0	
20	2017-01-01	3	서울	강남구	역삼동	2	0	1	1	2	
24	2017-01-01	4	서울	강남구	논현동	1	0	0	2	0	
34	2017-01-01	10	서울	강남구	논현동	1	0	0	4	3	
66	2017-01-01	23	서울	강남구	개포동	1	0	3	2	0	
67	2017-01-01	23	서울	강남구	역삼동	1	0	0	1	0	
71	2017-01-02	0	서울	강남구	신사동	1	0	0	1	0	
78	2017-01-02	4	서울	강남구	역삼동	1	0	0	2	1	
83	2017-01-02	7	서울	강남구	수서동	1	0	0	1	0	
91	2017-01-02	9	서울	강남구		0	0	0	0	1	
101											
102											

'강남구' 필터링 완료

</> 필터 2개 이상 적용하기

이번에는 필터링을 2번 해봅시다. 앞에서 한 실습의 복습이라고 생각하면 됩니다. 강남구이면서 사고 건수가 2건 이상인 데이터만 필터링하려면 이렇게 하면 됩니다. 전체 코드는 같고, 4번째, 6번째 열에 각각 필터를 만들어 적용하는 점이 다릅니다. **앞에서 말했던 필터 생성과 적용은 별개라고 했던 말을 떠올리면서 코드를 찬찬히 보면 쉽게 이해할 수 있을 것입니다.**

```
function createFiltersAndSetMultiFilterCriteria() {                    project27.gs
  const sheet = SpreadsheetApp.getActiveSpreadsheet().getSheetByName('교통사고');
  // 필터를 적용할 범위 선택
  const range = sheet.getRange(`A1:J${sheet.getLastRow()}`);
  // 적용할 범위에 이미 필터가 있는지 확인 후 삭제
  const getFilter = range.getFilter();
  if (getFilter != null) {
    getFilter.remove();
  }
  var newFilter = range.createFilter(); // 적용할 범위에 필터 생성
  // 4번째 열에 필터 기준 생성
  const col4 = 4;
  const filterCriteria4 = SpreadsheetApp.newFilterCriteria()
    .whenTextEqualTo('강남구')
    .build();
  newFilter.setColumnFilterCriteria(col4, filterCriteria4);  // 생성한 필터 적용
```

```
  // ❶ 6번째 열에 필터 기준 생성
  const col6 = 6;
  const filterCriteria6 = SpreadsheetApp.newFilterCriteria()
    .whenNumberGreaterThanOrEqualTo(2)
    .build();
  newFilter.setColumnFilterCriteria(col6, filterCriteria6); // 생성한 필터 적용
}
```

코드를 저장한 다음 실행하면 '강남구'이면서 사고건수가 2건 이상인 데이터만 필터링됩니다. ❶
6번째 열에 적용할 필터 기준 생성과 에서 newFilterCriteria( ) 메서드 이후에 체이닝으로 사용
한 whenNumberGreaterThanOrEqualTo(2)를 입력하여 얻은 값입니다.

필터 기준이 되는 메서드는 공식문서(https://vo.la/sUavN)에서 확인할 수 있습니다. 종류가 매
우 많으므로 챗GPT의 도움을 받아 필요에 맞는 필터를 만들어 활용해보세요.

with 챗GPT 챗GPT에게 조건에 맞는 필터를 요청해볼까요?

앞서 작성한 코드를 챗GPT에게 알려주고 다음과 같이 여러분의 업무에 필요한 필터를 요청해보
세요.

createFiltersAndSetFilterCriteria( ) 함수를 수정해서 A열의 발생일이 4월 10일 이전인 데이터만 볼 수
있게 필터를 만들어줘. 현재 A열에 든 데이터의 형태는 0000-00-00이야.

질문과 함께 코드 복붙!

함수를 수정하여 A열의 발생일이 4월 10일 이전인 데이터만 볼 수 있게 필터를 추가하겠습니다. 필터 기준을 날짜로 설정하기 위해 날짜 비교를 사용해야 합니다. 아래에 수정된 함수를 제공합니다.

```
// A열에 필터 기준 생성 - 발생일이 4월 10일 이전인 데이터만
const col1 = 1;
const filterCriteria1 = SpreadsheetApp.newFilterCriteria()
  .whenFormulaSatisfied('=DATE(YEAR(A2), MONTH(A2), DAY(A2)) <
  DATE(YEAR(A2), 4, 10)')
// 생성한 필터 적용
  .build(); newFilter.setColumnFilterCriteria(col1, filterCriteria1);
```

챗GPT에게 받은 코드를 추가하니까 원하는 필터가 적용되었습니다. 이렇게 업무에 필요한 조건이나 필터 등을 챗GPT와 함께 만들어도 좋을 겁니다.

</> 필터링한 데이터를 새 시트로 저장하기

이번에는 필터링한 데이터를 새 시트에 저장하는 방법을 알아보겠습니다. 앞서 배운 함수들로 필터링하고 함수 가장 마지막에 다음 코드만 추가하면 됩니다. '필터 2개 적용하기'에서 작성했던 createFiltersAndSetMultiFilterCriteria() 함수의 끝에 다음 코드를 추가해주세요.

```
function createFiltersAndSetMultiFilterCriteria() {    project27.gs
...생략...
  const ss = SpreadsheetApp.getActiveSpreadsheet();
  var newSheetName = "필터링한 교통사고"; // ❶ 새 시트 중복 체크
  var newSheet = ss.getSheetByName(newSheetName);
  if (!newSheet) {
    // ❷ 해당 이름의 시트가 없으면 시트 생성
    newSheet = ss.insertSheet(newSheetName);
  } else {
    // ❸ 해당 이름의 시트가 있으면 시트 삭제
    ss.getSheetByName(newSheetName).clear();
```

```
  }
  range.copyTo(newSheet.getRange(1, 1)); // ❹ 필터링 데이터를 새 시트에 복사
  newFilter.remove(); // ❺ 기존 스프레드시트의 필터 제거
}
```

❶ 새로 생성할 시트의 이름을 입력하고, getSheetByName( ) 메서드로 같은 이름의 시트가 파일에 있는지 검사합니다.

❷ 같은 이름의 시트가 없으면 insertSheet( ) 메서드로 새 시트를 생성합니다. ❸ 같은 이름의 시트가 있으면 시트는 있으니 그대로 두고, clear( ) 메서드를 이용해 시트의 데이터만 삭제합니다.

❹ copyTo( ) 메서드로 지정 범위의 데이터를 새 시트에 복사합니다.

❺ 데이터 복사가 끝났으므로 remove( ) 메서드로 필터를 제거하여 정리합니다.

코드를 저장한 다음 함수를 실행하면 강남구의 사고건수가 2건 이상인 데이터를 새 시트에 복사합니다.

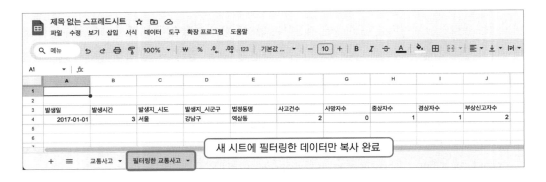

이 정도면 필터와 필터링 데이터를 응용하여 할 수 있는 기초 작업은 다 해본 것 같습니다. 이제 다음으로 넘어갑시다.

Project 28

값이 연속되는 셀 병합하기

가끔은 스프레드시트에서 반복되는 값을 병합하는 것이 더 보기 좋을 때도 있습니다. 스프레드시트에서 병합하는 방법은 매번 범위를 지정하여 셀 병합 버튼을 누르는 등의 불편함이 있으므로 앱스 스크립트로 자동화하면 더 편리할 겁니다.

TIP 앞 실습에서 사용한 교통사고 현황 데이터를 그대로 사용하겠습니다.

	A	B	C	D	E	F	
1	발생일	발생시간	발생지_시도	발생지_시군구	법정동명	사고건수	사
2	2017-01-01	2	서울	강남구	논현동	1	
3	2017-01-01	3	서울	강남구	역삼동	2	
4	2017-01-01	4	서울	강남구	논현동	1	
5	2017-01-01	10	서울	강남구	논현동	1	
6	2017-01-01	23	서울	강남구	개포동	1	
7	2017-01-01	23	서울	강남구	역삼동	1	
8	2017-01-02	0	서울	강남구	신사동	1	
9	2017-01-02	4	서울	강남구	역삼동	1	
10	2017-01-02	7	서울	강남구	수서동	1	
11	2017-01-02	9	서울	강남구	대치동	1	
12	2017-01-01	2	서울	강동구	길동	1	
13	2017-01-01	20	서울	강동구	둔촌동	1	
14	2017-01-02	0	서울	강동구	천호동	1	
15	2017-01-02	2	서울	강동구	암사동	1	
16	2017-01-01	0	서울	강북구	미아동	1	
17	2017-01-01	8	서울	강북구	수유동	1	
18	2017-01-02	6	서울	강북구	미아동	1	
19	2017-01-02	8	서울	강북구	미아동	1	
20	2017-01-01	2	서울	강서구	화곡동	1	

	D	E
	발생지_시군구	법정동명
		논현동
		역삼동
		논현동
		논현동
	강남구	개포동
		역삼동
		신사동
		역삼동
		수서동
		대치동
		길동
	강동구	둔촌동
		천호동
		암사동
		미아동
	강북구	수유동
		미아동
		미아동
	강서구	화곡동

</> 열 하나만 셀 병합하기

앞에서 본 이미지처럼 D열을 병합하겠습니다.

셀 병합 원리 이해하기

그런데 코드로 셀을 병합하기 위해서는 원리를 먼저 이해하는 것이 좋습니다. 초기의 데이터는 이렇게 생겼습니다. 병합해야 할 D열의 데이터가 마구 섞인 형태입니다.

	A	B	C	D	E	F
1	발생일	발생시간	발생지_시도	발생지_시군구	법정동명	사고건수
2	2017-01-01	0	서울	강북구	미아동	1
3	2017-01-01	0	서울	노원구	상계동	1
4	2017-01-01	0	서울	동작구	상도동	1
5	2017-01-01	0	서울	서초구	서초동	1
6	2017-01-01	0	서울	송파구	잠실동	1
7	2017-01-01	0	서울	양천구	신정동	1
8	2017-01-01	0	서울	용산구	한남동	1
9	2017-01-01	0	서울	중랑구	면목동	1
10	2017-01-01	1	서울	송파구	송파동	1

이것을 어떻게 코드에 적용해야 병합할 수 있을까요? 우선 데이터를 정렬해야 합니다.

'Project 15 **스프레드시트에 데이터 정렬 버튼 만들기**'에서 이미 정렬을 공부해봤으므로 정렬을 한 다음 병합에 대한 아이디어를 고민해봅시다. 우선 정렬이 되었다고 가정하고 병합을 고민해 보겠습니다.

TIP 만약 코드를 다시 입력하기가 귀찮다면 간단히 필터를 만들어 오름차순 정렬하고 실습을 진행하세요.

	A	B	C	D	E	F	
1	발생일	발생시간	발생지_시도	발생지_시군구	법정동명	사고건수	사망자수
2	2017-01-01	2	서울	강남구	논현동	1	
3	2017-01-01	3	서울	강남구	역삼동	2	
4	2017-01-01	4	서울	강남구	논현동	1	
5	2017-01-01	10	서울	강남구	논현동	1	
6	2017-01-01	23	서울	강남구	개포동		
7	2017-01-01	23	서울	강남구	역삼동		
8	2017-01-02	0	서울	강남구	신사동	1	
9	2017-01-02	4	서울	강남구	역삼동	1	
10	2017-01-02	7	서울	강남구	수서동	1	
11	2017-01-02	9	서울	강남구	대치동	1	
12	2017-01-01	2	서울	강동구	길동	1	
13	2017-01-01	20	서울	강동구	둔촌동	1	

오름차순으로 정렬했다고 가정

이 상태에서 D열을 기준으로 병합하려면 이렇게 하면 됩니다. 2개의 핀을 놓고 핀에 있는 값을 서로 비교하면서 값이 같으면 오른쪽의 핀을 계속 다음으로 옮기며 비교하는 것입니다. 그림을 봅시다.

	A	B	C	D	E	F	
1	발생일	발생시간	발생지_시도	발생지_시군구	법정동명	사고건수	사망자수
2	2017-01-01	2	서울	강남구		1	
3	2017-01-01	3	서울	강남구			
4	2017-01-01	4	서울	강남구			
5	2017-01-01	10	서울	강남구	논현동		
6	2017-01-01	23	서울	강남구	개포동		
7	2017-01-01	23	서울	강남구	역삼동	1	
8	2017-01-02	0	서울	강남구	신사동	1	
9	2017-01-02	4	서울	강남구	역삼동	1	
10	2017-01-02	7	서울	강남구	수서동	1	
11	2017-01-			강남구	대치동		
12	2017-01-			강동구			
13	2017-01-			강동구	둔촌동		
14	2017-01-			강동구	천호동		
15	2017-01-02	2	서울	강동구	암사동	1	
16	2017-01-01	0	서울	강북구	미아동	1	
17	2017-01-01	8	서울	강북구	수유동	1	
	2017-01-		서울	강북구	미아동	1	

❶ 값이 같으면 오른쪽 핀 1칸씩 아래로 이동

❷ 값이 다르면 왼쪽 핀부터 오른쪽 핀 직전 셀까지 병합

❸ 병합 후 왼쪽 핀 이동

❶ 왼쪽에 있는 핀은 그대로 서있고, 오른쪽의 핀은 왼쪽의 핀이 가리키는 값과 비교하여 같으면 계속 나아갑니다.

❷ 그러다가 오른쪽의 핀이 다른 값이 나오면 바로 전까지의 셀을 모두 병합합니다.

❸ 그런 다음 다시 왼쪽 핀을 오른쪽 핀 위치로 옮깁니다.

이 방식으로 코드를 작성하면 됩니다. 코드에 익숙하지 않다면 이 과정이 매우 복잡하게 느껴질

수 있습니다. row, nextRow가 앞서 그림으로 본 핀에 해당하는 값이므로 이 값에 집중하며 코드를 봅시다. 참고로 그림에서는 1개의 열만 병합하는 예를 해결하고 있지만 다음에 볼 코드는 다중 열을 병합하기 위한 코드입니다. 따라서 셀 병합을 진행할 열을 columns에 배열 형태로 입력했습니다.

```
project28.gs
function mergeCell() {
  let columns = [4]; // ❶ 셀 병합을 진행할 열(D열이므로 4를 배열에 입력)
  const startRow = 2; // ❷ 셀 병합을 시작할 행 번호(2행부터 시작하므로 2를 입력)
  // ❸ 셀 병합 대상을 '교통사고' 시트의 A2부터 J마지막까지로 지정
  const sheet = SpreadsheetApp.getActiveSpreadsheet().getSheetByName('교통사고');
  const values = sheet.getRange(`A${startRow}:J${sheet.getLastRow()}`).
getValues();
  // ❹ values[0].length는 열의 개수, 열의 개수만큼 반복하여 병합 작업 진행
  for (var i = 0; i < values[0].length; i++) {
    // ❺ 병합할 열의 데이터를 values에서 모두 추출하여 col에 저장
    const col = values.map((e) => e[i]);
    if (!columns.includes(i + 1)) {
      continue;
    }
    let temp = {};
    // ❻ 열의 데이터 개수만큼 반복하여 병합, row가 현재 핀, nextRow가 다음 핀
    for (var j = 0; j < col.length; j++) {
      const row = col[j];
      const nextRow = col[j + 1];
      // ❼ 현재 핀과 다음 핀의 값이 같고, 현재 핀의 값이 temp 객체에 없으면 인덱스를
      temp 객체에 저장
      if (row === nextRow && !(row in temp)) {
        temp[row] = j;
      // ❽ 현재 핀과 다음 핀의 값이 다르고 현재 핀의 값이 temp 객체에 있으면 셀 병합
      후 temp 객체 초기화
      } else if (row !== nextRow && row in temp) {
        sheet
          .getRange(temp[row] + startRow, i + 1, j - temp[row] + 1, 1)
```

```
        .merge()
        .setVerticalAlignment('middle')
        .setHorizontalAlignment('center');
      temp = {};
    }
  }
 }
}
```

❶ 셀 병합을 진행할 열의 순서를 입력합니다. 지금은 D열을 병합할 것이므로 4를 배열에 입력합니다.

❷ 셀 병합을 시작할 행 번호를 입력합니다. 2번째 행부터 병합하므로 2를 입력합니다.

❸ 이후 다중 병합을 위해 셀 병합 대상 범위를 전체로 지정했습니다. 제목 행을 제외한 점에 주목합니다.

❹ values[0].length는 열의 개수입니다. 데이터 열의 개수만큼 반복문을 실행합니다.

❺ values에서 병합을 진행할 열을 찾습니다. 현재는 columns에 4가 들어 있으므로 4번째 열에 있는 데이터를 모두 추출하여 col 변수에 할당합니다.

❻ 여기서 열의 개수만큼 비교를 반복하여 병합을 진행합니다. row가 현재 핀의 값, nextRow가 다음 핀의 값입니다.

❼ 현재 값과 다음 값이 같고, 현재 값이 temp 객체에 없으면, 즉 현재 값이 유지되면 현재 값의 위치 정보(인덱스)를 temp 객체에 저장합니다. temp 객체에는 {강남구 : 0}나 {강동구 : 2}처럼 셀 병합을 위한 시작점 정보가 저장됩니다.

❽ 현재 값과 다음 값이 다르고, 현재 값의 위치 정보(인덱스)가 temp 객체에 있으면 merge( ) 메서드를 이용해 셀 병합을 수행하고 temp 객체를 초기화합니다.

코드를 저장한 다음 mergeCell( ) 함수를 실행하면 D열의 연속된 셀 병합이 적용됩니다.

	A	B	C	D	E	F	G
1	발생일	발생시간	발생지_시도	발생지_시군구	법정동명	사고건수	사망자수
2	2017-01-01	2	서울		논현동	1	0
3	2017-01-01	3	서울		역삼동	2	0
4	2017-01-01	4	서울		논현동	1	0
5	2017-01-01	10	서울		논현동	1	0
6	2017-01-01	23	서울	강남구	개포동	1	0
7	2017-01-01	23	서울		역삼동	1	0
8	2017-01-02	0	서울		신사동	1	0
9	2017-01-02	4	서울		역삼동	1	0
10	2017-01-02	7	서울		수서동	1	0
11	2017-01-02	9	서울		대치동	1	0
12	2017-01-01	2	서울		길동	1	0
13	2017-01-01	20	서울	강동구	둔촌동	1	0
14	2017-01-02	0	서울		천호동	1	0
15	2017-01-02	2	서울		암사동	1	0
16	2017-01-01	0	서울		미아동	1	0
17	2017-01-01	8	서울	강북구	수유동	1	0

forEach문을 사용해 코드 간결하게 만들기

자바스크립트가 익숙하지 않은 분들을 위해 for문을 이용해 설명해봤습니다. 코드를 더 간결하게 사용하기 위해 forEach문을 사용해 코드를 작성해보겠습니다. forEach문은 자바스크립트에서 제공되는 반복문의 하나로 다음과 같이 사용할 수 있으며 상황에 따라 맞는 매개변수들을 넣어 사용할 수 있습니다.

```
array.forEach((value) => { ...생략... }):
array.forEach((value, index) => { ...생략... }):
array.forEach((value, index, arr) => { ...생략... }):
```

- **array** : 요소를 반복할 배열입니다.
- **value** : 배열에서 현재 처리 중인 요소의 값입니다.
- **index (선택)** : 배열에서 현재 처리 중인 요소의 인덱스입니다.
- **arr (선택)** : forEach( ) 메서드를 호출한 배열입니다.

자주 사용하는 forEach문과 출력 결과를 보면서 이해해봅시다.

```
let array1 = [1, 4, 5];
// ❶ 1차원 배열의 값 가져오기
array1.forEach((column) => {
    console.log(column)
});


let array2 = [[1, '첫 번째 항목'], [2, '두 번째 항목'], [3, '세 번째 항목']]
// ❷ 2차원 배열의 인덱스와 값 가져오기 - value 활용
array2.forEach((value, idx) => {
    console.log(`idx = ${idx} , value = ${value}`);
});
// ❸ 2차원 배열의 인덱스와 값 가져오기 - arr[idx] 활용
array2.forEach((value, idx, arr) => {
    console.log(`idx = ${idx} , value = ${arr[idx]}`);
});
```

실행 결과

```
1
4
5
idx = 0 , value = 1,첫 번째 항목
idx = 1 , value = 2,두 번째 항목
idx = 2 , value = 3,세 번째 항목
idx = 0 , value = 1,첫 번째 항목
idx = 1 , value = 2,두 번째 항목
idx = 2 , value = 3,세 번째 항목
```

❶ forEach문으로 1차원 배열의 값들을 출력하는 방법입니다. 2차원 배열 또한 출력할 수 있습니다.

❷ forEach문으로 2차원 배열의 인덱스와 값을 이용해 출력하는 방법입니다. value 매개변수로 값을 바로 출력합니다.

❸ 역시 ❷와 같은 결과를 출력하는데 value 대신 세 번째 매개변수 arr과 인덱스를 사용하여 값

을 출력합니다. 이때 arr은 전체 배열인 array2를 의미합니다.

forEach문을 익혀봤으니 앞서 for문으로 작성한 코드를 forEach문으로 변경하겠습니다. for문이 시작하는 부분부터 forEach문으로 다시 작성해보겠습니다.

```
function mergeCell_forEach() {                              project28.gs
  ...생략...
  // ❶ 병합할 열의 배열만큼 반복문 실행
  columns.forEach((column) => {
    // ❷ 임시 객체를 생성하여, 병합할 셀의 시작 인덱스를 저장합니다.
    let temp = {};
    // ❸ 가져온 데이터의 행의 수만큼 반복문 실행
    values.forEach((valueOfRow, i) => {
      // ❹ 현재 셀의 값을 가져옵니다. (현재 핀)
      const row = valueOfRow[column - 1];
      // ❺ 다음 셀의 값을 가져옵니다. 없다면 null을 할당합니다. (다음 핀)
      const nextRow = values[i + 1] ? values[i + 1][column - 1] : null;
      // ❻ 현재 핀과 다음 핀이 같고, 현재 핀 값이 temp에 없으면 인덱스를 저장
      if (row === nextRow && !(row in temp)) {
        temp[row] = i;
      // ❼ 현재 핀과 다음 핀 값이 다르고 현재 핀 값이 temp에 있으면 셀 병합 후
      temp 객체 초기화
      } else if (row !== nextRow && row in temp) {
        sheet.getRange(temp[row] + startRow, column, i - temp[row] + 1, 1)
          .merge()
          .setVerticalAlignment('middle')
          .setHorizontalAlignment('center');
        temp = {};
      }
    });
  });
}
```

❶ 병합할 열의 배열만큼 반복문을 실행합니다. forEach문으로 column이라는 변수에 columns배열의 요소를 하나씩 받습니다.

❷ 임시 객체를 생성하여 병합할 셀의 시작 인덱스를 저장합니다.

❸ 가져온 데이터의 행의 수만큼 반복문을 실행합니다. values 배열에서 forEach문의 valueOfRow라는 변수에 values 배열의 요소를 하나씩 받습니다. i라는 변수에는 현재 처리 중인 행의 인덱스를 받습니다.

❹ 현재 셀의 값을 가져옵니다. (현재 핀)

❺ 다음 셀의 값을 가져옵니다. 만약 다음 행이 없다면 null을 할당합니다. (다음 핀)

❻ 현재 핀과 다음 핀의 값이 같고, 현재 핀의 값이 temp 객체에 없으면 인덱스를 temp 객체에 저장합니다.

❼ 현재 핀과 다음 핀의 값이 다르고 현재 핀의 값이 temp 객체에 있으면 셀 병합 후 temp 객체를 초기화합니다.

소스 코드가 for문을 사용하는 코드보다 훨씬 간결해졌습니다. for문이 forEach문으로 변경되면서 코드에 변경이 약간 생겼지만, 셀을 병합하는 원리는 동일합니다.

</> 다중 열 병합하기

한 열에 대한 셀 병합이 아닌 여러 열의 셀 병합을 해야 하는 경우도 있을 것입니다. 위의 코드에서 columns라는 배열만 수정하면 다중 열에 대한 셀 병합을 쉽게 진행할 수 있습니다.

```
let columns = [1, 3]; // 1열과 3열의 셀 병합을 진행
```

다중 열의 셀 병합까지 고려한 코드로 다중 열의 연속된 데이터 셀 병합까지도 구현할 수 있습니다.

사고유형대분류	사고유형중분류	사고유형	사고건수	사망자수	중상자수	경상자수	부상신고자수
	횡단중	횡단중	13,224	432	5,909	7,115	554
	차도통행중	차도통행중	4,401	148	1,617	2,471	318
차대사람	길가장자리구역통행중	길가장자리구역통행중	2,100	41	584	1,377	174
	보도통행중	보도통행중	2,589	24	822	1,736	168
	기타	기타	14,971	256	4,694	9,475	1,348
	측면충돌	측면충돌	65,221	396	15,178	77,566	5,587
차대차	후진중충돌	후진중충돌	3,629	6	257	4,454	196
	기타	기타	31,204	329	6,632	45,609	2,952
	기타		43,915	252	9,550	49,451	4,372
	전도	전도	972	83	369	406	231
	전복	전복	131	16	81	51	22
	공작물충돌	공작물충돌	2,697	322	1,240	1,435	504
차량단독	주/정차차량 충돌	주/정차차량 충돌	35	4	9	23	4
	도로이탈	도로이탈 추락	360	81	201	137	51
	기타	기타	165	20	73	85	37
	기타		3,511	134	1,160	2,082	513
철길건널목	철길건널목	철길건널목	4	3	2	2	1

도로교통공단_사고유형별 교통사고 통계_20221231

리마인드 노트

- 셀 병합을 위해서는 병합하기 위한 셀을 먼저 정렬해야 합니다.
- 현재 셀의 데이터와 아래 셀의 데이터가 동일한지 확인하고, 동일하면 병합, 다르면 병합을 하지 않습니다.
- 반복문을 통해 셀의 데이터들을 모두 비교하여 셀 병합을 진행합니다.
- SpreadsheetApp 클래스의 merge( ) 메서드를 이용해 선택된 범위의 셀을 병합합니다.

(Project 29)

스프레드시트에 차트 만들기

난이도 ◖▭▭▭◗   알아두면 유용해요 ◖▭▭▭◗

스프레드시트에서 차트로 데이터를 시각화할 수 있습니다. 데이터를 시각화하면 데이터를 더 쉽게 이해할 수 있죠. 이번에는 차트를 앱스 스크립트로 만들어보겠습니다.

</> 차트를 생성하는 newChart( ) 메서드 사용 방법

차트를 생성하는 방법은 newChart( ) 메서드를 사용합니다. 그런데 newChart( ) 메서드는 2가지 사용 방법을 제공합니다. 둘 중에 편한 것을 사용하면 됩니다.

차트 종류를 인수로 전달하기

첫 번째 방법은 차트 종류를 인수로 전달하는 것입니다. 예를 들어 선 차트를 만들고 싶다면 이렇게 코드를 입력하면 됩니다.

```
sheet.newChart().setChartType(Charts.ChartType.LINE)
```

Charts.ChartType.LINE가 선 차트입니다. 맨 마지막의 LINE을 원하는 차트로 변경하면 여러 형태의 차트를 만들 수 있습니다. 앱스 스크립트로 만들 수 있는 차트의 종류는 다음과 같습니다.

속성	설명	속성	설명
TIMELINE	타임라인 차트	RADAR	방사형 차트
AREA	영역 차트	LINE	선 차트
BAR	막대 그래프	ORG	조직도
BUBBLE	풍선형 차트	PIE	원형 차트
CANDLESTICK	원통형 차트	SCATTER	분산형 차트
COLUMN	열 차트	SPARKLINE	스파크라인 차트
COMBO	콤보 차트	STEPPED_AREA	계단식 영역 차트
GAUGE	게이지 차트	TABLE	표 차트
GEO	지역 차트	TREEMAP	트리맵 차트
HISTOGRAM	히스토그램	WATERFALL	폭포형 차트

차트 종류를 메서드로 지정하기

두 번째 방법은 차트 종류를 메서드로 지정하는 것입니다. 체이닝 방식을 활용합니다. 다음은 선 차트를 만드는 방법입니다.

```
sheet.newChart().asLineChart()
```

이 방법으로 만들 수 있는 차트의 종류는 다음과 같습니다.

메서드	설명
asAreaChart( )	차트 유형을 영역 차트로 설정합니다.
asBarChart( )	차트 유형을 막대 그래프로 설정합니다.
asColumnChart( )	차트 유형을 열 차트로 설정합니다.
asComboChart( )	차트 유형을 콤보 차트로 설정합니다.
asHistogramChart( )	차트 유형을 히스토그램 차트로 설정합니다.
asLineChart( )	차트 유형을 선 차트로 설정합니다.
asPieChart( )	차트 유형을 원형 차트로 설정합니다.
asScatterChart( )	차트 유형을 분산형 차트로 설정합니다.
asTableChart( )	차트 유형을 표 차트로 설정합니다.

두 방식의 차이점은 거의 없다고 생각해도 됩니다. 군이 차이점이 있다면 원하는 유형의 차트가 생성되는 시점이 조금 다릅니다. 따라서 여러분이 사용하기 편한 방식으로 차트를 생성하면 됩니다. 저는 차트 종류를 인수로 전달하는 방식을 사용하겠습니다.

</> 차트 옵션을 설정하는 setOption( ) 메서드

차트를 생성할 때 여러 옵션을 설정할 수 있습니다. 예를 들어 차트 이름, 차트 높이, 차트 넓이와 같은 옵션을 설정할 수 있습니다. 차트에 옵션을 설정하려면 newChart( ) 메서드에 체이닝 방식으로 setOption( ) 메서드를 사용하면 됩니다. 기본형은 다음과 같습니다.

```
sheet.newChart().asLineChart().setOption('옵션명', '옵션값')
sheet.newChart().setChartType(Charts.ChartType.LINE).setOption('옵션명', '옵션값')
```

옵션의 종류는 차트별로 다르고 워낙 다양하기 때문에 여기서는 자주 사용하는 공통 옵션만 사용하겠습니다. 공통 옵션 사용 예는 다음과 같습니다.

```
sheet
  .newChart()
  .setChartType(Charts.ChartType.LINE)
  .addRange(range)
  .setNumHeaders(1)
  .setPosition(3, 9, 0, 0)
  .setOption('title', 'Line Chart #1') // 차트 이름
  .setOption('height', 400) // 차트 높이
  .setOption('width', 500) // 차트 넓이
  .setOption('backgroundColor.fill', '#ffffff') // 차트 배경 색상
  .setOption('hAxis', { title: '일' }) // 차트 가로 축
  .setOption('vAxis', { title: '건수' }) // 차트 세로 축
  .build();
```

</> 스프레드시트 데이터로 선형 차트 생성하기

이제 차트를 생성해보겠습니다. 차트를 생성하기에 앞서 사용한 데이터는 발생일 종류가 너무 적으므로 챗GPT를 이용하여 새 데이터를 만들겠습니다.

임시 서울 교통사고 데이터를 만들어 줄래?

- 필요한 열 : 발생일, 발생시간, 발생지_시구구, 법정동명, 사고건수, 사망자수, 중상자수, 경상자수, 부상신고자수
- 필요한 행 개수 : 30개
- 발생일 : 2024년 4월 1일부터 4월 30일까지
- 결과물 형태 : 항목을 탭으로 구분한 표 형태

챗GPT를 통해 얻은 데이터를 스프레드시트에 복사하고 코드를 작성하겠습니다. 차트 생성 범위는 A열, 그리고 E~I열입니다.

차트 만들기 편의를 위해 A열을 E열 왼쪽으로 옮깁니다. 그 결과 D ~ I열이 차트 생성 범위가 됩니다.

	A	B	C	D	E	F	G	H	I
1	발생시간	발생지_시구구	법정동명	발생일	사고건수	사망자수	중상자수	경상자수	부상신고자수
2	8:15	강남구	역삼동	2024-04-01	3	0	1	2	0
3	13:40	송파구	가락동	2024-04-01	2	0	0	2	0
4	17:20	서초구	서초동	2024-04-02	1	0	1	0	0
5	9:10	강동구	천호동	2024-04-03	1	0	0	1	0
6	16:45	강북구	미아동	2024-04-03	4	1	0	3	0
7	11:30	중구	소공동	2024-04-04	2	0	1	1	0
8	14:20	마포구	합정동	2024-04-05	1	0	0	1	0
9	10:55	강남구	신사동	2024-04-06	3	0	2	1	0
10	8:45	송파구	잠실동	2024-04-07	2	0	1	1	0
11	16:10	강서구	등촌동	2024-04-07	1	0	0	1	0
12	12:25	종로구	종로1.2.3가	2024-04-08	1	0	0	1	0
13	9:35	용산구	이촌동	2024-04-09	2	0	1	1	0
14	15:15	노원구	중계동	2024-04-10	1	0	0	1	0
15	7:50	강동구	명일동	2024-04-11	3	0	0	3	0
16	13:20	강남구	삼성동	2024-04-11	1	0	0	1	0
17	18:40	송파구	잠실동	2024-04-12	2	0	1	1	0
18	10:10	강서구	마곡동	2024-04-13	1	0	0	1	0
19	16:30	서대문구	홍제동	2024-04-14					

TIP 발생일 기준 오름차순으로 자료를 정렬한 뒤 차트를 생성해야 데이터가 순차적으로 들어갑니다. 발생일의 정렬 상태를 확인하고 실습을 진행해주세요.

데이터가 준비되었으므로 차트를 생성해보겠습니다. 다음과 같이 코드를 입력하여 함수를 실행하면 선형 차트가 생성됩니다.

```
project29.gs
function createLineChartAllRange() {
  const sheet
  = SpreadsheetApp.getActiveSpreadsheet().getSheetByName('차트_교통사고');
  // ❶ 차트를 생성할 데이터 범위
  const range = sheet.getRange(`D1:I${sheet.getLastRow()}`);
  // ❷ 선형 차트 생성
  const chart = sheet
    .newChart()
    .setChartType(Charts.ChartType.LINE) // 차트 타입
    .addRange(range) // 데이터 범위
    .setNumHeaders(1) // 헤더 행 설정
    .setPosition(3, 9, 0, 0) // 차트를 생성할 위치
    .setOption('title', 'Line Chart #1') // 차트 이름
    .setOption('height', 400) // 차트 높이
    .setOption('width', 500) // 차트 넓이
```

```
    .setOption('backgroundColor.fill', '#ffffff') // 차트 배경색
    .setOption('hAxis', { title: '일' }) // 차트 가로 축
    .setOption('vAxis', { title: '건수' }) // 차트 세로 축
    .build();
  // ❸ 시트에 차트를 삽입
  sheet.insertChart(chart);
}
```

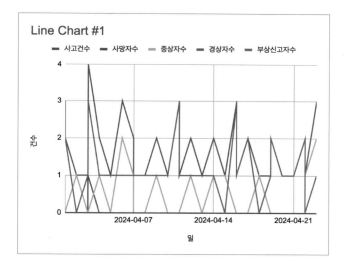

❶ 차트를 생성할 데이터 범위를 지정합니다.

❷ newChart( ).asLineChart( ) 메서드를 이용해 차트를 생성합니다. addRange( ) 메서드에 데이터 범위인 range를 인수로 전달하고, setNumHeaders( ) 메서드에는 헤더 역할을 할 행이 1번 행이므로 1을 입력합니다. 그리고 setPosition(3, 9, 0, 0)과 같이 차트 생성 위치를 입력합니다.

setPosition( ) 메서드는 차트 생성 위치를 지정해주는 메서드입니다. 차트를 표시할 행 번호와 열 번호를 1, 2번째 인수로 전달하고 미세조정 픽셀값을 3, 4번째 인수로 전달합니다. setOption( ) 메서드에는 차트 이름, 차트 크기, 배경색, 가로축과 세로축 정보를 입력해줍니다.

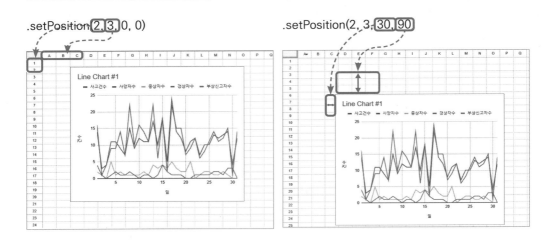

❸ insertChart( ) 메서드를 이용해 시트에 차트를 삽입합니다.

</> 떨어져 있는 특정 범위들의 차트 생성

이번에는 떨어져 있는 데이터 범위를 지정하여 차트를 만들어보겠습니다. D, E, G, I열의 데이터만 차트에 포함시켜봅시다. 핵심은 addRange( ) 메서드입니다. 이 메서드에 주목하여 코드를 입력합시다.

	A	B	C	D	E	F	G	H	I
1	발생시간	발생지_시구구	법정동명	발생일	사고건수	사망자수	중상자수	경상자수	부상신고자수
2	8:15	강남구	역삼동	2024-04-01	3	0	1	2	0
3	13:40	송파구	가락동	2024-04-01	2	0	0	2	0
4	17:20	서초구	서초동	2024-04-02	1	0	1	0	0
5	9:10	강동구	천호동	2024-04-03	1	0	0	1	0
6	16:45	강북구	미아동	2024-04-03	4	1	0	3	0
7	11:30	중구	소공동	2024-04-04	2	0	1	1	0
8	14:20	마포구	합정동	2024-04-05	1	0	0	1	0
9	10:55	강남구	신사동	2024-04-06	3	0	2	1	0
10	8:45	송파구	잠실동	2024-04-07	2	0	1	1	0
11	16:10	강서구	등촌동	2024-04-07	1	0	0	1	0
12	12:25	종로구	종로1.2.3가	2024-04-08	1	0	0	1	0
13	9:35	용산구	이촌동	2024-04-09	2	0	1	1	0
14	15:15	노원구	중계동	2024-04-10	1	0	0	1	0
15	7:50	강동구	명일동	2024-04-11	3	0	0	3	0
16	13:20	강남구	삼성동	2024-04-11	1	0	0	1	0
17	18:40	송파구	잠실동	2024-04-12	2	0	1	1	0
18	10:10	강서구	마곡동	2024-04-13	1	0	0	1	0
19	16:30	서대문구	홍제동	2024-04-14	2	0	0	1	0

```
function createLineChartMultiRange() {
  const sheet
  = SpreadsheetApp.getActiveSpreadsheet().getSheetByName('차트_교통사고');
  // ❶ 차트 대상 데이터 범위
  const range1 = sheet.getRange(`D1:E${sheet.getLastRow()}`);
  const range2 = sheet.getRange(`G1:G${sheet.getLastRow()}`);
  const range3 = sheet.getRange(`I1:I${sheet.getLastRow()}`);
  // ❷ 선형 차트 생성
  const chart = sheet
    .newChart()
    .setChartType(Charts.ChartType.LINE) // 차트 타입
    .addRange(range1) // 데이터 범위 1
    .addRange(range2) // 데이터 범위 2
    .addRange(range3) // 데이터 범위 3
    .setNumHeaders(1) // 헤더 행 설정
    .setPosition(22, 9, 0, 0) // 차트를 생성할 위치
    .setOption('title', 'Line Chart #2') // 차트 이름
    .setOption('height', 400) // 차트 높이
    .setOption('width', 500) // 차트 넓이
    .setOption('backgroundColor.fill', '#faff90') // 차트 배경색
    .setOption('hAxis', { title: '일' }) // 차트 가로 축
    .setOption('vAxis', { title: '건수' }) // 차트 세로 축
    .build();
  sheet.insertChart(chart); // 시트에 차트를 삽입
}
```

addRange( ) 메서드로 범위 추가

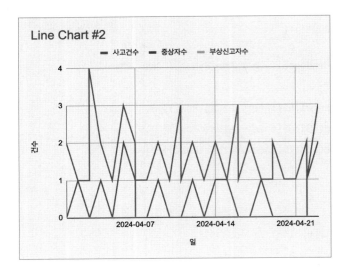

❶ 차트 대상 데이터 범위를 각각 지정합니다. 그림에 표시한 대로 3개를 지정했습니다.

❷ 차트를 생성할 때 addRange( ) 메서드를 연이어 사용하여 각각의 범위를 추가했습니다. 헤더 행은 여전히 1번 줄이므로 1을 입력했습니다. 배경색은 Line Chart #1과 비교할 수 있도록 노란 색을 지정했습니다.

> **리마인드 노트**
>
> - SpreadsheetApp 클래스의 newChart( ) 메서드는 차트를 생성하는 메서드입니다. 차트를 생성하는 방식은 두 가지입니다.
>   - newChart( ).setChartType(Charts.ChartType.LINE) 차트 생성 과정에서 차트 타입을 지정합 니다. 차트를 변경할 때 사용하면 좋습니다.
>   - newChart( ).asLineChart( ) 메서드는 차트를 선형 차트로 직접 변환하여 반환합니다. 별도의 차 트 타입 입력 없이 코드 제안으로 쉽게 차트를 생성할 수 있습니다.
> - setOption( ) 메서드로 차트의 다양한 옵션들을 적용할 수 있습니다.

Project 30

종속 드롭다운 만들어보기

난이도 🔲   알아두면 유용해요 🔳

이번에는 종속 드롭다운을 만들어봅시다. 종속 드롭다운이란 기준 데이터를 보고 서로 다른 종류의 드롭다운이 만들어지는 것을 말합니다.

	A	B	C	
1	시도	지사	사무소	
2	서울	강남	A사무소	
3	서울	강남	B사무소	
4	서울	강남	C사무소	
5	서울	강남	D사무소	
6	서울	강남	E사무소	
7	서울	종로	F사무소	
8	서울	종로	G사무소	
9	서울	종로	H사무소	
10	서울	종로	I사무소	
11	부산	해운대	J사무소	
12	부산	해운대	K사무소	
13	부산	해운대	L사무소	
14	부산	동래	M사무소	
15	부산	동래	N사무소	

> 시도를 서울로 선택하면 지사에는 강남, 종로 등만 나오도록 드롭다운 설정

</> 시도 종속 드롭다운 만들어보기

그럼 기초 데이터부터 준비해봅시다. 기초 데이터는 챗GPT로 준비합시다.

임시 서울 교통사고 데이터를 만들어 줄래?

- 필요한 열 : 시도, 지사, 사무소
- 필요한 행 개수 : 20개
- 결과물 형태 : 탭으로 구분한 표 형태

챗GPT가 준 결과물을 스프레드시트에 복사-붙여넣기하고 시트 이름을 '참조데이터'로 변경했습니다.

	A	B	C	D
1	**시도**	**지사**	**사무소**	
2	서울	강남지점	강남사무소	
3	서울	강북지점	강북사무소	
4	서울	송파지점	송파사무소	
5	서울	마포지점	마포사무소	
6	서울	강서지점	강서사무소	
7	부산	해운대지점	해운대사무소	
8	부산	중구지점	중구사무소	
9	부산	사하지점	사하사무소	
10	인천	서구지점	서구사무소	
11	인천	남구지점	남구사무소	
12	대구	수성구지점	수성구사무소	
13	대구	중구지점	중구사무소	
14	대전	대덕구지점	대덕구사무소	

＋　≡　　참조데이터 ▾

그런 다음 드롭다운 작업을 할 빈 시트를 준비합니다. 시트 이름은 '종속드롭다운'이라고 짓겠습니다. 열은 시도, 지사, 사무실, 일자, 방문자수, 실적내용, 비고를 준비합니다.

	A	B	C	D	E	F	G	
1	시도	지사	사무실	일자	방문자수	실적내용	비고	
2								
3								
4								
5								
6								
7								
8								
9								
10								
11								
12								
13								
14								

＋　≡　　참조데이터 ▾　종속드롭다운 ▾

참조데이터 시트에 있는 데이터를 이용하여 종속드롭다운 시트에 있는 A열 시도에 드롭다운을 만들어봅시다. 드롭다운은 ' Project 11 **스프레드시트 드롭다운 생성하기**'에서 이미 만들어보았으므로 드롭다운 생성 관련 설명은 간단히 하고 넘어가겠습니다. **핵심은 드롭다운을 생성할 참조 데이터를 가져와 데이터 확인 규칙을 생성할 때 requireValueInRange( ) 메서드에 전달한다는 것입니다.**

```
project30.gs
function createSidoDropDown() {
  // ❶ 참조데이터 시트에서 드롭다운을 생성할 참조 데이터 가져오기
  const ss = SpreadsheetApp.getActive();
  const data_sheet = ss.getSheetByName('참조데이터');
  const validationCell = data_sheet.getRange(`A2:A${data_sheet.getLastRow()}`);
  // ❷ 종속드롭다운 시트에 드롭다운 생성 영역 설정
  const sheet = ss.getSheetByName('종속드롭다운');
  const setCell = sheet.getRange('A2:A20');
  // ❸ 드롭다운 생성 영역 초기화
  setCell.clearContent().clearDataValidations();
  // ❹ 데이터 확인 규칙 생성
  const validationRule = SpreadsheetApp.newDataValidation()
    .requireValueInRange(validationCell)
    .setAllowInvalid(false)
    .build();
  // ❺ 생성할 영역에 데이터 확인 규칙 할당
  setCell.setDataValidation(validationRule);
}
```

❶ 드롭다운을 생성할 참조 데이터를 가져옵니다. 이 값을 ❹에서 사용합니다.

❷ getRange( ) 메서드로 드롭다운 생성 영역을 설정하고 ❸ 드롭다운 생성 영역을 초기화합니다. clearContent( ) 메서드로 드롭다운에서 선택한 데이터를 지우고, clearDateValidations( ) 메서드로 기존의 드롭다운도 지웁니다.

❹ 드롭다운에 적용할 데이터 확인 규칙을 생성합니다. requireValueInRange( ) 메서드에 ❶에서 만든 드롭다운 참조 데이터를 적용했습니다. ❺ setDataValidation( ) 메서드로 데이터 확인 규칙을 적용합니다.

실행 결과를 보면 제대로 드롭다운을 생성했습니다.

</> 시도 선택에 따른 지사 종속 드롭다운 만들기

이번에는 시도를 선택하면 시도 선택에 따른 지사가 나올 수 있도록 종속 드롭다운을 만들어보겠습니다. 예를 들어 서울을 선택하면 강남지점, 강북지점, 송파지점 등이 나와야 하고 부산을 선택하면 해운대지점, 중구지점 등이 나와야 합니다. 그러려면 지금까지 배운 onEdit( ) 트리거를 응용해야 합니다. onEdit( ) 트리거로 시도 열의 값이 변경되면 거기에 맞도록 B열의 드롭다운을 생성하겠습니다.

참조 데이터 가져오기

코드가 꽤 기므로 함수를 나눠 작성하겠습니다. 하나의 스크립트 파일에서 쭉 이어서 작성해주세요. 우선 참조 데이터를 가져오는 getStructureData( ) 함수를 만듭니다.

```
                                                                project30.gs
function getStructureData() {
  const sheet = SpreadsheetApp.getActive().getSheetByName('참조데이터');
  const data = sheet.getRange(`A2:C${sheet.getLastRow()}`).getValues();
  console.log(data);
  return data;
}
```

선택한 A열의 시도 데이터로 지사 리스트 가져오기

이제 '참조데이터' 시트에서 A열의 시도 데이터를 이용하여 B열 지사 데이터를 가져오는 getJisaList( ) 함수를 만들겠습니다. sido 매개변수로 받은 인수를 이용하여 지사값을 추출한다고 생각하면 됩니다.

	A	B	C
1	시도	지사	사무소
2	서울	강남지점	강남사무소
3	서울	강북지점	강북사무소
4	서울	송파지점	송파사무소
5	서울	마포지점	마포사무소
6	서울	강서지점	강서사무소
7	부산	해운대지점	해운대사무소
8	부산	중구지점	중구사무소
9	부산	사하지점	사하사무소
10	인천	서구지점	서구사무소
11	인천	남구지점	남구사무소
12	대구	수성구지점	수성구사무소
13	대구	중구지점	중구사무소
14	대전	대덕구지점	대덕구사무소

코드를 작성합시다. getStructureData( ) 메서드 근처에 코드를 작성하면 됩니다. 이 코드는 sido 매개변수에 값이 전달되어야 하므로 아직 실행할 순 없습니다.

> sido에 전달된 값이 서울이면?

`project30.gs`

```
function getJisaList(sido) {
  // ❶ 비교할 데이터 getStructureData() 메서드로 가져오기
  var data = getStructureData();
  var jisas = [];
  // ❷ 데이터 수만큼 반복문 실행
  for (item in data) {
    var row = data[item];
    // ❸ row[0]과 sido를 비교하여 값이 같으면 지사 데이터를 jisas 배열에 추가
    if (row[0] == sido) {
      jisas.push(row[1])
    }
  }
```

> 강남지점을 jisas에 추가

```
    // ❹ 중복 데이터 제거 후 콘솔에 출력
    jisas = [...new Set(jisas)];
    console.log(jisas);
    return jisas;
}
```

만약 코드를 실행하고 싶다면 sido에 임의 값으로 '서울'을 입력하여 실행하면 됩니다.

```
function getJisaList(sido = '서울') {
    // ❶ 비교할 데이터 getStructureData( ) 메서드로 가져오기
    var data = getStructureData();
    var jisas = [];
    ...생략...
```

['강남지점', '강북지점', '송파지점', '마포지점', '강서지점']

❶ getStructreData( ) 함수로 '참조데이터' 시트의 값을 모두 가져옵니다.

❷ 행 개수만큼 반복문을 수행합니다.

❸ row[0]과 sido를 비교합니다. row[0]은 시도이므로 sido가 '서울'이면 거기에 맞는 B열의 데이터만 jisas 배열에 추가합니다. sido의 값을 '서울'로 지정하면 A열이 '서울'인 B열의 데이터만 jisas 배열에 남습니다.

시도가 '서울'인
값만 jisas에 추가

	A	B	C
1	시도	jisas	사무소
2	서울	강남지점	강남사무소
3	서울	강북지점	강북사무소
4	서울	송파지점	송파사무소
5	서울	마포지점	마포사무소
6	서울	강서지점	강서사무소
7	부산	해운대지점	해운대사무소

❹ 드롭다운으로 생성할 데이터가 중복되면 안되므로 자바스크립트 내장 객체인 Set을 이용해 중복값을 제거합니다.

시도 셀에 따른 지사 종속 드롭다운 생성하기

onEdit( ) 트리거로 '종속드롭다운' 시트 A열의 값 변경이 감지되면 B열의 드롭다운을 생성하겠습니다. 예를 들어 시도를 서울로 변경하면 B열에 서울 지사 드롭다운이 나타나면 됩니다. 그렇게 하려면 A열에서 수정이 발생하면 getJisaList( )를 이용하여 해당 시도에 맞는 지사 데이터를 가져와 드롭다운을 새로 생성하면 됩니다.

```
function onEdit(e) {                              project30.gs
  const getValue = e.value;
  const spreadSheet = e.source;
  const sheetName = spreadSheet.getActiveSheet().getName();
  const column = e.range.getColumn();
  const row = e.range.getRow();
  const activeCell = spreadSheet.getActiveCell();
  // ❶ 종속드롭다운 시트에서 row가 2 이상이고 column이 1인 값이 바뀌면 핵심 코드 동작
  if (sheetName == '종속드롭다운' && row >= 2 && column == 1) {
    // ❷ 지사 셀 선언
    const jisaCell = activeCell.offset(0, 1);
    clearCell(jisaCell); // 지사 셀 초기화
    if (getValue === undefined) { // getValue가 없으면 드롭다운 만들기 종료
      return;
```

```
    }
    // ❸ 시도 셀의 데이터를 가져옴, getJisaList( ) 함수를 이용해 지사 리스트를 가져옴
    const sido = getValue;
    const range = getJisaList(sido);
    // ❹ 데이터 확인 규칙 생성 및 할당
    const rule = SpreadsheetApp.newDataValidation()
      .requireValueInList(range, true)
      .build();
    jisaCell.setDataValidation(rule);
  }
}


function clearCell(cell) {
  cell.clearContent().clearDataValidations().setBackground('#ffffff');
}
```

이번에는 어떻게 작동하는지 먼저 보고 코드를 이해하는 게 좋을 것 같네요. 다음과 같이 A열의 값에 따라 B의 드롭다운이 바뀝니다.

❶ 시트 이름이 '종속드롭다운'이고 2번째 행부터 1번째 열이 수정되었을 때 onEdit( ) 트리거의 핵심 코드가 동작하도록 조건을 정했습니다.

❷ activeCell.offset( )은 현재 값이 수정된 셀에서 행 방향으로 0만큼, 열 방향으로 1만큼 떨어진 곳을 의미합니다. 여기에 새 드롭다운을 생성할 겁니다. 이때 드롭다운 초기화와, getValue가 없을 때 드롭다운 만들기를 종료하는 코드도 작성해둡니다.

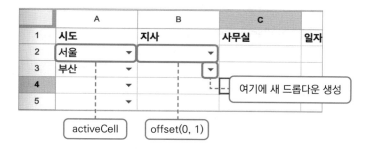

❸ 시도가 변경되면 해당 값을 이용하여 getJisaList(sido)를 실행합니다. 그러면 해당 시도의 지사 값들을 가져옵니다.

❹ 가져온 지사 값들로 데이터 확인 규칙을 만들고 생성합니다.

</> 처리 중인 셀에 알림 처리하기

그런데 코드를 작성한 여러분은 셀을 수정하면 드롭다운 만들기 작업이 진행되고 있음을 알고 있지만 이 시트를 사용하는 다른 사람은 한 번에 알아차리기가 어렵습니다. 실제로 A열을 수정하면 B열에 드롭다운이 적용되기까지 약간의 시간차가 발생하는데 이것을 알려주는 소소한 로딩 알림 처리를 해봅시다.

여기서는 드롭다운이 생성되고 있는 셀에 음영 처리를 하고 드롭다운 생성이 끝나면 원래대로 돌리는 방법을 사용하겠습니다. 먼저 원래 코드에 setCellState( ) 함수를 추가해주세요.

```
function setCellState(targetCell, type) {                    project30.gs
    // 상태값이 'Proceeding'이면 셀의 음영을 회색으로 변경
    if ( type == 'Proceeding' ) {
        targetCell.setBackground('#d8d8d8');
    // 상태값이 'Done'이면 셀의 음영을 흰색으로 변경
    } else if ( type =='Done' ) {
        targetCell.setBackground('#ffffff');
    }
}
```

그리고 앞서 작성했던 onEdit( ) 트리거 함수에 다음과 같이 코드를 2줄만 추가하면 됩니다.

```
function onEdit(e) {                                         project30.gs
...생략...
  if (sheetName == '종속드롭다운' && row >= 2 && column == 1) {
    const jisaCell = activeCell.offset(0, 1);
    clearCell(jisaCell); // 지사 셀 초기화
    if (getValue === undefined) { // getValue가 없으면 드롭다운 만들기 종료
      return;
    }
    setCellState(jisaCell, 'Proceeding'); // 드롭다운 처리 전, 셀 색상 변경
    const sido = getValue;
    const range = getJisaList(sido);
    const rule = SpreadsheetApp.newDataValidation()
      .requireValueInList(range, true)
      .build();
    jisaCell.setDataValidation(rule);
    setCellState(jisaCell, 'Done'); // 드롭다운 처리 후, 셀 색상 원래대로 변경
  }
}
```

그러면 이렇게 드롭다운이 생성될 때 셀의 색상이 변경됩니다. 간단한 방법인데 꽤 효과적이죠?

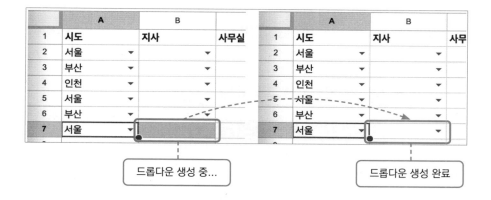

드롭다운 생성 중...

드롭다운 생성 완료

여러 스프레드시트 파일에 한 번에 작업하기

난이도 ▬▬▬ 알아두면 유용해요 ★★★ ▬▬▬

100개의 교통사고 스프레드시트 파일이 있다고 해봅시다. 여기에 일일이 합계를 추가하려면 얼마나 시간이 오래 걸릴까요? 아무리 손이 빨라도 1시간은 필요할 겁니다. 게다가 손으로 작업하면 실수하기도 쉽겠죠. 이런 반복 작업을 할 때 앱스 스크립트가 필요합니다. 여기서는 여러 스프레드시트 파일에 같은 작업을 반복하는 다양한 방법을 알아봅니다.

</> ID로 반복 작업하기

ID를 이용하여 여러 스프레드시트에 일괄 작업을 하는 방법을 알아봅니다. 상황을 만들기 위해 파일 5개만 준비합시다. 앞서 사용했던 교통사고 데이터를 복사하여 사용해도 좋고, 챗GPT로 데이터를 만들어도 좋고, data.go.kr 사이트의 데이터를 사용해도 좋습니다. 이때 작업할 데이터 양식이 모두 동일해야 합니다. A ~ D열은 셀 병합을 진행하고, E ~ I열은 합계 데이터를 생성할 것이기 때문에 데이터의 구조가 모두 같아야 오류없이 실습을 진행할 수 있습니다.

A1	▾	fx 발생시간			
	A	B	C	D	E
1	발생시간	발생지_시구구	법정동명	발생일	사고건수	사망자<
2	8:15	강남구	역삼동	2024-04-01	3	
3	13:40	송파구	가락동	2024-04-01	2	
4	17:20	서초구	서초동	2024-04-02	1	
5	9:10	강동구	천호동	2024-04-03	1	
6	16:45	강북구	미아동	2024-04-03	4	
7	11:30	중구	소공동	2024-04-04	2	
8	14:20	마포구	합정동	2024-04-05	1	
9	10:55	강남구	신사동	2024-04-06	3	
10	8:45	송파구	잠실동	2024-04-07	2	
11	16:10	강서구	등촌동	2024-04-07	1	

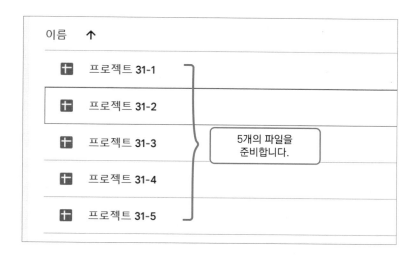

이번에는 오랜만에 컨테이너 바인딩 스크립트가 아닌, 독립형 스크립트를 사용하겠습니다. 폴더 내에 독립형 스크립트를 만듭니다.

그런 다음 앞에서 복사한 스프레드시트의 ID를 복사하여 앱스 스크립트 배열에 하나씩 입력해둡니다. 만든 파일이 5개이므로 총 5개를 복사하여 배열에 넣어둡니다.

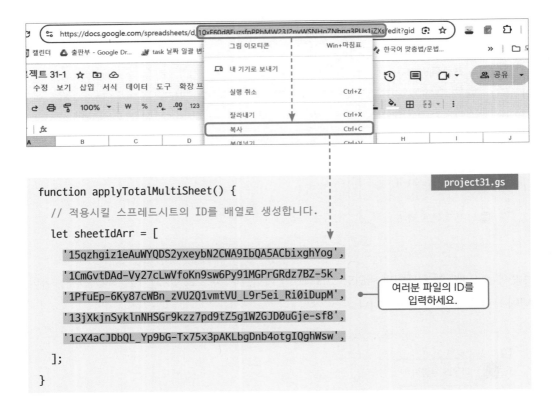

```
function applyTotalMultiSheet() {

  // 적용시킬 스프레드시트의 ID를 배열로 생성합니다.

  let sheetIdArr = [

    '15qzhgiz1eAuWYQDS2yxeybN2CWA9IbQA5ACbixghYog',

    '1CmGvtDAd-Vy27cLwVfoKn9sw6Py91MGPrGRdz7BZ-5k',

    '1PfuEp-6Ky87cWBn_zVU2Q1vmtVU_L9r5ei_Ri0iDupM',

    '13jXkjnSyklnNHSGr9kzz7pd9tZ5g1W2GJD0uGje-sf8',

    '1cX4aCJDbQL_Yp9bG-Tx75x3pAKLbgDnb4otgIQghWsw',

  ];

}
```

project31.gs

여러분 파일의 ID를 입력하세요.

이제 합계 작업을 할 코드를 작성하면 됩니다. 우선 applyTotalMultiSheet( ) 함수부터 만듭시다. 이 함수는 실제 합계를 계산할 setTotalValueUsingParameters( ) 함수를 실행할 함수입니다.

```
function applyTotalMultiSheet() {

  // 합계를 생성할 스프레드시트의 ID를 배열로 생성

  let sheetIdArr = [

    ...생략...   앞서 만들었던 id 담은 배열

  ];

  const applySheetName = '시트1'; // ❶ 합계를 생성할 스프레드시트의 이름

  // ❷ sheetIdArr 배열의 수만큼 반복문 실행

  for (i in sheetIdArr) {

    // ❸ 합계를 만드는 함수에 시트 ID와 시트명을 매개변수로 전달하여 실행

    setTotalValueUsingParameters(sheetIdArr[i], applySheetName);
```

project31.gs

```
        }
    }
```

❶ 합계를 생성할 스프레드시트의 이름을 정합니다.

❷ 스프레드시트의 수만큼 반복문을 실행합니다. 앞서 만들었던 5개의 스프레드시트만큼 반복하 겠네요.

❸ 합계를 만드는 함수에 시트 ID와 시트명을 매개변수로 전달합니다.

이어서 실제 합계를 계산할 setTotalValueUsingParameters( ) 함수를 작성합니다. 여러분이 실제로 반복해서 작업하고 싶은 내용을 이 함수에 작성하면 됩니다.

```
                                                              project31.gs
function setTotalValueUsingParameters(sheetId, sheetName) {
  // ID로 스프레드시트를 가져옴
  const sheet = SpreadsheetApp.openById(sheetId).getSheetByName(sheetName);
  const lastRow = sheet.getLastRow();
  const lastColumn = sheet.getLastColumn();
  const lastRowRange = sheet.getRange(lastRow + 1, 1, 1, lastColumn);
  lastRowRange.setBorder(true, true, true, true, true, true);
  // ❶ 마지막 행 다음 행에 합계 텍스트 추가
  sheet.getRange(`A${lastRow + 1}`).setValue('합계');
  // ❷ 정보를 보여주는 범위(A ~ D) 셀 병합하고 가운데 정렬
  sheet
    .getRange(`A${lastRow + 1}:D${lastRow + 1}`)
    .merge()
    .setHorizontalAlignment('center');
  const sumArea = `E4:E${lastRow}`;
  // ❸ E행(사고건수)에 SUM 수식 입력
  sheet.getRange(`E${lastRow + 1}`).setFormula(`=SUM(${sumArea})`);
  // ❹ F ~ I행(나머지)에 수식 복사
  sheet
    .getRange(`E${lastRow + 1}`)
```

```
    .copyTo(sheet.getRange(`F${lastRow + 1}:I${lastRow + 1}`));
  // ❺ 마지막 행의 음영을 설정
  sheet.getRange(`A${lastRow + 1}:I${lastRow + 1}`).setBackground('#f0f0f0');
  console.log(
    `"${sheetId}" ID를 가진 스프레드시트의 ${sheetName} 시트에 합계 데이터를 생성하였
    습니다.`
  );
}
```

실행 로그			
오후 2:07:56	알림	실행이 시작됨	
오후 2:07:56	정보	"15qzhgiz1eAuWYQDS2yxeybN2CWA9IbQA5ACbixghYog" ID를 가진 스프레드시트의 시트1 시트에 합계 데이터를 생성하였습니다.	
오후 2:07:57	정보	"1CmGvtDAd-Vy27cLwVfoKn9sw6Py91MGPrGRdz7BZ-5k" ID를 가진 스프레드시트의 시트1 시트에 합계 데이터를 생성하였습니다.	
오후 2:07:58	정보	"1PfuEp-6Ky87cWBn_zVU2Q1vmtVU_L9r5ei_Ri0iDupM" ID를 가진 스프레드시트의 시트1 시트에 합계 데이터를 생성하였습니다.	
오후 2:07:58	정보	"13jXkjnSyklnNHSGr9kzz7pd9tZ5g1W2GJD0uGje-sf8" ID를 가진 스프레드시트의 시트1 시트에 합계 데이터를 생성하였습니다.	
오후 2:07:59	정보	"1cX4aCJDbQL_Yp9bG-Tx75x3pAKLbgDnb4otgIQghWsw" ID를 가진 스프레드시트의 시트1 시트에 합계 데이터를 생성하였습니다.	
오후 2:08:01	알림	실행이 완료됨	

❶ 기존에 정보가 들어있는 행의 다음 행에 '합계'를 추가합니다. 이 행에 각 열의 합계를 계산해서 입력할 겁니다.

❷ 수치가 아닌 정보를 보여주는 A부터 D까지의 셀은 병합하고 가운데 정렬합니다.

❸ ~ ❹ E열의 합계를 먼저 구하고 나머지 행에 해당 수식을 복사해서 넣겠습니다.

❺ 합계를 계산한 마지막 행에 음영을 넣어줍니다.

처음에 만든 applyTotalMultiSheet( ) 함수를 실행하면 다음과 같이 스프레드시트에 일괄 적용합니다.

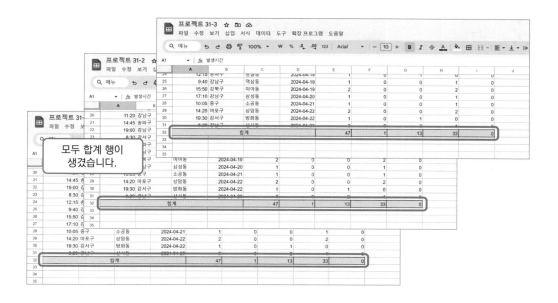

모두 합계 행이
생겼습니다.

코드를 실행하면 로그로 어떤 ID의 파일의 어느 시트에서 합계가 처리되었는지 나옵니다. 실제로
파일을 열어보면 합계가 계산되어 있습니다.

</> 폴더로 여러 스프레드시트 파일에 반복 작업하기

아마 여기까지 실습한 독자라면 'ID를 하나씩 복사해서 작업하는 방법이 귀찮은 것 같아...'라고
생각하고 있을 수 있습니다. 이번에는 앞에서 만든 코드를 발전시켜 특정 폴더 안에 있는 모든 파
일에 작업해보겠습니다.

폴더에 파일 정리하기

이 방법을 위해서는 한 폴더 안에 파일을 잘 정리해놓는 것이 중요합니다. 앞에서 만든 파일들을
같은 폴더에 옮겨둡시다. 이름은 '_ 일괄 작업 폴더'로 지었습니다.

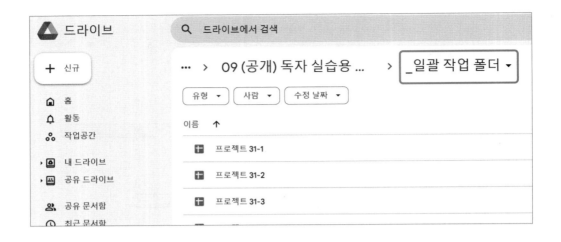

폴더로 반복 작업하기

앞서 만든 독립형 스크립트 파일을 복사하여 '프로젝트 31-1'로 제목을 변경합니다. 폴더 안에 있는 파일에 한 번에 작업할 수 있도록 기존 코드를 수정해보겠습니다.

그리고 제대로 된 결괏값을 보기 위해'_일괄 작업 폴더'에 있는 스프레드시트의 합계는 다 지우기 바랍니다.

27	📋 선택하여 붙여넣기 ▶	2024-04-20	1	0	0	1	0
28		2024-04-21	1	0	0	1	0
29	+ 위에 행 1개 삽입	2024-04-22	2	0	0	2	0
30		2024-04-22	1	0	1	0	0
31	+ 아래에 행 1개 삽입	2024-04-23	3	0	2	1	0
32			47	1	13	33	0
33	🗑 행 삭제						
34	✕ 행 데이터 삭제						

그런 다음 방금 복사한 독립형 스크립트 파일을 열고 applyTotalMultiSheet( ) 함수를 다음과

같이 수정합니다. 하이라이트한 코드를 추가해주세요.

```
function applyTotalMultiSheet() {                          project31-1.gs
  // ❶ 기존 sheetIdArr 배열 삭제
  let sheetIdArr = ["1dhHKNIdkBrtDaEqVfHrLrRbkxpwQjjdHUdJirTH8H-I",
  "1-bcnA0yEIot3t8v_RHOqZ-zZzMiKn7NVKE9mu6zvR10"];
  // ❷ 작업할 폴더와 파일 지정 코드 새로 작성
  var folderName = '_일괄 작업 폴더';  ●──[ 폴더 이름 확인 ]
  var folderId = getFolderIdByName(folderName);
  if (!folderId) {
    console.log(`"${folderName}" 폴더가 없습니다.`);
    return;
  }
  var sheetIdArr = getFileIdInFolder(folderId); // 파일 ID가 담길 위치
  console.log(sheetIdArr);

  const applySheetName = '시트1';
  for (i in sheetIdArr) {
    setTotalValueUsingParameters(sheetIdArr[i], applySheetName);
  }
}
```

❶ 일일이 스프레드시트의 ID를 복사-붙여넣기 했던 sheetIdArr 배열을 삭제하고 ❷ 작업할 폴더와 파일 정보를 불러와 담는 sheetIdArr 배열을 새로 만들었습니다.

이어서 getFolderIdByName( ) 함수와 getFileIdInFolder( ) 함수도 추가합니다. 해당 폴더에 들어 있는 파일의 ID를 가져와 sheetIdArr 배열에 추가하는 함수입니다.

```
function getFolderIdByName(folderName) {                    project31-1.gs
  // ❶ 앱스 스크립트 파일이 있는 위치의 모든 폴더 가져오기
  var folders = DriveApp.getFolders();
  // ❷ folders에 원하는 폴더 이름의 폴더가 있는지 검색
  while (folders.hasNext()) {
```

```
    var folder = folders.next();
    // ❸ 폴더의 이름이 일치하면 ID 반환
    if (folder.getName() === folderName) {
      return folder.getId();
    }
  }
  // 일치하는 폴더를 찾지 못하면 null 반환
  return null;
}

function getFileIdInFolder(folderId) {
  // ❹ 폴더 가져오기
  var folder = DriveApp.getFolderById(folderId);
  // ❺ 폴더 내의 모든 파일 가져오기
  var files = folder.getFiles();
  var fileIdList = [];
  // ❻ 파일 목록 출력
  while (files.hasNext()) {
    var file = files.next();
    // ❼ 스프레드시트일 때만 목록에 파일 ID 추가
    if (file.getMimeType() === "application/vnd.google-apps.spreadsheet") {
      fileIdList.push(file.getId());
      console.log(`"${file.getName()}" 파일의 ID는 "${file.getId()}"입니다.`)
    }
  }
  return fileIdList;
}
```

폴더 이름을 인수로 받아 폴더의 ID를 찾는 getFolderIdByName( ) 함수를 먼저 보겠습니다.

❶ DriveApp 클래스의 getFolders( ) 메서드로 사용자 드라이브에 있는 모든 폴더의 정보를 가져와 folder 변수에 넣습니다.

❷ ~ ❸ folders에 들어온 폴더들을 모두 확인하면서 folderName 값과 같은 폴더 이름의 ID만 반환합니다.

이제 폴더ID를 인수로 받아 폴더 내 모든 파일의 ID를 배열로 출력하는 getFileIdInFolder( ) 함수를 보겠습니다.

❹ getFolderById( ) 메서드로 입력한 ID와 일치하는 폴더를 찾고 ❺ getFiles( ) 메서드로 폴더의 모든 파일 정보를 가져와 files 변수에 넣습니다.

❻ files 안의 파일 정보를 모두 확인하면서 파일 ID만 뽑아 fileIdList 배열에 넣습니다. ❼ 이때 getMimeType( ) 메서드로 파일의 MIME 타입을 확인하여 폴더의 파일 중 스프레드시트의 ID만 추가하도록 조건을 답니다. 이 메서드를 활용하면 폴더에 다양한 종류의 파일이 섞여 있어도 필요한 종류의 파일만 조작할 수 있습니다.

TIP MIME 타입은 파일의 종류를 의미하는 정보입니다. 구글 워크스페이스에서 지원하는 또 다른 MIME 타입은 공식 문서에 자세히 나와있습니다.

TIP MIME 타입 구글 공식 문서 : vo.la/hSIXvJ

함수 수정과 추가를 완료하고 applyTotalMultiSheet( )를 실행하면 합계 작업이 잘 진행됩니다. 파일을 더 추가해서 확인해보기 바랍니다.

모두 합계 행이 생겼습니다.

with 챗GPT **여러 스프레드시트에 일괄 스타일을 지정해봅시다**

기존 함수를 응용하여 다른 조건과 다른 서식을 적용하도록 챗GPT에게 요청해보겠습니다. 다음과 같이 원하는 것뿐만 아니라 원하지 않는 것을 설명하면 대답의 정확도가 올라갑니다.

> 이 코드에서 setTotalValueUsingParameters( ) 함수의 내용을 바꿔줘. 내가 하고 싶은건 각 파일의 합계를 구하는 것이 아니라 다음과 같아. b열 발생지가 강남구인 행 전체의 셀 배경색을 노랑색으로 깔아줘.

> 질문과 함께 코드 복붙!

다음은 수정된 코드입니다.

```
function applyTotalMultiSheet() {
...생략...
}


function getFolderIdByName(folderName) {
...생략...
}


function getFileIdInFolder(folderId) {
...생략...
}


function setTotalValueUsingParameters(sheetId, sheetName) {
  // ID로 스프레드시트를 가져옴
  const sheet = SpreadsheetApp.openById(sheetId).getSheetByName(sheetName);
  const lastRow = sheet.getLastRow();
  const lastColumn = sheet.getLastColumn();
  const dataRange = sheet.getRange(1, 1, lastRow, lastColumn).getValues();

  for (let i = 0; i < dataRange.length; i++) {
```

```
if (dataRange[i][1] === '강남구') { // B열의 값이 '강남구'인지 확인
    sheet.getRange(i + 1, 1, 1, lastColumn).setBackground('yellow'); //
해당 행 전체의 배경색을 노란색으로 설정
    }
  }

  console.log(`"${sheetId}" ID를 가진 스프레드시트의 ${sheetName} 시트에서 강
남구 발생지를 노란색으로 변경하였습니다.`);
}
```

하이라이트 표시한 부분이 챗GPT가 변경해준 부분입니다. 실행해보니 원하는 부분이 노란색으로 잘 변경되었네요. 이번 장에서 배운 내용을 잘 실습해보고 챗GPT와 함께 응용해서 활용하면 반복되는 스프레드시트 작업을 획기적으로 빠르게 처리할 수 있을 겁니다.

⸢ 리마인드 노트

- getLastColumn( ) 메서드는 선택된 시트에서 마지막으로 사용된 열의 인덱스를 가져옵니다.

- setBorder( ) 메서드는 셀의 테두리 색상과 스타일을 설정합니다.

- setHorizontalAlignment( ) 메서드는 선택된 셀의 가로 정렬을 설정합니다.

- merge( ) 메서드를 이용해 선택된 범위의 셀을 병합합니다.

- setFormula( ) 메서드는 셀에 수식을 입력하는 메서드입니다.

- DriveApp 클래스의 getFolders( ) 메서드를 이용해 구글 드라이브의 특정 폴더에 있는 모든 파일을 가져옵니다.

- getId( ) 메서드는 선택된 파일의 ID를 가져옵니다.

- getName( ) 메서드는 선택된 파일 이름을 가져옵니다.

Part

04

앱스 스크립트로
API 사용하기

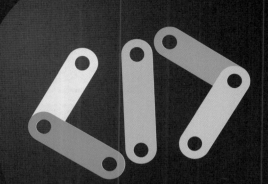

학습목표

이번 장에서는 앱스 스크립트를 이용해 API를 사용하는 방법에 대해 알아봅니다. API를 사용하면 외부 서비스에서 데이터를 가져오거나 원하는 데이터를 보낼 수 있습니다. 공공데이터포털에서 데이터를 가져와보고, 슬랙, 카카오톡, 챗GPT 등 외부 서비스를 활용하는 방법까지 알아보도록 하겠습니다.

핵심 키워드

URLFetchApp # 공공 데이터 # API # 카카오톡 # 텔레그램 # 문자 메시지 # 챗GPT

앱스 스크립트로 공공데이터포털의
주택청약 정보 가져오기

난이도 ● ● ○   알아두면 유용해요 ● ○

이제부터는 외부 서비스에 접근해 앱스 스크립트로 데이터를 가져오는 방법을 알아보도록 하겠습니다. API를 호출하는 메서드를 먼저 간단히 알아보고 공공데이터포털의 주택청약 정보를 가져오는 실습을 해볼 겁니다.

</> 공공데이터포털에서 API 호출 이해하고 테스트해보기

앱스 스크립트에서 API를 호출하려면 UrlFetchApp 클래스를 이용하면 됩니다. UrlFetchApp을 사용하면 API로 데이터를 요청하여 받을 수 있습니다. 그림으로 공공데이터포털의 API 호출 과정을 표현하면 다음과 같습니다.

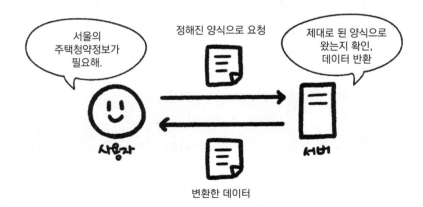

이 과정과는 별개로 API를 사용하기 위해 거쳐야 하는 과정이 꽤 깁니다. 여기서는 코드의 내용보다 API 호출을 위한 준비 과정이 더 복잡할텐데 잘 따라오기 바랍니다.

TIP API 호출이란 쉽게 말해 원하는 데이터를 제공하는 서버에 양식에 맞는 요청을 보내서 데이터를 가져오거나 보낼 수 있는 기능을 말합니다.

공공데이터포털 사이트 회원 가입 후 API 살펴보기

대부분의 API 호출을 제공하는 사이트는 사이트 상에서 API 호출을 해볼 수 있습니다. 여기서 테스트를 하고 자신의 코드에 적용하면 편리합니다. 공공데이터포털의 '청약홈 분양정보 서비스' API를 테스트하기 위해서는 data.go.kr에 접속해서 회원 가입 후 로그인해야 합니다.

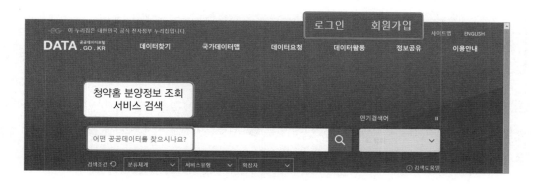

그런 다음 '청약홈 분양정보 서비스'를 검색하여 스크롤바를 내리면 오픈 API 목록에 '한국부동산원_청약홈 분양정보 조회 서비스'가 있습니다. 눌러서 오픈 API 상세 페이지로 이동합니다.

TIP 회원 가입 후 로그인하지 않으면 실습이 되지 않으므로 반드시 회원 가입 후 로그인하여 실습을 진행하세요.

스크롤바를 내리면 API를 테스트할 수 있는 기능 목록이 나열되어 있습니다. 여기서 API 호출 기능을 테스트하는 겁니다. 목록에서 가장 위에 있는 ❶ 'API 분양정보 상세조회'를 눌러 살펴보세요. 그러면 ❷ Description이라는 항목이 있습니다.

펼쳐보면 내용이 상당히 많습니다. API를 신청하기 위한 '정해진 양식'이 바로 이것입니다. 이 양식을 알고 있어야 정부나 기업이 제공하는 데이터를 받아볼 수 있습니다. 그리고 ❸ [인증키 설정] 버튼도 있습니다. 여기에 인증키를 입력해야 API를 테스트할 수 있습니다. [인증키 설정]은 눌러보면 2개의 인증키를 입력할 것을 요구하고 있습니다. 지금은 입력할 것이 아니므로 확인 후 창을 닫으세요.

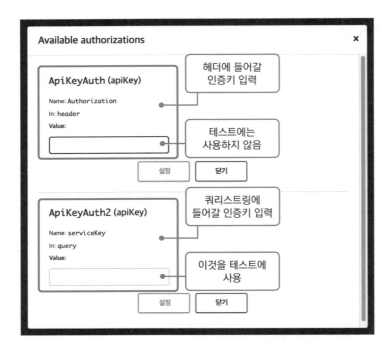

지금까지 설명한 내용을 그림으로 정리하면 다음과 같습니다.

1 API를 사용하기 위해 서비스 인증키를 요청합니다.

2 데이터포털에서 서비스 인증키를 발급해줍니다.

3 서비스 인증키와 함께 데이터 요청 양식을 작성하여 서버에 데이터를 요청합니다.

4 인증키를 확인하고, 데이터 요청 양식을 확인한 다음 데이터를 보내줍니다.

과정은 복잡하지만 중요한 데이터를 주고 받는다는 점에서는 어찌 보면 당연한 과정일 수 있습니다. 전체 과정을 이해했나요? 그러면 인증키를 받고 API 테스트를 해보겠습니다.

서비스 인증키 받고 인증키 설정하기

앞에서 서비스 인증키를 받아야 한다고 했습니다. 서비스 인증키란 API를 호출할 때 서버에게 '이 데이터를 받을 수 있도록 승인받았다'고 증명하기 위한 것입니다. 인증키는 **[마이페이지 → 개인 API 인증키]** 항목에서 생성하거나 이미 만든 키를 가져다 사용할 수 있습니다.

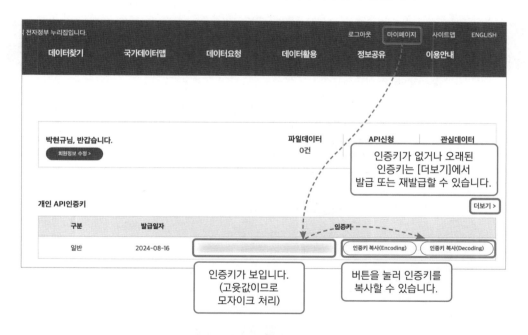

[인증키 복사]을 눌러 인증키를 복사하여 메모장에 붙여 넣으세요. 이때 Encoding과 Decoding을 모두 복사해놓으세요. API 환경에 따라 작동하는 인증키가 다를 수 있으므로 실행할 때는 둘 중 작동하는 것을 사용해야 합니다. 저는 이 실습에서 Encoding 서비스 인증키를 사용했습니다.

'한국부동산원_청약홈 분양정보 조회 서비스' 창 맨 위에 **[활용신청]** 버튼이 있는데 이것을 눌러 여러분의 계정으로 서비스 신청을 하면 여기서도 서비스 인증키를 확인할 수 있습니다.

TIP 한국부동산원_청약홈 분양정보 조회 서비스 : vo.la/VmcSil

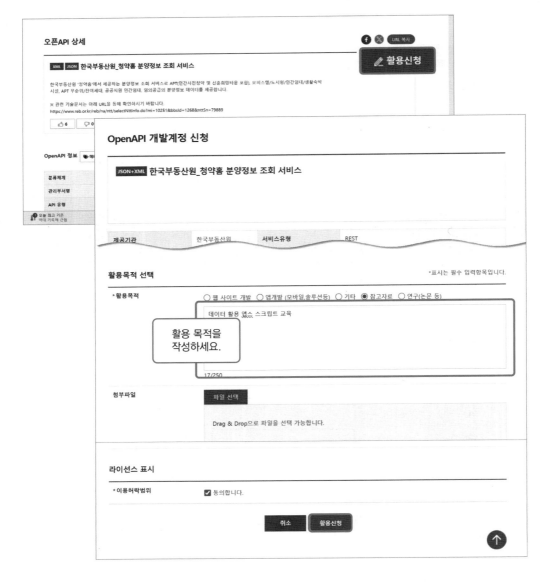

활용 목적을 간단히 입력하고 **[활용신청]**을 누른 다음 **[마이페이지]**로 이동하면 신청 목록에 나타

날 것입니다. '한국부동산원_청약홈 분양정보 조회 서비스'를 눌러 이동하면 '개발 계정 상세 보기' 페이지로 이동합니다.

스크롤바를 조금 내리면 인증키가 보입니다. 여기서 '일반 인증키(Decoding)' 항목의 인증키를 복사하세요. 앞에서 복사한 서비스 인증키와 비교해보니 두 인증키가 같습니다. 앞으로는 두 개의 키 중 확인하기 쉬운 곳에서 서비스 인증키를 가져오면 됩니다.

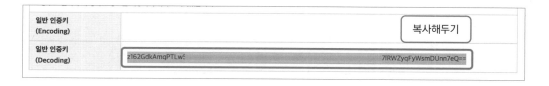

서비스 인증키를 복사했으면 다시 API 테스트를 위한 위치로 돌아와서 **[인증키 설정]**을 누릅니다. 그러면 창이 하나 열리는데 'ApiKeyAuth2'에 인증키를 입력하고 **[설정]**을 눌러 인증키 설정을 마치세요. 'ApiKeyAuth2'에 입력하는 서비스 인증키의 설명을 잘 보면 'in : query'라고 적혀있습니다. 우리는 서비스 인증키를 쿼리 스트링 형태로 전달할 것이기 때문에 아래의 'ApiKeyAuth2'에 입력해줍니다.

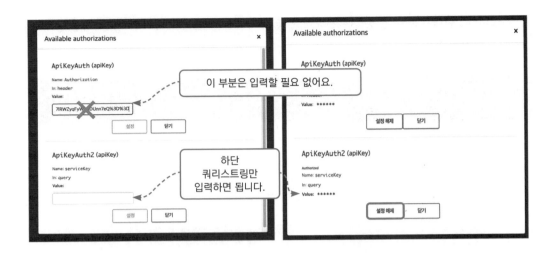

API 테스트하기

이제 API를 테스트할 수 있게 되었습니다. **[OpenAPI 실행 준비]**를 누르면 **[취소]**로 버튼이 바뀌고 API 요청을 위한 값을 입력할 수 있습니다. 미리 입력된 값이 있는데 이것을 그대로 이용해서 테스트해봅시다.

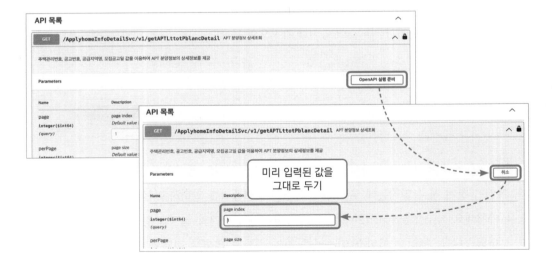

스크롤바를 내려서 **[API 호출]**이라는 버튼을 누르면 결과가 아래에 나타납니다.

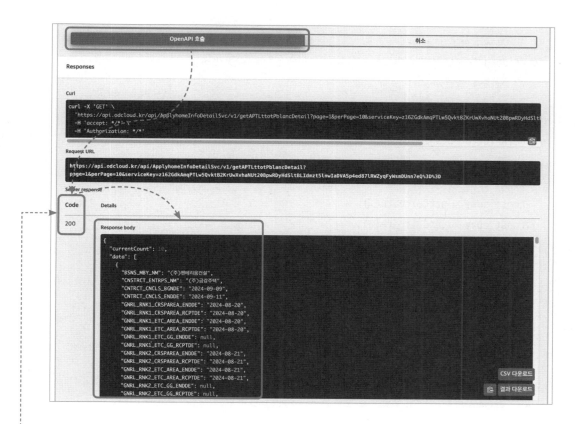

Code에는 200이라는 값이 보입니다. 이 값은 HTTP의 응답 코드로 '제대로 요청되어 데이터가 도착했음'을 의미합니다. 그리고 그 아래에 'Response body' 항목을 보면 불러온 데이터가 보입니다. API 테스트를 하면서 API 호출하는 과정과 인증키를 발급받아 입력하는 과정을 모두 잘 이해했기 바랍니다.

</> 앱스 스크립트에서 API 호출하기

이제 전체 과정을 이해했으므로 이것을 앱스 스크립트로 옮겨와서 진행해보겠습니다. 독립형 앱스 스크립트 파일을 새로 만들어 다음 코드를 입력하세요.

```
// ❶ 서비스 인증키                                          project32.gs
const DATA_SERVICE_KEY = "DKoGa***RCJ3g/4fE18g==";
```

```javascript
// API를 호출하는 주요 함수
function getAPTLttotPblancDetail() {
    // ❷ API 호출을 위한 정보 입력
    // API를 호출할 URL
    const baseUrl = "https://api.odcloud.kr/api/ApplyhomeInfoDetailSvc/v1/
    getAPTLttotPblancDetail";
    const returnType = "JSON"; // JSON ¦¦ XML  // 응답받을 데이터 타입
    const cond_area = ["서울", "경기"]; // 조회할 지역
    const sDay = getCalcDate(7); // 조회 조건의 모집 공고 시작일 (7일 전)
    const eDay = getCalcDate(0); // 조회 조건의 모집 공고 종료일 (오늘 날짜)
    console.log(`데이터 조회 기간(모집공고일 기준) : ${sDay} ~ ${eDay}`);
    // 조회할 지역의 배열 수만큼 반복문 실행
    for ( i in cond_area ) {
        // 조회 조건들을 조합한 URL 생성
        const url = baseUrl + "?page=1&perPage=10&returnType="+ returnType
        + "&cond[SUBSCRPT_AREA_CODE_NM::EQ]="+ cond_area[i] + "&cond[RCRIT_PBLANC_
        DE::LTE]="+ eDay + "&cond[RCRIT_PBLANC_DE::GTE]="
        + sDay + "&serviceKey=" + DATA_SERVICE_KEY;
        // URL을 호출을 위한 환경설정
        const options = {
            method: "GET",
            headers: {
                "contentType" : "application/json"
            }
        };
        // 생성한 URL을 환경설정 값과 함께 호출
        const response = UrlFetchApp.fetch(url, options);
        // 호출 결과를 콘솔에 출력
        const originData = response.getContentText();
        console.log(originData);
    }
}
```

```
function getCalcDate(calcDate) {
    // 오늘 날짜 기준 n일 전 날짜 반환
    const calcDateTime = -(86400000 * calcDate);
    const today = new Date();
    const newDate = new Date(today.getTime() + calcDateTime);
    const date = `${newDate.getFullYear()}-${(newDate.getMonth() + 1).toString().
padStart(2, "0")}-${newDate.getDate().toString().padStart(2, "0")}`;
    return date;
}
```

❶ 가장 중요한 값은 DATA_SERVICE_KEY입니다. 앞서 발급받은 서비스 인증키를 여기에 입력하면 됩니다. getAPTLttotPblancDetail( ) 함수를 실행했을 때 다음과 같은 화면이 나오면 제대로 실행된 것입니다.

실행 로그		
오후 3:49:48	알림	실행이 시작됨
오후 3:49:48	정보	데이터 조회 기간(모집공고일 기준) : 2024-08-09 ~ 2024-08-16
오후 3:49:49	정보	{"currentCount":0,"data":[],"matchCount":0,"page":1,"perPage":10,"totalCount":1997}
오후 3:49:50	정보	{"currentCount":0,"data":[],"matchCount":0,"page":1,"perPage":10,"totalCount":1997}
오후 3:49:51	알림	실행이 완료됨

그런데 제가 실습한 기간인 2024년 08월 16일 기준으로는 아무런 데이터가 보이지 않습니다. 이것은 공공데이터포털의 '한국부동산원_청약홈 분양정보 조회 서비스'에서 해당 기간에 아무런 데이터가 없었음을 의미합니다. ❷ API 호출을 위한 정보 중 sDay 변수의 기간을 조금 늘려 다시 실행해보면 데이터가 나타날 것입니다.

```
const sDay = getCalcDate(14);
```

실행 로그
데이터 조회 기간(모집공고일 기준) : 2024-08-02 ~ 2024-08-16

```
{"currentCount":1,"data":[{"BSNS_MBY_NM":"이문3재정비촉진구역 주택재개발정비사업조
합","CNSTRCT_ENTRPS_NM":"에이치디씨현대산업개발 주식회사, GS건설주식회사","CNTRCT_
CNCLS_BGNDE":"2023-11-20","CNTRCT_CNCLS_ENDDE":"2023-11-24",
    ...생략...
,"RENT_SECD_NM":"분양주택","SPECLT_RDN_EARTH_AT":"N","SPSPLY_RCEPT_BGNDE":"2023-
10-30","SPSPLY_RCEPT_ENDDE":"2023-10-30","SUBSCRPT_AREA_CODE":"100","SUBSCRPT_
AREA_CODE_NM":"서울","TOT_SUPLY_HSHLDCO":1467}],"matchCount":1,"page":1,"perPage
":10,"totalCount":1716}
```

이렇게 하면 앱스 스크립트로 API를 호출할 수 있습니다. 그러면 이 값을 얻을 수 있는 이유는 무엇일까요? 코드를 찬찬히 다시 돌아봅시다. 이 과정을 진행해야 여러분이 응용할 수 있습니다. 만약 이해하기 어렵다면 나중에 돌아와서 다시 봐도 좋습니다. API 호출이라는 과정이 간단하지는 않으므로 아마 다른 실습처럼 쉽게 이해하기기는 어려울 것입니다.

코드 다시 돌아보기

이런 결과를 얻을 수 있었던 이유는 앞서 API 테스트를 할 때 필요했던 항목을 변수에 담아 URL로 호출했기 때문입니다. 핵심 코드 부분을 다시 가져와 설명해보겠습니다.

```
// API를 호출할 URL
const baseUrl
= "https://api.odcloud.kr/api/ApplyhomeInfoDetailSvc/v1/getAPTLttotPblancDetail";
```

코드를 보면 baseUrl이라는 변수가 있었습니다. 이 값은 API 테스트에 있던 서비스 정보의 'Base URL' 항목과 서비스 목록의 기능 항목을 합친 것과 동일합니다.

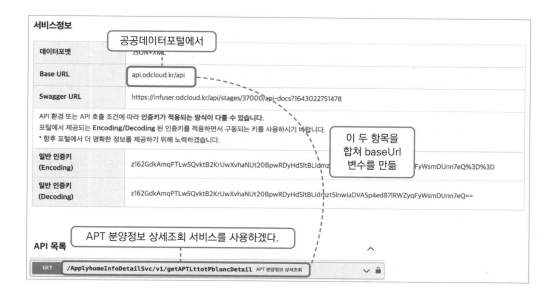

결국 baseUrl에 담긴 값을 해석하자면 '공공데이터포털에서 APT 분양정보 상세조회 서비스를 사용하겠다'라는 뜻입니다.

그런 다음에는 해당 목록에 필요한 요청값들을 변수에 담고, 이것을 baseUrl 뒤에 추가로 붙인 것입니다. 저는 요청값 중에서 다음 항목만 코드에 입력했습니다.

```
const returnType = "JSON";
const cond_area = ["서울", "경기"]; // 조회할 지역
const sDay = getCalcDate(14);
const eDay = getCalcDate(0);
```

이 값들은 실제 여러분이 API 테스트를 할 때 여기에 해당하는 값입니다.

Name	Description
page **integer($int64)** *(query)*	page index `1`
perPage	page size

returnType 변수에 담은 값
(기본값은 JSON이지만 입력함)

Name	Description	
returnType **string** *(query)*	응답의 데이터 타입을 선택할 수 있습니다. (기본값: JSON) XML형태의 응답결과를 얻기 위해서는 XML 값으로 설정 `returnType`	---- `const returnType = "JSON";`
cond[HOUSE_MANAGE_NO::EQ] **string($string)** *(query)*	주택관리번호 `cond[HOUSE_MANAGE_NO::EQ]`	
cond[PBLANC_NO::EQ] **string($string)** *(query)*	공고번호 `cond[PBLANC_NO::EQ]`	
cond[HOUSE_SECD::EQ]	주택구분코드(01: APT, 09: 민간사전청약, 10: 신혼희망타운) `cond[HOUSE_SECD::EQ]`	

cond_area에 리스트로
공급지역명을 2개 담음

Name	Description	
cond[SUBSCRPT_AREA_CODE_NM::EQ] **string($string)** *(query)*	공급지역명 `cond[SUBSCRPT_AREA_CODE_NM::EQ]`	---- `const cond_area = ["서울", "경기"];`
cond[RCRIT_PBLANC_DE::LT]	모집공고일 (YYYY-MM-DD) `cond[RCRIT_PBLANC_DE::LT]`	

eDay에 담긴 값
(모집공고 종료일)

Name	Description	
cond[RCRIT_PBLANC_DE::LTE] **string($string)** *(query)*	모집공고일 (YYYY-MM-DD) `cond[RCRIT_PBLANC_DE::LTE]`	---- `const eDay = getCalcDate(0);`
cond[RCRIT_PBLANC_DE::GT]	모집공고일 (YYYY-MM-DD) `cond[RCRIT_PBLANC_DE::GT]`	

sDay에 담긴 값
(모집공고 시작일)

Name	Description	
cond[RCRIT_PBLANC_DE::GTE] **string($string)** *(query)*	모집공고일 (YYYY-MM-DD) `cond[RCRIT_PBLANC_DE::GTE]`	---- `const sDay = getCalcDate(14);`

이렇게 변수에 값을 담은 다음에 for문으로 각 지역의 모집공고 시작일부터 종료일까지의 분양 정보를 받아올 수 있도록 다음과 같이 코드를 작성합니다. page와 perPage는 1과 10으로 고정 하여 전달한 점도 눈여겨 보기 바랍니다. 만약 조금 더 많은 데이터를 받고 싶다면 이 값을 다른

값으로 바꾸면 됩니다.

```
for (i in cond_area) {
  const url = baseUrl + "?page=1&perPage=10&returnType=" + returnType
    + "&cond[SUBSCRPT_AREA_CODE_NM::EQ]=" + cond_area[i] + "&cond[RCRIT_
    PBLANC_DE::LTE]=" + eDay + "&cond[RCRIT_PBLANC_DE::GTE]="
    + sDay + "&serviceKey=" + DATA_SERVICE_KEY;
```

cond_area 변수에 있는 "경기", "서울"을 순차적으로 순회하면서 나머지 입력값들을 url에 담아 요청하는 구성입니다. 각각의 변수 왼쪽에 있는 &cond[SUBSCRPT_AREA_CODE_NM::EQ] 와 같은 값이 바로 API 테스트에서 본 항목입니다. url의 문자열 구성을 보면 &로 각 조건을 연결하고 조건 안에서는 =로 조건과 값을 연결합니다.

이렇게 만든 url은 테스트 결과에서도 볼 수 있었습니다. Request URL은 '데이터를 요청할 때 이러한 url을 서버에 보내라'라고 제공하는 형식입니다. 앞서 우리가 url 변수의 값으로 이것을 만들려고 했던 겁니다.

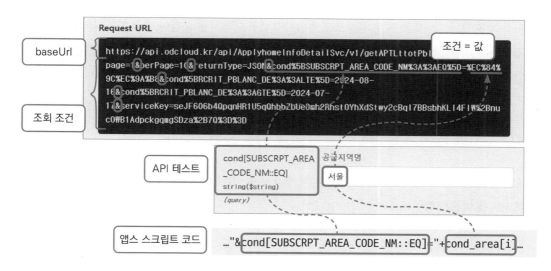

컴퓨터가 이해하는 언어로 바뀌어서 달라보이지만 따져보면 같습니다. 앱스 스크립트 코드, API 테스트, Request URL 각각에서 공급지역명 조건을 의미하는 부분을 보고 감을 잡아보세요. 어떤 API를 사용하든 이 Request URL을 지도삼아 요청 코드를 구성하면 됩니다.

마지막으로 UrlFetchApp.fetch( ) 함수 사용을 위한 options 변수를 보겠습니다. 이 변수가 없으면 여러분은 fetch( ) 함수로 API를 요청할 수 없습니다. API를 요청하는 방식은 GET, POST 등으로 다양한데 여기서는 데이터를 가져온다는 의미인 GET 방식의 호출을 위해 options를 구성했습니다. options에는 반드시 method, headers 항목이 필요합니다. 여기서는 'GET 방식으로 요청하는데, 요청 양식은 JSON 방식으로 작성한 것을 주겠다'라는 뜻으로 options를 구성했습니다.

```
// URL을 호출을 위한 환경설정
   const options = {
     method: "GET", //GET 방식으로 요청
     headers: {
       "contentType": "application/json" // 요청 양식은 JSON
     }
   };
```

이렇게 하여 코드도 다시 돌아봤습니다. 아마 모든 과정이 처음이라 잘 이해하기는 어렵겠지만 반복하여 원하는 데이터를 받는 과정으로 실습하다보면 이해하는 순간이 생길 겁니다. 이렇게 길고 부담스러운 실습을 배치한 이유는 실제로 공공데이터포털에서 데이터를 받기를 원하는 사람이 많기 때문입니다. 이 과정을 통해 여러분도 직접 데이터를 요청하여 받을 수 있기를 바랍니다.

</> JSON 형식으로 API 호출 결과를 가공하기

API를 호출해 가져온 데이터를 보면 JSON 형태로 보이지만, 데이터 타입을 확인하는 typeof( ) 메서드를 이용해 확인해보면 문자열입니다.

```
console.log(typeof(originData)) // 결과 : string
```

이 데이터에서 원하는 값을 쉽게 추출하기 위해 JSON 데이터 형식으로 형 변환을 한 뒤 보고 싶은 데이터만 콘솔창에 출력해보겠습니다.

TIP JSON 형식은 데이터를 키-값 쌍으로 구조화하여 저장한 것입니다. 주로 복잡한 데이터를 구조화하고 이를 프로그래밍 언어에서 사용하기 위해 파싱하는 데 사용됩니다.

앞에서 사용한 getAPTLttotPblancDetail( ) 함수에 originData를 전달하여 문자열 형태의 결괏값을 JSON으로 파싱하여 콘솔에 출력하는 부분만 추가합니다.

```
// 공공데이터포털 서비스키                                    project32-1.gs
const DATA_SERVICE_KEY = "DKoGa***RCJ3g/4fE18g==";
function getAPTLttotPblancDetail() {
...생략...
    // 생성한 URL을 환경설정 값과 함께 호출
    const response = UrlFetchApp.fetch(url, options);
    const originData = response.getContentText(); // 호출 결과를 반환
    console.log(originData); // 이 줄을 지우고 다음 내용부터 추가하세요
    const returndData = JSON.parse(originData); // ❶ 문자열을 JSON 객체로 파싱
    const datas = returndData.data; // ❷ JSON의 데이터 추출
    // ❸ 가져온 데이터의 수만큼 반복문 실행
    for ( j in datas ) {
        // ❹ 정보들을 콘솔에 출력
        console.log(`사업명 : ${datas[j].BSNS_MBY_NM}`);
        console.log(`\t주택명 : ${datas[j].HOUSE_NM}`);
        console.log(`\t공급위치 : ${datas[j].HSSPLY_ADRES}`);
        console.log(`\t모집공고일 : ${datas[j].RCRIT_PBLANC_DE}`);
        console.log(`\t청약접수 기간 : ${datas[j].RCEPT_BGNDE} ~ ${datas[j].
        RCEPT_ENDDE}`);
        console.log(`\t당첨자 발표일 : ${datas[j].PRZWNER_PRESNATN_DE}`);
    }
}
}
```

❶ API에서 반환된 JSON 문자열을 JSON.parse( ) 메서드를 이용해 JSON 객체로 변환합니다.

❷ JSON의 데이터를 추출합니다. 파싱한 JSON 객체의 data 부분만 추출하는 이유는 API의 결

과로 받은 JSON에서 'data'라는 key에 배열의 형태로 API의 결과 데이터를 반환하기 때문입니다. 긴 로그를 정리해서 보면 다음과 같습니다.

```
                                                              실행 로그
{
  "currentCount":1,
  "data":[{"BSNS_MBY_NM":"이문3재정비촉진구역 주택재개발정비사업조합", ...생략...}],
  "matchCount":1,
  "page":1,"perPage":10,
  "totalCount":1716
}
```

❸ 가지고 온 데이터의 수만큼 반복문을 실행합니다.

❹ 원하는 정보들을 콘솔에 출력합니다. API에서 어떤 데이터를 가져오는지 확인하려면 API를 제공하는 페이지나 별도로 제공되는 API 정의서를 확인합니다. 청약홈 아파트 분양 정보는 앞서 소개한 개발계정 상세보기 페이지의 API 목록 아래 Models에서 확인할 수 있습니다.

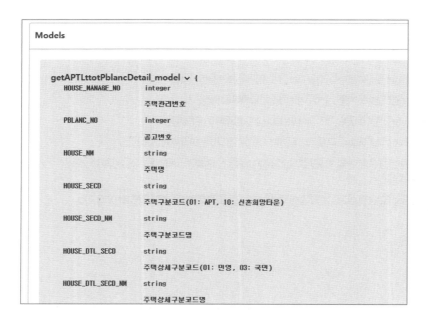

코드를 저장한 다음 getAPTLttotPblancDetail( ) 함수를 실행하면 데이터를 원하는 양식으로 확인할 수 있습니다.

데이터 조회 기간(모집공고일 기준) : 2023-10-19 ~ 2023-10-26
사업명 : 이문3재정비촉진구역 주택재개발정비사업조합
　　　주택명 : 이문 아이파크 자이
　　　공급위치 : 서울특별시 동대문구 이문동 149-8, 412-1번지 일대
　　　모집공고일 : 2023-10-20
　　　청약접수 기간 : 2023-10-30 ~ 2023-11-01
　　　당첨자 발표일 : 2023-11-08

주택청약 정보뿐만 아니라 날씨 예보, 환율 정보, 병원 정보, 전기차 충전기 정보 등 공공데이터포털에서 제공하는 다양한 공공 데이터를 가져와 가공하여 업무에 활용할 수 있습니다. 이 외에도 CAFE24, 네이버 등에서 제공하는 다양한 API들을 이용해 내가 원하는 데이터를 스프레드시트에서 조합하고 가공할 수 있습니다.

🤖 with 챗GPT XML 데이터를 가공해보는 법을 알아볼까요?

앞선 실습에서 우리는 데이터를 받아오는 형태인 returnType 변수를 JSON으로 정하고 JSON 형태의 데이터를 받아왔습니다. 이번에는 챗GPT에게 XML 형태의 데이터를 가져오는 함수로 변경해달라고 요청해보겠습니다.

👤💬

앱스 스크립트로 XML 데이터를 파싱하는 코드를 짜줘. ●─(질문과 함께 코드 복붙!)

🤖💬

Google Apps Script로 XML 데이터를 파싱하는 코드는 다음과 같이 작성할 수 있습니다. 이 예제에서는 XML 데이터를 가져와서 특정 요소를 추출하는 방법을 설명합니다.

```
function parseXml() {
    ...생략...
    // URL에서 XML 데이터를 가져옴
    // 생성한 URL을 환경설정 값과 함께 호출
```

```
        const response = UrlFetchApp.fetch(url, options);
        const originData = response.getContentText(); // 호출 결과를 반환
        // XML 데이터를 파싱
        var document = XmlService.parse(originData);
        var root = document.getRootElement();
        // 예를 들어, 특정 요소를 추출하는 방법
        var items = root.getChildren('item');
        for (var i = 0; i < items.length; i++) {
            var item = items[i];
            var title = item.getChildText('title');
            var description = item.getChildText('description');
            Logger.log('Title: ' + title);
            Logger.log('Description: ' + description);
        }
    }
```

API에서 반환된 JSON 문자열을 변환할 때 JSON.parse( ) 메서드를 사용한 것처럼 XML 문자열은 XmlService.parse( ) 메서드를 이용해 XML 객체로 변환할 수 있습니다. XML은 JSON과 데이터 구조가 다르기 때문에, 데이터를 가공하기 전에 XML 구조를 확인해야 합니다.

⌒ 리마인드 노트

- UrlFetchApp 클래스의 fetch( ) 메서드를 이용해 URL을 호출합니다.
- headers의 method는 'GET', 'POST' 등 형식에 맞게 잘 호출해야 합니다.
- API를 사용하기 위해서는 제공된 API 정의서를 잘 읽어봐야 합니다.
- JSON.parse( ) 메서드를 이용해 문자열 형식의 응답값을 JSON 객체로 변환하여 데이터를 쉽게 가공할 수 있습니다.

Project 33

앱스 스크립트로
카카오톡 메시지 보내기

API를 통해 메시지를 전송할 수 있을까요? 카카오톡, 텔레그램, 구글 챗 등 다양한 서비스가 API를 통한 메시지 전송을 지원합니다. 이번 장에서는 국민 메신저인 카카오톡으로 메시지를 전송하는 방법을 알아보겠습니다.

카카오톡 개발자 웹사이트에서 제공하는 카카오톡 메시지 API를 이용하면 본인 계정에는 제한없이, 친구에게는 하루 30건의 카카오톡 메시지를 전송할 수 있습니다. **단 친구에게 메시지를 보낼 때는 메시지를 받는 사람도 특정한 설정을 해야 하기 때문에 이 실습에서는 나에게 보내는 메시지만 다뤄보겠습니다.** 앱스 스크립트로 나에게 보내는 메시지를 자동화해서 주기적인 알림톡을 만들 때 활용하기 좋습니다.

</> 카카오톡 메시지를 보내기 위한 절차 한눈에 보기

카카오톡 메시지를 보내기 위한 인증 절차는 다음과 같습니다. 단계가 복잡하고 발급받는 토큰과 코드 등이 많지만 큰 순서를 기억하면서 차근차근 따라하길 바랍니다.

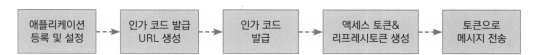

</> 카카오 개발자 애플리케이션 등록하기

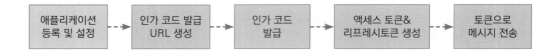

카카오톡 메시지를 보내기 위해서는 먼저 카카오 개발자 웹사이트(developers.kakao.com/)
에 회원 가입한 후 애플리케이션을 등록해야 합니다. 여기서 애플리케이션은 카카오톡 메시지를
보내는 주체이자 메시지에서 보이는 이름을 의미합니다. 상황에 따라 애플리케이션을 여러 개 생
성해 애플리케이션 이름으로 메시지를 구분할 수 있습니다.

회원 가입을 진행하고 상단의 **[내 애플리케이션]** 메뉴로 이동합니다.

카카오톡을 보내는 데 사용할 애플리케이션을 추가해봅시다.

❶ **[애플리케이션 추가하기]** 버튼을 눌러 메시지를 보낼 애플리케이션(주체)을 생성합니다. 앱 이름, 사용자명, 카테고리를 입력하고 서비스 이용 정책을 체크한 뒤 ❷ **[저장]** 버튼을 클릭합니다. 카카오톡 메시지를 보낼 애플리케이션이 생성되었습니다.

</> 인가 코드 발급 URL 만들기

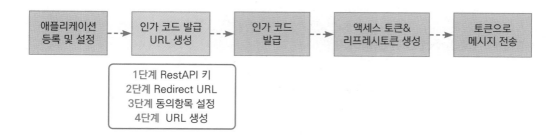

메시지를 보낼 때 쓰는 토큰을 받기 위해서는 인가 코드가 필요합니다. 인가 코드를 발급 받기 위해서는 다음과 같은 URL을 만들어서 접속해야 합니다.

```
https://kauth.kakao.com/oauth/authorize?client_id={REST API 키}&redirect_
uri={REDIRECT_URI}&response_type=code&scope=talk_message
```

애플리케이션을 설정하면서 하이라이트 표시한 세 부분에 채울 정보를 모아봅시다.

01단계 REST API 키 확인하기

생성된 애플리케이션 이름을 눌러 애플리케이션으로 이동합니다. 몇 가지 인증 과정을 거쳐야 합니다. 먼저 왼쪽 메뉴 중 **[앱 키]** 메뉴로 들어가서 REST API 키를 복사해서 잘 보관해주세요. REST API 키는 추후 스크립트를 작성할 때도 인증을 위해 계속 사용해야 하는 키입니다.

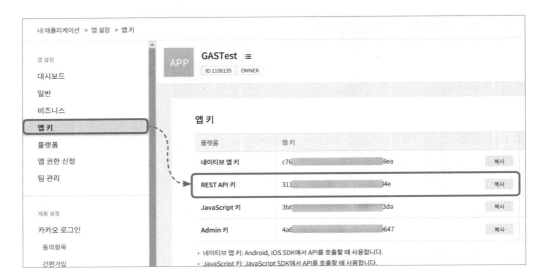

02단계 Redirect URI 설정하기

이번에는 왼쪽 메뉴에서 **[카카오 로그인]**을 클릭해 이동합니다.

❶ 카카오 로그인 상태를 활성화합니다. ❷ **[Redirenct URI 등록]**을 클릭하여 Redirect URI 를 입력해줍니다. Redirect URI 또한 인증 시 계속 필요한 항목입니다. 쉽게 기억하기 위해 ❸ 'https://www.google.com'을 입력해줍니다. 이 작업은 애플리케이션의 액세스 토큰을 발급받기 위해 카카오 로그인 기능을 활성화하는 작업입니다.

03단계 동의 항목 설정

이제 카카오톡 메시지를 보내는 접근 권한을 활성화할 겁니다. 왼쪽 메뉴의 **[동의 항목]**으로 이동하여 하단의 접근 권한의 '카카오톡 메시지 전송'을 '이용 중 동의' 상태로 변경합니다. 여기서 상태 옆의 ID인 talk_message가 인가 코드 발급 URL에 입력할 요소입니다. 화면을 참고하여 카카오톡 메시지 보내기 접근 권한을 활성화하세요.

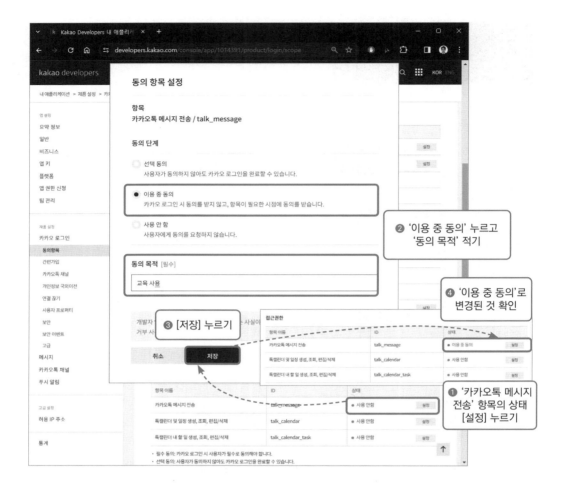

04단계 **인가 코드 발급 URL 생성**

이제 앞서 본 URL 양식을 채워 인가 코드를 발급받기 위한 URL을 생성하겠습니다.

> 01단계의 REST API 키 입력

```
https://kauth.kakao.com/oauth/authorize?client_id={REST API 키}&redirect_
uri={REDIRECT_URI}&response_type=code&scope=talk_message
```

> 02단계의 REDIRECT_URI 입력   03단계에서 동의 항목 설정을 완료한 talk_message 그대로 입력

- **REST API 키** : 01단계에서 얻은 REST API 키를 입력합니다.

- **REDIRECT_URI** : 02단계에 여러분이 입력한 Redirect URI를 입력합니다. 앞에서

'https://www.google.com'을 입력했으므로 여러분도 이 값을 입력하면 됩니다.

- **talk_message** : 03단계에서 동의 항목을 설정한 항목인 talk_message를 적으면 됩니다.

</> 인가 코드 발급받기

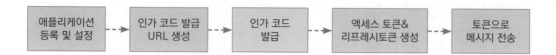

이렇게 만든 URL을 크롬 등의 웹 브라우저 주소창에 입력해줍니다.

URL로 이동하면 카카오 로그인 화면이 나옵니다. 카카오 개발자 웹사이트 페이지에서 애플리케이션을 생성했던 계정으로 로그인을 진행합니다.

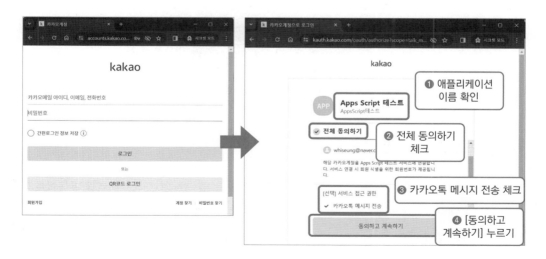

로그인을 완료하면 ❶ 앞서 생성한 애플리케이션 이름이 보이고, '카카오톡 메시지 전송' 접근 권한에 동의하는 화면이 나옵니다. ❷ '전체 동의하기'와 ❸ '카카오톡 메시지 전송'에 체크하고 **[동의하고 계속하기]** 버튼을 클릭하여 메시지 전송 접근 권한에 동의합니다. 동의를 완료하면 다음과 같이 앞서 Redirect URI로 입력했던 구글 화면으로 이동할 겁니다.

주소창을 보면 뒤에 쿼리 문자열 형태로 코드를 반환해줍니다. 해당 코드가 카카오톡 메시지 전송에서 필요한 액세스 토큰을 발급받기 위해 사용되는 인가 코드입니다. 잘 복사해놓습니다.

</> 액세스 토큰과 리프레시 토큰 생성하기

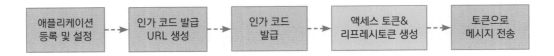

이렇게 얻은 코드로 액세스 토큰과 리프레시 토큰을 생성할 수 있습니다. 액세스 토큰은 메시지를 전송할 때 사용하고, 리프레시 토큰은 토큰을 갱신하는 데 사용합니다. 인가 코드와 두 토큰 모두 유지 시간이 정해져 있어서 일정 시간이 지나면 만료됩니다.

액세스 토큰 관리 시트 만들기

코드만 갱신하면 액세스 토큰과 리프레시 토큰을 쉽게 만들 수 있는 스프레드시트를 만들어보겠습니다. 스프레드시트에서 코드와 토큰을 관리하는 이유는 액세스 토큰과 리프레시 토큰 모두 유지 시간이 지나면 사용할 수 없으므로 주기적으로 업데이트를 해야 하기 때문입니다. 이 시트를 만들면 편리하게 토큰을 업데이트하거나 관리할 수 있을 겁니다.

빈 스프레드시트 파일을 만듭니다. 그리고 다음과 같이 CODE, ACCESS TOKEN, REFRESH_
TOKEN, CREATE_TIME행 머리말을 입력합니다.

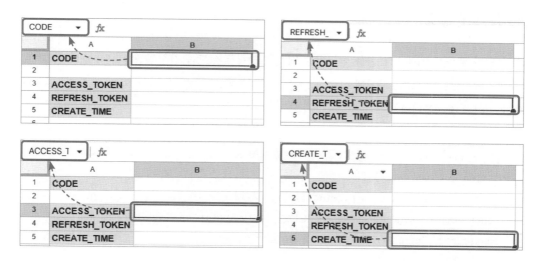

그리고 각각의 값이 들어갈 자리에 행 제목에 맞는 범위 이름을 지정해주세요.

- 코드값을 입력할 'B1' 셀에는 'CODE'라는 범위 이름을,

- 액세스 토큰값을 입력할 'B3' 셀에는 'ACCESS_TOKEN'이라는 범위 이름을,

- 리프레시 토큰값을 입력할 'B4' 셀에는 'REFRESH_TOKEN'이라는 범위 이름을,

- 생성 시간을 입력할 'B5' 셀에는 'CREATE_TIME'이라는 범위 이름을 지정해줍니다.

직접 지정해도 좋고, ' Project 02 **스프레드시트 열어서 값 읽어오기**'에서 배웠던 범위 이름 지정 메서드 setNamedRange( )를 사용해도 좋습니다.

```
                                                              project33.gs
function setKakaoNamedRange() {
  const ss = SpreadsheetApp.getActive();
  const sheet = ss.getSheetByName("카카오");
  ss.setNamedRange("CODE", sheet.getRange("B1"));
  ss.setNamedRange("ACCESS_TOKEN", sheet.getRange("B3"));
  ss.setNamedRange("REFRESH_TOKEN", sheet.getRange("B4"));
  ss.setNamedRange("CREATE_TIME", sheet.getRange("B5"));
}
```

그리고 위에서 발급받은 CODE를 범위 이름 ‘CODE’인 B1셀에 입력해줍니다.

A1	▾	ƒx	CODE					
	A	B	C	D	E	F	G
1	CODE	vnFy6g4eYskHtkGcS-WrzixcFlcb3HNmY8Bx2WnBJlgyucSkG4EhebMJdW4KKw0eAAABjKT859H-oZq-Jypvmw						
2								
3	ACCESS_TOKEN							
4	REFRESH_TOKEN							
5	CREATE_TIME							
6								

액세스 토큰 발급

이제 인가 코드로 액세스 토큰을 발급받는 앱스 스크립트 코드를 작성하겠습니다. 스프레드시트
와 연결된 앱스 스크립트 파일에 다음 코드를 작성해주세요. 이번 프로젝트의 모든 코드는 이 파
일에 이어서 작성합니다.

```
                                                              project33.gs
const CLIENT_ID = "311***4e"; // ❶ REST API 키
function getKakaoAuth() {
  const ss = SpreadsheetApp.getActive(); // ❷ 스프레드시트에서 CODE 가져오기
  const CODE = ss.getRangeByName("CODE").getValue();
  const url = "https://kauth.kakao.com/oauth/token"; // ❸ 카카오 토큰 생성 API URL
  // ❹ 요청 본문
  data = {
    "grant_type" : "authorization_code",
```

```javascript
    "client_id" : CLIENT_ID,
    "redirect_uri" : "https://www.google.com",
    "code" : CODE
  }
  // ❺ URL을 호출하기 위한 환경설정
  const options = {
    method: "POST",
    headers: {
      Authorization: "Bearer " + CLIENT_ID,
      contentType: "application/x-www-form-urlencoded;charset=utf-8"
    },
    payload: data
  };
  // ❻ URL을 환경설정 값과 함께 호출
  const response = UrlFetchApp.fetch(url, options).getContentText();
  const returndData = JSON.parse(response);
  // ❼ 생성된 Token 값과 생성 시간을 스프레드시트에 저장
  const now = getDateTime();
  ss.getRangeByName("ACCESS_TOKEN").setValue(returndData.access_token);
  ss.getRangeByName("REFRESH_TOKEN").setValue(returndData.refresh_token);
  ss.getRangeByName("CREATE_TIME").setValue(now);
  console.log(response);
}
// ❽ 현재 시간 반환
function getDateTime() {
  const today = new Date();
  const date = [
    today.getFullYear(),
    (today.getMonth() + 1).toString().padStart(2, "0"),
    today.getDate().toString().padStart(2, "0"),
  ].join("");
  const time = [
    today.getHours().toString().padStart(2, "0"),
```

```
        today.getMinutes().toString().padStart(2, "0"),
        today.getSeconds().toString().padStart(2, "0"),
    ].join("");
    const result = `${date}_${time}`;
    return result;
}
```

❶ 코드 작성에 앞서 애플리케이션 설정에서 확인한 REST API 키를 CLIENT_ID라는 전역변수로 선언했습니다. 여러분이 받은 인증키를 입력해주세요. 애플리케이션이 변경되지 않는 이상 REST API 키는 변경되지 않기 때문에 따로 업데이트할 필요는 없습니다.

❷ 스프레드시트에서 CODE를 가져옵니다. "CODE"라고 설정한 범위 이름의 데이터를 가져오기 위해 getRangeByName( ) 메서드를 이용합니다.

❸ 카카오 토큰 생성 API URL을 선언합니다.

❹ 요청 본문을 생성합니다.

- "grant_type"에는 인증 코드를 기반으로 인증을 진행하기 때문에 "authorization_code"를 넣습니다.
- "client_id"에는 애플리케이션의 REST API 키(변수 CLIENT_ID)를 넣습니다.
- "redirect_uri"에는 Redirect URI로 등록한 "https://www.google.com"를 넣습니다.
- "code"에는 발급받은 CODE를 넣습니다.

❺ URL을 호출하기 위한 환경을 설정합니다.

- method에는 데이터를 보내는 방식을 넣습니다. "POST" 방식은 데이터를 입력할 때 주로 사용합니다.
- headers는 서버에 추가 정보를 보내기 위해 사용됩니다. 여기서는 두 정보를 포함합니다.
  - Authorization에는 인증 처리 방식인 Bearer와 함께 애플리케이션의 REST API 키 (변수 CLIENT_ID)를 넣어 서버에 접근할 수 있는 권한을 증명합니다. Bearer는 인증

방식 중 하나로, 토큰을 이용해 권한을 증명하고 접근하는 방식입니다.

    – contentType은 서버에 보내는 데이터 형식을 지정합니다. 여기서는 데이터를 URL 형식으로 변환해서 보낼 겁니다. "application/x-www-form-urlencoded;charset=utf-8"를 넣어줍니다.

    • payload에는 실제로 서버에 보내고 싶은 데이터를 담습니다. 앞서 ❹에서 작성한 data를 넣습니다.

❻ URL을 환경설정 값과 함께 호출합니다.

❼ 생성된 JSON 문자열을 JSON으로 변환하고, 변환된 JSON의 토큰값은 스프레드시트의 각각의 범위 이름에 다음과 같이 입력될 겁니다.

    • **ACCESS_TOKEN** : 액세스 토큰

    • **REFRESH_TOKEN** : 액세스 토큰 갱신을 위한 토큰

    • **CREATE_TIME** : 토큰 최초 생성 일시

❽ 토큰을 생성한 시간을 기록하기 위해 현재 시간을 가지고 오는 함수입니다.

코드를 저장한 다음 getKakaoAuth( ) 함수를 실행하면 JSON 응답값이 로그에 뜹니다. 각 역할을 설명하면 다음과 같습니다.

실행 로그

```
{"access_token":"***NZWg",
 "token_type":"bearer",
 "refresh_token":"Tjfj***NZWg",
 "expires_in":21599,
 "scope":"talk_message",
 "refresh_token_expires_in":5183999}
```

이름	설명	필수값
access_token	access_token	O
token_type	토큰 타입으로, 항상 'bearer' 로 반환됩니다.	O
refresh_token	액세스 토큰을 갱신하기 위한 리프레시 토큰입니다.	O
expires_in	액세스 토큰과 ID 토큰의 만료 시간(초)입니다.	O

| scope | 인증된 사용자의 정보 조회 권한 범위입니다. | X |
| refresh_token_expires_in | 리프레시 토큰 만료 시간(초)입니다. | O |

스프레드시트로 이동하면 지정한 범위 이름에 생성된 토큰 값이 입력되었습니다.

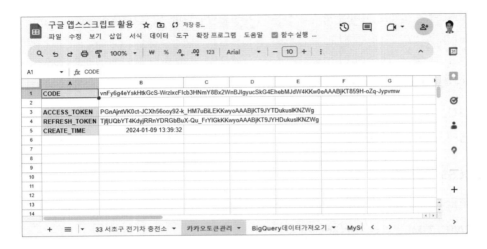

TIP 오류가 발생한다면 'CODE'값으로 들어가는 인가 코드를 다시 발급받고 시도해보세요.

</> 나에게 메시지 보내기

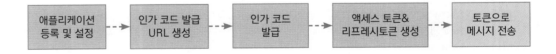

메시지 보내는 함수를 생성하겠습니다. 앞서 발급 받은 액세스 토큰만 있으면 메시지를 전송할 수 있습니다. 메시지의 종류는 피드, 리스트, 위치, 커머스, 텍스트, 캘린더 등이 있습니다. 여기서는 텍스트 메시지를 보내보겠습니다. getKakaoAuth( ) 함수에 이어서 다음 함수를 작성하세요.

```
function sendKakaoMessageToMe() {
    // ❶ 스프레드시트에서 액세스 토큰 가져오기
```

```
    const ss = SpreadsheetApp.getActive();
    const ACCESS_TOKEN = ss.getRangeByName("ACCESS_TOKEN").getValue();
    // ❷ 카카오톡 메시지 전송 API URL
    const url = "https://kapi.kakao.com/v2/api/talk/memo/default/send";
    // ❸ 메시지 내용
    var message = "앱스 스크립트로 카카오톡 메시지 보내기 성공!!!"
    // ❹ 메시지 템플릿
    var dataString = `template_object={
        "object_type": "text",
        "text":  "${message}",
        "link":{
            "web_url": "https://developers.kakao.com",
            "mobile_web_url": "https://developers.kakao.com"
        }
    }`;
    // ❺ URL을 호출을 위한 환경설정
    const options = {
        method: "POST",
        headers: {
            Authorization: "Bearer " + ACCESS_TOKEN,
            contentType: "application/x-www-form-urlencoded;charset=utf-8"
        },
        payload: dataString
    };
    // ❻ URL을 환경설정 값과 함께 호출
    const res = UrlFetchApp.fetch(url, options).getContentText();
    console.log(res);
}
```

❶ 스프레드시트에서 Access Token을 가져옵니다. "ACCESS_TOKEN"라고 설정한 범위 이름의 데이터를 가져오기 위해 getRangeByName() 메서드를 이용합니다.

❷ 카카오톡 메시지를 전송하는 API URL을 선언합니다.

❸ 메시지를 보낼 내용을 입력합니다.

❹ 메시지를 보내기 위해서는 메시지 템플릿인 template_object 객체를 생성해 data에 매개변수로 전달해야 합니다. template_object에 들어가야 하는 값은 다음과 같습니다.

이름	설명	필수값
object_type	템플릿 종류를 입력합니다. 값으로 text, calendar, feed, list, location, commerce를 입력할 수 있습니다.	O
text	메시지를 보낼 텍스트로, 최대 200자까지 입력할 수 있습니다.	O
link	콘텐츠 클릭 시 이동할 링크 정보를 입력합니다.	O
button_title	기본 버튼 타이틀("쟈세히 보기")을 변경하고 싶을 때 설정합니다.	X
buttons	버튼 타이틀과 링크를 변경하고 싶을 때, 버튼을 두 개를 넣고 싶을 때 사용합니다.	X

우리는 텍스트 형태의 메시지를 전송하기 때문에 "object_type" 값으로 "text"를 입력했습니다. text와 link에도 원하는 값을 지정합니다. 필수값은 모두 입력해줘야 오류가 발생하지 않습니다.

❺ URL을 호출을 위한 환경을 설정합니다. 앞서 액세스 토큰을 발급받았을 때와 유사합니다.

- method에는 데이터를 입력할 때 주로 사용하는 "POST"를 넣어줍니다.
- headers의 Authorization에는 인증 처리 방식인 "Bearer"와 함께 애플리케이션의 REST API 키를 넣어 요청을 보낸 사용자를 확인합니다.
- headers의 contentType에는 "application/x-www-form-urlencoded;charset=utf-8"를 넣어 데이터를 URL 형식으로 보냅니다.
- payload에는 생성한 메시지 템플릿을 넣어줍니다.

❻ URL을 환경설정값과 함께 호출합니다.

코드를 저장한 다음 sendKakaoMessageToMe( ) 함수를 실행하면 카카오톡 메시지가 나에게 전송됩니다. 다음과 같이 우리가 앞서 만든 'Apps Script 테스트'라는 애플리케이션 이름으로 메시지가 전송된 것을 확인할 수 있습니다.

이 방식을 활용해서 주기적인 알림을 보내거나, 주식 시세 등을 긁어오는 나만의 알림봇을 만들어도 좋을 겁니다. 카카오톡 메시지 보내기를 활용하는 방법은 다음 장에서 더 자세히 알아보겠습니다.

</> 토큰 자동 갱신하기

앞서 토큰을 관리하는 스프레드시트를 만들면서 액세스 토큰과 리프레시 토큰 모두 유지되는 시간이 정해져 있고, 각 토큰의 유지 시간이 지나면 토큰을 사용할 수 없다고 했습니다. 이번에는 스프레드시트에서 6시간 단위로 액세스 토큰을, 1개월 단위로 리프레시 토큰을 자동 갱신하도록 설정해보겠습니다.

getKakaoAuth( ) 함수를 이용해 액세스 토큰을 발급받을 때 로그 결과에 expires_in과 refresh_token_expires_in이라는 항목이 있었습니다.

```
실행 로그
{"access_token":"***NZWg",
 "token_type":"bearer",
 "refresh_token":"Tjfj***NZWg",
 "expires_in":21599,
 "scope":"talk_message",
 "refresh_token_expires_in":5183999}
```

이 항목은 액세스 토큰의 만료 시간(초)으로 21,599초 즉 5시간 59분 59초 후 액세스 토큰이 만료된다는 뜻입니다. 같은 방식으로 계산했을 때 리프레시 토큰은 약 두 달 후에 만료됩니다. 만료된 토큰으로 메시지를 보내는 API를 실행하면 다음과 같이 토큰 만료 오류가 발생하면서 메시지가 정상적으로 전송되지 않습니다.

```
{"msg":"this access token is already expired","code":-401}
```

이 발급받은 REFRESH_TOKEN을 이용해 ACCESS_TOKEN을 갱신하여 ACCESS_
TOKEN의 유효성을 유지하도록 하겠습니다. 먼저 스프레드시트에 다음과 같이 UPDATE_
TIME을 추가 작성하고 범위 이름도 지정해주세요.

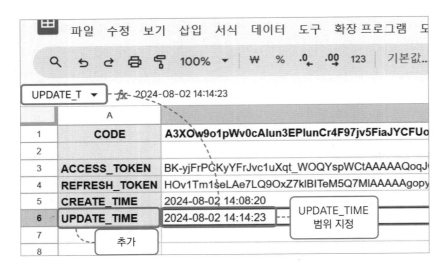

앱스 스크립트에 다음 코드를 이어서 작성하세요.

```
                                                          project33.gs
function getKakaoAuthRefresh() {
    // 스프레드시트에서 Refresh Token 가져오기
    const ss = SpreadsheetApp.getActive();
    const REFRESH_TOKEN = ss.getRangeByName("REFRESH_TOKEN").getValue();
    // 카카오 토큰 생성 API URL
    const url = "https://kauth.kakao.com/oauth/token";
    // ❶ 요청 본문
    data = {
        "grant_type": "refresh_token",
        "client_id": CLIENT_ID,
        "redirect_uri": "https://www.google.com",
        "refresh_token": REFRESH_TOKEN
```

```
  }
  // URL을 호출을 위한 환경설정
  const options = {
    method: "POST",
    contentType: "application/x-www-form-urlencoded;charset=utf-8",
    headers: {
      Authorization: "Bearer " + CLIENT_ID
    },
    payload: data
  };
  // URL을 환경설정 값과 함께 호출
  const response = UrlFetchApp.fetch(url, options).getContentText();
  const returndData = JSON.parse(response);
  console.log(returndData);
  const now = getDateTime();
  // ❷ 생성된 Access Token을 스프레드시트에 저장
  ss.getRangeByName("ACCESS_TOKEN").setValue(returndData.access_token);
  ss.getRangeByName("UPDATE_TIME").setValue(now);
  // ❸ 생성된 Refresh Token을 스프레드시트에 저장
  if ( returndData.refresh_token !== undefined ) {
    ss.getRangeByName("REFRESH_TOKEN").setValue(returndData.refresh_token);
  }
}
```

❶ 인증코드가 아닌 refresh_token을 이용해 인증을 진행하기 때문에 요청 본문의 "grant_type" 에 " authorization_code"가 아닌 "refresh_token"을 입력합니다.

❷ 갱신된 access_token과 현재 실행된 시간을 스프레드시트에 입력합니다.

❸ 액세스 토큰의 갱신 기간이 리프레시 토큰보다 짧기 때문에 액세스 토큰을 갱신했을 때 리프레시 토큰 만료일이 한 달 넘게 남았다면 결괏값으로 refresh_token은 반환하지 않습니다. 오류를 방지하기 위해 다음과 같이 결괏값에 refresh_token이 있을 때만 스프레드시트에 REFRESH_TOKEN을 입력하도록 처리합니다.

```
{ access_token: '***NZWg',
token_type: 'bearer',
refresh_token: 'llfV***NZWg',
expires_in: 21599,
refresh_token_expires_in: 5183999 }
```
실행 로그

토큰 만료일이 한 달 이내로 남은 시점에 호출한다면 다음과 같이 refresh_token을 반환할 겁니다. 코드를 저장한 다음 getKakaoAuthRefresh( ) 함수를 실행하면 토큰 갱신 결괏값이 시트에 업데이트됩니다.

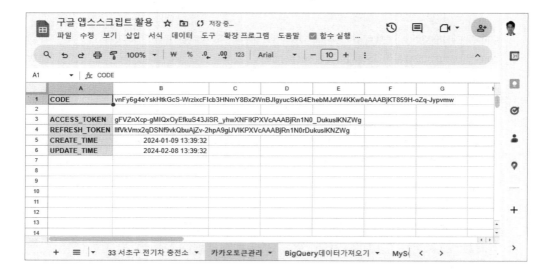

이제 getKakaoAuthRefresh( ) 함수를 6시간 단위 트리거로 생성해주면 카카오톡의 ACCESS_TOKEN을 지속적으로 갱신하여 자동으로 ACCESS_TOKEN 유효성을 유지할 수 있습니다. 다음 설정을 참고해서 시간 기반 트리거를 만들어보세요.

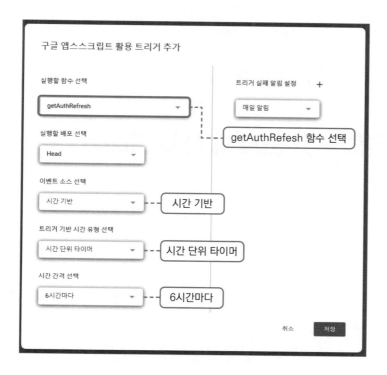

리마인드 노트

- 인증 절차가 까다로울 수 있으므로, 차근차근 순서대로 잘 진행해 보세요.

- 토큰의 유효기간이 있으니 토큰이 유실되지 않도록 별도의 시트에서 토큰을 관리해줍니다.

- headers의 contentType은 API 정의서에서 제공하는 타입으로 정확히 입력해야 합니다.

- Bearer는 인증방식 중 하나로, 토큰을 이용해 권한을 증명하고 접근하는 방식입니다.

앱스 스크립트로 문자 메시지 보내기

난이도 ◉◻◻◻◻◻   알아두면 유용해요 ◉◉◉◻◻◻

앞서 카카오톡 메시지는 타인에게 보내는 데에 제약 조건이 있고, 받는 사람도 특정 설정을 해야한다는 한계가 있어서 '나에게 보내기'로만 활용했습니다. 이번 프로젝트에서는 타인에게도 보낼수 있는 문자 메시지 실습을 해보겠습니다. 고객관리 차원에서 불특정 다수에게 마케팅 문자 메시지를 보낼 수도 있고, 같은 양식의 안내 문자에 받는 사람의 정보만 바꿔 보낼 때도 유용하게 활용할 수 있을 겁니다.

</> SMS 전송 서비스 API 인증키 발급받기

네이버 SENS, 알리고 등 다양한 서비스에서 문자 메시지를 전송할 수 있는 API를 제공합니다. 이번 실습에서는 CoolSMS(coolsms.co.kr) 서비스를 활용해서 메시지를 전송해보겠습니다. CoolSMS에 회원 가입하면 제공되는 포인트를 사용하면 문자 메시지를 전송할 수 있습니다. 먼저 회원 가입 후 로그인을 해주세요. 회원 가입 후에는 휴대전화 본인 인증을 해야 합니다. 인증후에는 300 포인트를 무료로 지급합니다. 이것으로 실습을 진행하겠습니다.

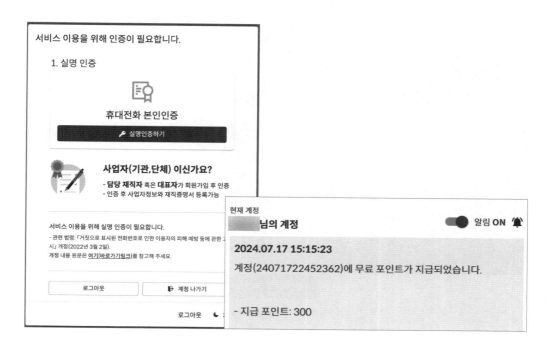

회원 가입 후 로그인을 하고 ❶ [개발/연동 → API Key 관리]를 눌러 'API Key 목록' 화면으로 이동한 다음 ❷ [+ 새로운 API KEY]를 누르고 ❸ 신규 API Key 생성 모달 창에서 [모든 IP 허용]을 누릅니다. 아마 경고 메시지가 나올텐데 학습용으로 테스트할 것이므로 괜찮습니다.

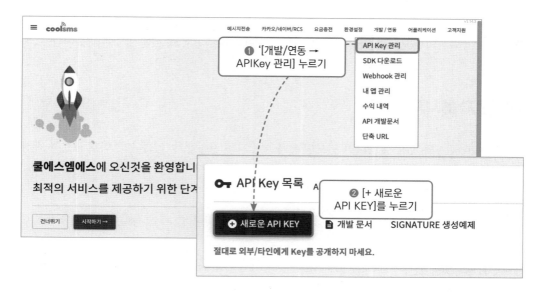

❹ API Key와 API Secret이라는 두개의 인증키가 만들어집니다. 이 키를 잘 복사해둡시다.

</> 문자 메시지 보내기

생성된 API Key와 API Secret만 있으면 문자 메시지를 전송할 수 있습니다. 바로 코드를 작성해 보겠습니다.

TIP coolsms 공식 API 문서 : docs.coolsms.co.kr

```
// ❶ API 정보 ●──[ 하이라이트 한 부분에 여러분의 정보를 입력하세요. ]          project34.gs
const API_KEY = "NCS***8P9";
```

```
const API_SECRET = "XMPP***PVAL";
const HostPhoneNumber = "본인인증한 발신자용 핸드폰번호";
// 문자 메시지 전송 함수
function sendSms() {
  var phoneNo = "문자를 수신할 전화번호";
  var message = "반갑습니다. 앱스 스크립트에서 전송되는 문자 메시지입니다.";
  const url = "https://api.coolsms.co.kr/messages/v4/send";
  // ❷ signature 생성
  var datetime = getDateTime();
  var salt = Date.now().toString();
  var sign = signApiRequest(datetime, salt, API_SECRET);
  // ❸ body 설정
  var formData = {"message":{"to":phoneNo, "from":HostPhoneNumber,
"text":message, "autoTypeDetect":true}};
  // ❹ SMS API에 POST 요청 보내기
  const response = UrlFetchApp.fetch(url, {
    method: "POST",
    headers: {
      "Authorization": `HMAC-SHA256 apiKey=${API_KEY}, date=${datetime},
      salt=${salt}, signature=${sign}`,
      "Content-Type": "application/json"
    },
    payload: JSON.stringify(formData)
  });
  const json = response.getContentText();
  const returndData = JSON.parse(json);
  console.log(returndData);
}
// ❺ API 요청 서명 생성 함수
function signApiRequest(datetime, salt, appSecret) {
  // 서명에 사용할 데이터 생성
  var query = `${datetime}${salt}`;
  var bytes = null;
```

```javascript
  try {
    // 비밀키와 데이터를 이용하여 HMAC-SHA256 서명 생성
    var secretKey = Utilities.newBlob(appSecret).getBytes();
    var dataBytes = Utilities.newBlob(query).getBytes();
    var hmac = Utilities.computeHmacSha256Signature(dataBytes, secretKey);
    bytes = hmac;
  } catch (e) {
    Logger.log(e.toString());
  }
  return byte2hex(bytes); // 바이트를 16진수 문자열로 변환하여 반환
}
// ❻ 바이트를 16진수 문자열로 변환하는 함수
function byte2hex(bytes) {
  var sign = '';
  for (var i = 0; i < bytes.length; i++) {
    var hex = (bytes[i] & 0xFF).toString(16);
    if (hex.length == 1) {
      sign += '0';
    }
    sign += hex.toUpperCase();
  }
  return sign;
}
// ❼ 현재 날짜 시간 반환
function getDateTime() {
  const today = new Date();
  const date = [
    today.getFullYear(),
    (today.getMonth() + 1).toString().padStart(2, "0"),
    today.getDate().toString().padStart(2, "0"),
  ].join("-");
  const time = [
    today.getHours().toString().padStart(2, "0"),
```

```
    today.getMinutes().toString().padStart(2, "0"),
    today.getSeconds().toString().padStart(2, "0"),
  ].join(":");
  const result = `${date}T${time}Z`;
  return result;
}
```

함수 기준으로 먼저 코드의 큰 그림을 보겠습니다.

1 API를 사용하기 위해 필요한 키와 발신자용 번호를 전역변수 API_KEY, API_SECRET, HostPhoneNumber로 선언합니다.

2 sendSms( ) 함수로 문자 전송을 위한 정보를 입력하고 요청합니다. 주요 동작 함수입니다.

3 signApiRequest( ), byte2hex( ), getDateTime( ) 함수는 API 요청을 위한 서명을 생성하는 데 필요한 함수입니다.

큰 흐름을 기억하며 조금 더 자세하게 이해해봅시다.

❶ API 호출에 필요한 정보를 선언합니다. 인증에 필요한 API_KEY와 API_SECRET를 선언하고 회원 가입할 때 본인 인증했던 휴대폰 번호를 HostPhoneNumber에 입력합니다.

문자 메시지를 전송하는 주요 함수인 sendSms( )는 ❷ signature 생성, ❸ 문자 내용 생성, ❹ 전송 요청 단계로 구성됩니다.

❷ signature는 사용자와 서버 간 데이터를 안전하게 주고받기 위해 만드는 일종의 디지털 암호 서명입니다. 암호를 만드는 방식은 CoolSMS 공식 문서를 따랐습니다. datetime, salt로 날짜-시간 값과 문자열이 섞인 무작위 값을 만들고 ❺ 서명 생성 함수를 통해 암호화한 결과를 만듭니다. signature 값은 ❹ header의 Authorization 값에 넣어 서버로 보낼 겁니다.

❸ API의 body(payload) 부분에 들어갈 값입니다. 메시지 데이터를 담은 JSON 객체 "message"를 생성합니다. 담긴 내용은 다음과 같습니다.

• **to** : 수신자의 전화번호를 나타냅니다. phoneNo 변수에 저장된 값이 여기에 사용됩니다.

- **from** : 발신자의 전화번호를 나타냅니다. HostPhoneNumber 변수에 저장된 값이 여기에 사용됩니다.
- **text** : 전송할 텍스트 메시지 내용을 나타냅니다. message 변수에 저장된 값이 여기에 사용됩니다.
- **autoTypeDetect** : 이 값을 true로 설정하면, 메시지의 유형을 자동으로 감지합니다. 즉, 메시지에 어떤 종류의 내용이 들어가 있는지 자동으로 판별하려는 경우에 사용합니다.

❹ 앞서 생성한 signature를 이용해 header를 완성하고, body 부분을 활용하여 SMS API에 POST 요청을 전송합니다.

❺ ~ ❼은 API 요청 서명 생성과 관련된 함수입니다. ❺는 앞서 전달받은 datetime, salt의 문자열을 순서대로 연결하고 Utilities.newBlob( ).getBytes( ) 메서드를 이용해 바이트로 변환한 뒤 HMAC-SHA256 알고리즘을 사용하여 서명(hmac)을 생성합니다. ❻ 그리고 생성된 바이트 서명을 16진수 문자열로 변환하여 signature 값을 반환합니다. 이 복잡한 과정을 모두 알 필요는 없습니다. 고유한 코드를 만드는 과정이라고만 이해해주세요. ❼ signature를 만들기 위해 필요한 현재 날짜와 시간을 반환하는 함수입니다.

코드를 저장한 다음 sendSms( ) 함수를 실행하면 문자를 수신받을 전화번호인 phoneNo 변수에 입력한 전화번호로 문자 메시지가 발송됩니다.

실행 로그

```
{ groupId: 'G4V20240205145314WNON3WGYBUCVO5T',
  to: '수신자 전화번호',
  from: '발신자 전화번호',
  type: 'SMS',
  statusMessage: '정상 접수(이통사로 접수 예정) ',
  country: '82',
  messageId: 'M4V202402051453140EETV33PJDP3HZV',
  statusCode: '2000',
  accountId: '24020182661788' }
```

리마인드 노트

- 문자 메시지를 보내기 위해서는 문자 메시지 전송 서비스의 API 인증키를 받아야 합니다.
- CoolSMS로 문자 메시지를 보내는 코드는 크게 signature 서명 생성, API의 body에 들어갈 값 생성, API에 POST 요청 전송의 세 가지 단계로 구성됩니다.
- Utilities.newBlob( ) 메서드는 입력된 문자열을 Blob 객체로 변환하여 이진 데이터를 처리할 때 사용합니다.
- getBytes( ) 메서드를 이용해 Blob 객체로 변환된 문자열을 바이트 배열로 변환합니다.
- Utilities.computeHmacSha256Signature( ) 메서드를 이용해 MAC-SHA256 해시값을 계산합니다.

(Project 35)

슬랙 봇 메시지 보내기

슬랙은 팀과 조직 단위로 실시간 메신저 기능과 커뮤니케이션을 도와주는 툴입니다. 이번에는 앱스 스크립트로 슬랙에서 팀원에게 원하는 메시지를 전송하는 기능을 구현해보겠습니다. 개별 메시지를 보내주는 기능을 사용해서 다음과 같이 주기적인 알림봇이나 공지봇으로 활용하면 유용할 겁니다.

</> 슬랙 API 설정하기

슬랙 애플리케이션 생성하기

슬랙에 봇 메시지를 보내기 위해서는 슬랙 API에서 애플리케이션을 생성해야 합니다. 애플리케이션은 슬랙의 워크스페이스와 1:1로 연결됩니다. 카카오 애플리케이션과 유사하게 메시지를 보내는 주체를 만드는 겁니다.

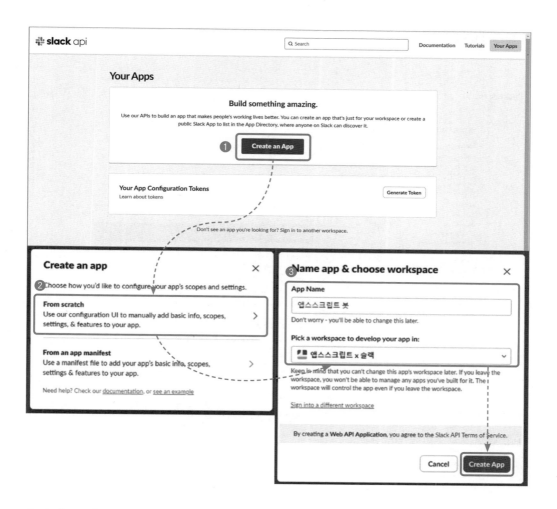

● 슬랙 API(api.slack.com/apps) 페이지로 이동해 [Create an App] 버튼을 클릭합니다. ②
UI로 쉽게 애플리케이션을 설정하기 위해 [From scratch]를 선택합니다. ③ 애플리케이션의 이
름을 입력하고 워크스페이스를 선택한 뒤 [Create App] 버튼을 클릭하면 애플리케이션이 생성됩
니다.

애플리케이션 설정하기

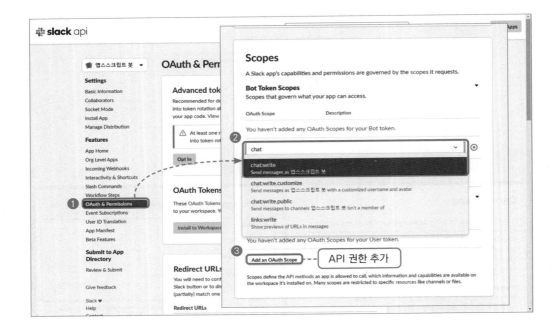

❶ 왼쪽 메뉴의 **[OAuth & Permissions]**으로 이동해 스크롤을 내리다보면 Scopes 항목이 나옵니다. ❷ API의 권한을 할당하는 부분입니다. 할당하고 싶은 권한을 검색해서 선택하고 ❸ **[Add OAuth Scope]** 버튼을 눌러 권한을 추가할 수 있습니다. 멤버 정보를 가져오고 메시지를 전송하기 위해 다음과 같이 Bot Token Scope에 'chat:write', 'im:write', 'users:read' 3개의 권한을 추가해줍니다.

이제 왼쪽 메뉴의 ❶ [App Home]으로 이동해 ❷ [Edit] 버튼을 클릭합니다. ❸ 애플리케이션 이름을 입력해주고 [Add] 버튼을 클릭해줍니다. 여기서 입력한 Bot Name이 슬랙에서 보이는 애플리케이션의 이름이 됩니다.

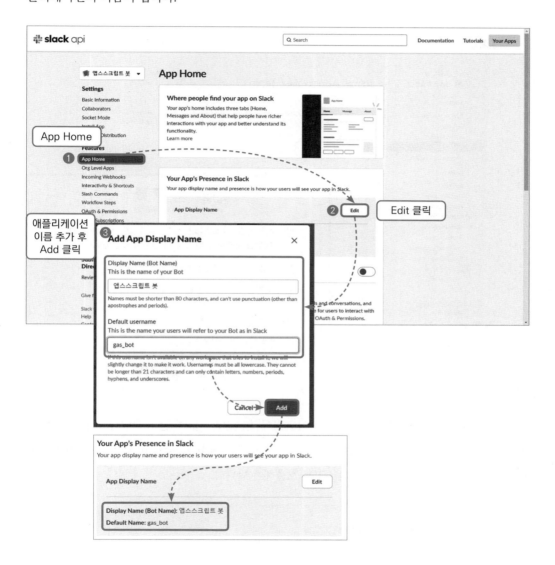

마지막으로 왼쪽 메뉴의 ❶ [Install App]으로 이동해 ❷ [Install to Workspace] 버튼을 클릭합니다. ❸ 권한을 허용하는 창에서 [허용] 버튼을 클릭하면 생성한 애플리케이션을 워크스페이스에 설치합니다.

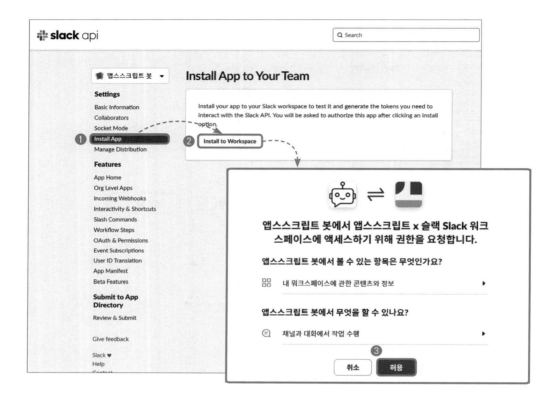

이렇게 생성된 Bot User OAuth Token이 API를 호출할때 사용하는 토큰입니다. [Copy]를 눌러 암호를 복사한 후 보관하세요. 만약 Scope를 추가하려면 [Reinstall to Worksapce] 버튼을 클릭해 새롭게 생성된 토큰을 이용해 API를 호출해야 합니다.

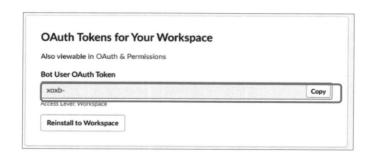

슬랙으로 이동하면 방금 생성한 '앱스스크립트 봇' 앱이 추가된 것을 확인할 수 있습니다.

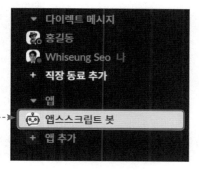

</> 슬랙 메시지 보내기

멤버 ID 스프레드시트로 가져오기

멤버 별로 메시지를 보내기 위해서는 각각 멤버의 ID를 알아야 합니다. 멤버의 ID는 멤버를 클릭하고 [...] 버튼을 클릭한 뒤 **[멤버 ID 복사]** 버튼을 눌러야 확인할 수 있습니다.

하지만 일일이 멤버를 추가하려면 엄청난 반복 작업을 해야 하기 때문에 비효율적입니다. 따라서 우리는 멤버 리스트를 가져오는 API를 이용해 멤버 ID와 멤버 이름을 스프레드시트에 저장하는 코드를 구현해보겠습니다.

먼저 스프레드시트에 다음과 같이 열 제목을 A2
셀부터 차례로 입력한 후 코드를 작성해주세요.

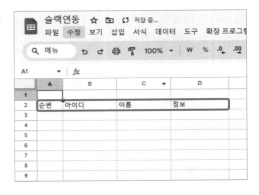

```
                                                           project35.gs
// ❶ 여러분의 토큰을을 입력하세요
const SLACK_AUTH_TOKEN = "xoxb-***6J5toN";
function getSlackMemberInfo() {
    // ❷ API 정보 설정
    const get_member_list_url = "https://slack.com/api/users.list";
    var options = {
        method : "POST",
        headers: {
            "Authorization": `Bearer ${SLACK_AUTH_TOKEN}`,
            "Content-Type" : "application/x-www-form-urlencoded"
        }
    };
    // API 호출
    var response = UrlFetchApp.fetch(get_member_list_url, options);
    var data = JSON.parse(response.getContentText());
    // 데이터를 정상적으로 가져왔을 경우
    if ( data.ok ) {
        const members = data.members;
        var membersArr = [];
        for ( i in members ) {
            // ❸ 가져온 데이터를 2차원 배열로 변환
```

```
        const member = members[i];
        if ( !member.is_bot && !member.deleted && member.is_email_confirmed ) {
            membersArr.push([member.id, member.real_name]);
        }
    }
    const sheet = SpreadsheetApp.getActive().getSheetByName("슬랙_사용자");
    const lastRowNo = sheet.getLastRow() - 1;
    // ❹ 가져온 멤버 정보에 순번 추가
    const numberedMemberArray = membersArr.map((arr, index) => [index +
    lastRowNo, ...arr]);
    // ❺ 스프레드시트에 데이터 입력
    sheet.getRange(`A3:C${numberedMemberArray.length+2}`).
    setValues(numberedMemberArray);
    }
}
```

코드 가장 첫 줄에 무엇이 와야 할까요? 맞습니다. ❶ SLACK_AUTH_TOKEN이라는 변수를 선언하고 사용할 토큰을 입력합니다. 그리고 getSlackMemberInfo( ) 함수에서 멤버 리스트를 가져오는 ❷ users.list API를 호출할 겁니다.

데이터를 정상적으로 가져왔다면,

❸ 가져온 데이터를 스프레드시트에 입력하기 위해 2차원 배열로 생성합니다.

- 예시 : [['U07CPPD2WCD', 'Whiseung Seo'], ['U07CSKU6T27', '홍길동']]

❹ 그리고 추출한 멤버 ID 에 순번 데이터를 추가합니다.

- 예시 : [[1, 'U07CPPD2WCD', 'Whiseung Seo'], [2, 'U07CSKU6T27', '홍길동']]

❺ 스프레드시트에 새로 추가된 numberedMemberArray 배열을 입력합니다.

코드를 저장한 다음 getSlackMemberInfo( ) 함수를 실행하면 슬랙 멤버의 정보를 가져온 것을 확인할 수 있습니다.

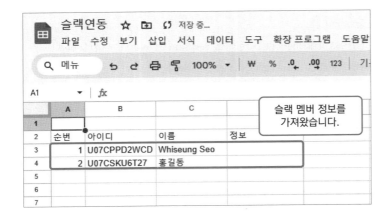

슬랙 멤버 정보를 가져왔습니다.

TIP 만약 다음과 같은 오류가 떴다면 실행 버튼을 다시 눌러보세요. 분당 API 호출 횟수가 제한되어 있기 때문에 발생한 오류입니다.

Exception: Request failed for https://slack.com returned code 429. Truncated server response: {"ok":false,"error":"ratelimited"} (use muteHttpExceptions option to examine full response)

새로 추가된 멤버들의 정보만 스프레드시트로 가져오기

앞서 배운 코드로 멤버를 불러오면 매번 멤버 전체의 정보를 불러옵니다. 아이디와 이름 정보만 필요하면 이 코드로 충분합니다. 하지만 멤버의 부서, 전화번호 등 추가 정보들을 입력하고 사용한다면 멤버가 추가되거나 나갔을 때 추가 정보들이 사라지거나 꼬일 위험이 있습니다. 그래서 이번에는 새로 추가된 멤버들의 정보만 가져오도록 코드를 조금 더 발전시켜볼 겁니다. 기존 코드를 다음과 같이 수정해주세요.

```
                                                      project35.gs
function getSlackMemberInfo() {
  ...생략...
  const sheet = SpreadsheetApp.getActive().getSheetByName("슬랙_사용자");
  const lastRowNo = sheet.getLastRow() - 1;
  const numberedMemberArray
  = membersArr.map((arr, index) => [index + lastRowNo, ...arr]);
  sheet.getRange(`A3:C${numberedMemberArray.length+2}`).
  setValues(numberedMemberArray);
```

```
    // 여기서부터 내용을 새로 추가해주세요
    // ❶ 스프레드시트에서 멤버 ID만 추출
    const existMemberArr = sheet.getRange(`B3:B${sheet.getLastRow()}`).
    getValues().flat();
    // ❷ 가져온 데이터에서 멤버 ID만 추출
    const membersIdArr = membersArr.map(arr => arr[0]);
    // ❸ 가져온데이터에서 추가된 멤버 ID만 추출
    const newMemberArr = membersIdArr.filter(element => !existMemberArr.
    includes(element));
    // ❹ 가져온 데이터에서 추가된 멤버 ID의 정보만 추출
    const filteredArray = membersArr.filter(arr => newMemberArr.includes(arr[0]));
    // 여기까지의 내용을 추가해주세요
    // ❺ 추출된 멤버 ID에 순번 데이터 추가
    const numberedMemberArray = filteredArray.map((arr, index) => [index +
    lastRowNo, ...arr]);
    // ❻ 스프레드시트에 데이터 입력
    sheet.getRange(`A3:C${numberedMemberArray.length+2}`).
    setValues(numberedMemberArray);
  }
}
```

Whiseung Seo는 이미 등록되어 있고 홍길동이
라는 새 멤버를 추가한다고 생각해봅시다. 결과로
생성된 2차원 배열은 다음과 같습니다.

[['U07CPPD2WCD', 'Whiseung Seo'],
['U07CSKU6T27', '홍길동']] --- 추가

❶ 기존 멤버의 ID가 입력된 B행의 데이터들을 가
져와 flat( ) 메서드를 이용해 1차원 배열로 변환
합니다.

['U07CPPD2WCD']

❷ 슬랙의 멤버 현황을 가져온 membersArr 배
열에서 map( ) 메서드를 이용해 멤버 ID(0번째
요소)만 추출합니다.

['U07CPPD2WCD', 'U07CSKU6T27']

❸ 가져온 데이터에서 filter( ) 메서드를 이용해 추가된 멤버 ID만 추출합니다. ❷에서 생성한 membersIdArr 배열에서 ❶에서 생성한 existMemberArr 배열을 뺀다고 생각하면 됩니다.

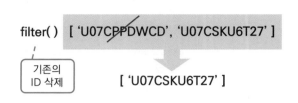

filter( ) ['U07CPPDWCD', 'U07CSKU6T27']

기존의
ID 삭제

['U07CSKU6T27']

❹ membersArr 배열에서 ❸에서 찾아낸 새로 추가된 멤버들의 ID가 들어있는 newMemberArr 배열의 정보들만 추출합니다.

[['U07CSKU6T27', '홍길동']]

❺ 추출된 멤버 ID 에 순번 데이터를 추가합니다.

[[2, 'U07CSKU6T27', '홍길동']]

❻ 스프레드시트에 새로 추가된 numberedMemberArray 배열을 입력합니다.

코드를 저장한 다음 getSlackMemberInfo( ) 함수를 실행하면 새로운 멤버의 정보만 스프레드시트에 추가되었습니다.

새로운 멤버의 정보만
추가합니다.

이 함수는 추후에 시간 단위, 혹은 일 단위 트리거를 이용해 자동으로 사용자가 추가되도록 자동화할 수도 있습니다.

멤버에게 메시지 보내기

이제 멤버들에게 메시지를 보낼 준비가 끝났습니다. 스프레드시트의 D열의 정보 데이터를 가공하여 각각의 멤버들에게 메시지를 보내는 코드를 구현해보도록 하겠습니다.

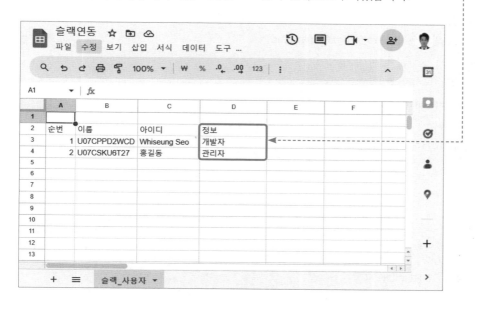

```
function sendSlackMessage() {
  // ❶스프레드시트 데이터 추출
  const sheet = SpreadsheetApp.getActive().getSheetByName("슬랙_사용자");
  const values = sheet.getRange(`A3:D${sheet.getLastRow()}`).getValues();
  const send_url = "https://slack.com/api/chat.postMessage";

  for ( i in values ) {
    // API 정보 설정
    var payload = {
      "channel": values[i][1], // ❷ 멤버 ID
      // ❸ 메시지
      "text": `안녕하세요. ${values[i][2]} 님, 당신은 ${values[i][3]} 입니다.`,
    };
    var options = {
```

project35.gs

```
        method : "POST",
        headers: {
            "Authorization": `Bearer ${SLACK_AUTH_TOKEN}`,
            "Content-Type" : "application/json; charset=utf-8"
        },
        payload: JSON.stringify(payload)
    };
    // ❹ 메시지 전송 API 호출
    var response = UrlFetchApp.fetch(send_url, options);
    var data = JSON.parse(response.getContentText());
    console.log(data);
    }
}
```

실행 로그

```
{
  ok: true,
  channel: 'D07CW5UH1JR',
...생략...
    text: '안녕하세요. 서휘승 님, 당신은 개발자입니다.',
...생략...
}
{
  ok: true,
  channel: 'D07CZ2YL2KC',
...생략...
    text: '안녕하세요. 홍길동 님, 당신은 관리자입니다.',
...생략...
}
```

❶ 메시지를 보내기 위한 데이터를 스프레드시트에서 가져옵니다.

❷ 요청 본문의 channel에는 메시지를 받을 슬랙의 멤버 ID를 입력해줍니다.

❸ 요청 본문의 text에는 메시지 내용을 입력해줍니다.

❹ 메시지 전송 API를 호출합니다. headers에 Content-Type에 "application/json; charset=utf-8"을 입력해야 함을 주의해주세요.

코드를 저장한 다음 sendSlackMessage ( ) 함수를 실행하면 API 실행 결과의 로그와 함께 슬랙에 메시지가 전송된 것을 확인할 수 있습니다.

이렇게 스프레드시트와 앱스 스크립트를 이용하면 슬랙에서 사용자별로 다른 메시지를 버튼 한 번만 눌러 전송할 수 있습니다. 생성한 애플리케이션을 공지봇으로 만들어서 멤버별 남은 휴가 날짜나 인센티브 등을 안내할 때 요긴하게 쓸 수 있겠네요.

리마인드 노트

- 슬랙 API를 사용하려면 사용하고자 하는 기능에 대한 권한 범위(Scopes)를 먼저 설정해야 합니다.
- 슬랙 API의 권한 범위를 수정하려면 애플리케이션을 다시 설치해야 합니다.
- 메시지를 전송할 때 headers의 contentType에 'charset=utf-8'를 반드시 추가해야 합니다.

Project 36

앱스 스크립트로 챗GPT 사용하기

난이도 ● ● ●　　알아두면 유용해요 ● ● ●

앞서 우리는 챗GPT로 더미 데이터를 만들거나 배웠던 함수를 응용한 새로운 함수를 만들어보았습니다. 이렇게 유용한 챗GPT는 손쉽게 활용할 수 있는 API를 제공합니다. 그래서 앱스 스크립트 공부의 보조 도구로 쓸 수 있을 뿐만 아니라 바로 앱스 스크립트에 붙여서 사용할 수도 있습니다. 그럼 API 인증키 발급부터 앱스 스크립트에서 챗GPT를 활용하는 방법을 알아보겠습니다.

TIP 이 실습을 따라하기 위해서는 API 요금을 결제해야 합니다.

</> 챗GPT API 인증키 발급받기

로그인 후 API 인증키 생성하기

챗GPT의 API 인증키는 OpenAI 홈페이지(platform.openai.com)에서 발급받을 수 있습니다. 로그인 후 계정 옆 [Dashboard]를 클릭하고 좌측의 [API Keys] 메뉴로 이동합니다. [+ Create new secret key] 버튼을 클릭하면 API 인증키 생성 창이 뜹니다.

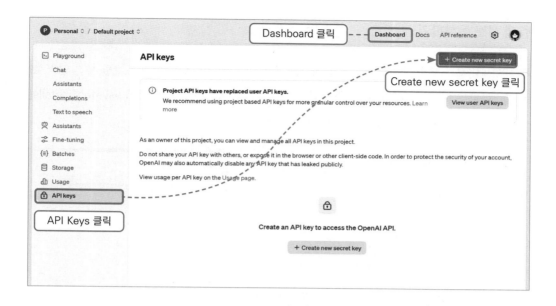

이름과 권한을 입력한 뒤 **[Create secret key]** 버튼을 클릭하면 바로 API 인증키가 생성됩니다. 처음 생성되었을 때만 복사할 수 있으므로 별도로 저장해주세요. 만약 이 API키를 잊어버렸다면 새로 API키를 발급받아서 사용하면 됩니다.

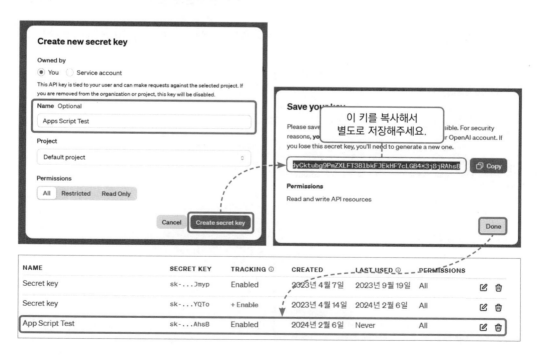

결제 정보 등록하기

챗GPT API를 사용하기 위해서는 결제 정보를 등록해야 합니다. 오른쪽 위 프로필 사진 옆의 ⚙️ 을 클릭하고 왼쪽 메뉴에서 [Billing]을 클릭하세요. 그리고 나오는 창에서 [Add payment details] 를 클릭하면 결제를 위한 카드 정보를 입력할 수 있습니다.

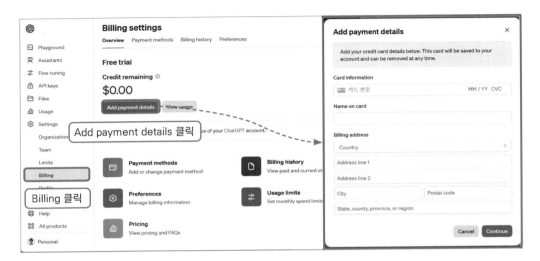

결제 수단을 설정한 후 [Continue] 버튼을 누르면 충전할 금액을 입력하는 창이 뜹니다.

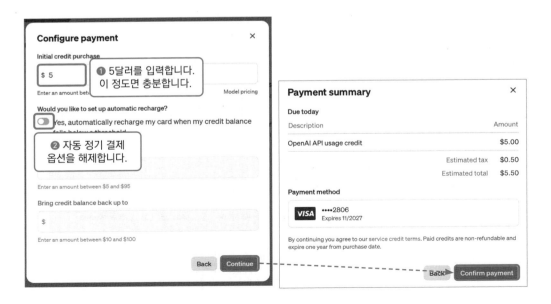

❶ 실습을 위해서는 최소 금액인 $5로 충분합니다. 충전할 금액을 입력하고 ❷ 자동 충전은 비활성화하겠습니다. 여러분이 OpenAI의 API를 사용하고자 하는 용도와 빈도에 맞게 설정해주세요. 설정을 마치고 [Continue → Confirm payment]를 차례로 입력해 충전을 마칩니다.

충전하지 않으면 함수를 실행했을 때 다음과 같은 오류 메시지가 발생하고 챗GPT의 API를 사용할 수 없습니다.

```
실행 로그
{ error:
    { message: 'You exceeded your current quota, please check your plan and
      billing details. For more information on this error, read the docs:
      https://platform.openai.com/docs/guides/error-codes/api-errors.',
      type: 'insufficient_quota',
      param: null,
      code: 'insufficient_quota' } }
```

결제 정보를 등록하였으면 이제 챗GPT API를 사용할 준비가 끝났습니다.

</> 챗GPT 사용하기

생성된 챗GPT API Key를 이용해 챗GPT API를 사용하는 코드를 작성해 보도록 하겠습니다. 자세한 개발 방법은 챗GPT API 문서에서 확인할 수 있습니다.

> TIP 챗GPT API 개발 가이드 : platform.openai.com/docs

```
// ❶ 챗GPT 환경변수 설정                                    project36.gs
const GPT = {
  env: {
    'API_KEY' : "sk-***AhsB",   // 발급받은 챗GPT API 키
    'MODEL' : 'gpt-4',
    'MESSAGE' : `You are an '앱스 스크립트 챗봇'. Please fill out the following:
                1. Please answer the questions kindly.
                2. Please be sure to write your answer in Korean.`
```

```
  }
};
// ② 시스템 메시지 설정
var conversation = [
  { role: "system", content: GPT.env.MESSAGE }
];
//챗GPT 실행
function processGPT() {
  // ③ 질문을 위한 챗GPT 설정
  var message = "너는 누구니?";
  console.log(`질문 : ${message}`);
  conversation.push(({ 'role': 'assistant', 'content': message }))
  const url = 'https://api.openai.com/v1/chat/completions';
  var formData = {
      'model': GPT.env.MODEL,
      'messages': conversation
    };
  // ④ 챗GPT API에 POST 요청을 보내기
  const options = {
    method: 'POST',
    headers: {
      'Authorization': 'Bearer ' + GPT.env.API_KEY,
      'Content-Type': 'application/json'
    },
    payload: JSON.stringify(formData)
  };
  // ⑤ 챗GPT 답변 추출 및 콘솔에 출력
  const response = UrlFetchApp.fetch(url, options);
  const data = JSON.parse(response.getContentText());
  const result = data.choices[0].message.content;
  console.log(`답변 : ${result}`);
}
```

앞선 예제들에서는 코드 시작할 때 API 키라는 변수를 각각 생성해주었지만, 이번에는 ❶ GPT라는 객체에 사용하는 API 인증키를 비롯한 속성값들을 입력합니다.

- **API_KEY** : API를 사용하기 위한 인증키입니다. 앞서 발급받은 API 인증키를 입력합니다.
- **MODEL** : 사용하려는 GPT 모델의 이름을 나타냅니다. 현재는 'gpt-4'로 설정되어 있습니다.
- **MESSAGE** : GPT 모델에 전달되는 초기 메시지로 모델의 답변을 제어하는 역할을 합니다.

TIP 챗GPT는 여러 변수를 필요로 하기 때문에 객체 형태로 그룹화하여 관리할 수 있도록 선언했습니다. 객체 이름을 GPT로 정해 객체 내 환경 변수(env)의 API_KEY, MODEL, MESSAGE 등의 변수에 쉽게 접근할 수 있습니다.

❷ 대화 배열인 conversation 변수에는 시스템 역할과 ❶에서 지정한 초기 메시지를 설정합니다. 시스템 역할은 모델의 행동을 지시하고 전반적인 대화의 문맥을 제어하는 역할을 합니다.

❸ 챗GPT에게 질문을 전달하고 그에 대한 응답을 받기 위한 설정을 정의하는 부분입니다.

- message 값으로 챗GPT에게 할 질문의 내용을 입력합니다.
- 앞서 생성한 대화 배열인 conversation 변수에 assistant 역할의 질문 내용을 메시지로 추가합니다.
- API를 호출할 URL을 입력합니다.
- formData에 사용할 챗GPT 모델과, conversation을 넣어줍니다.

❹ 챗GPT API에 POST 요청을 보냅니다. Authorization 헤더에 Bearer를 이용하여 API 키를 함께 전달해 인증을 수행합니다.

❺ 챗GPT의 답변을 콘솔에 출력합니다. 결괏값인 response를 JSON으로 변환하면 다음과 같은 JSON 객체가 생성됩니다. 실제 답변부는 choices[0].message.content이기 때문에 result 변수에 data.choices[0].message.content를 입력합니다.

실행 로그

```
{ id: 'chatcmpl-8p4jyc2GfT7tvkXKzGkfF1JTMPKgR',
  object: 'chat.completion',
  created: 1707183642,
```

```
model: 'gpt-4-0613',
choices:
 [ { index: 0,
     message: [Object],
     logprobs: null,
     finish_reason: 'stop' } ],
usage: { prompt_tokens: 71, completion_tokens: 47, total_tokens: 118 },
system_fingerprint: null }
```

코드를 저장한 다음 processGPT( ) 함수를 실행하면 콘솔에 챗GPT의 답변이 출력됩니다. 시스템 메시지로 You are an '앱스 스크립트 챗봇'이라고 설정하였기 때문에 자기 자신을 '앱스 스크립트 챗봇'이라고 소개합니다.

질문 : 너는 누구니?
답변 : 저는 앱스 스크립트 챗봇입니다. 여러분의 질문에 대해 도움을 드리는 역할을 합니다.

이렇게 앱스 스크립트 코드를 활용하여 챗GPT에게 질문을 하고 답변을 받을 수도 있습니다. 다음 장에서는 이 API를 응용해서 일정한 양식의 답변 템플릿을 생성하거나 주어진 데이터 분석을 요청해볼 겁니다.

리마인드 노트

- 챗GPT의 API는 사용량에 따라 과금이 발생합니다.
- 시스템 프롬프트는 답변 생성을 위한 지침을 설정합니다.
- 시스템 프롬프트는 역할(role) "system"에 설정합니다.
- 사용자의 질문은 역할(role) "assistant "에 설정합니다.

앱스 스크립트
실전 업무에
활용하기

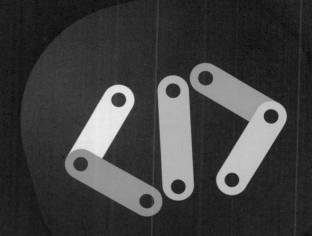

학습목표

앞서 배운 기능들을 조합하여 실전에 바로 사용할 수 있는 프로젝트를 준비했습니다. 앱스 스크립트를 이용해 스프레드시트 기반 상품 관리, 고객 관리를 할 수 있는 기능을 구성하고, API를 다양하게 활용해볼 겁니다. 미리 말하지만 05장은 난이도가 높으니 천천히 차근차근 학습하기를 권합니다. 앞에서 배운 내용 중 참고하면 좋을 프로젝트를 적어놓았으니 실습 중에 어렵거나 막히는 부분이 있다면 앞으로 돌아가 복습해보세요.

준비해주세요

독자 실습용 폴더에서 실습에 필요한 파일을 활용하세요. HTML 파일은 '독자 제공 HTML 샘플' 파일에 모아 업로드해놓았습니다. '05장 실전 따라하기' 폴더에는 완성작을 올려놓았으니 코드가 너무 길다면 참고하여 학습하세요.

핵심 키워드

#상품 관리 #고객 관리 #이메일 전송 #메시지 전송 #예약 시스템 #챗 GPT 활용 #데이터 분석

Project 37

스프레드시트에서 선택한 고객에게
문자 메시지 보내기

난이도 ★ ★ ★ ★   알아두면 유용해요 ★ ★ ★ ★

선택된 사용자들에게 가입을 환영하는 문자 메시지를 보내고자 합니다. 한 번에 여러명의 사용자들에게 문자 메시지를 보내면서 내용에는 선택된 사용자 각각의 이름을 넣어 문자 메시지를 보내겠습니다.

</> 준비해주세요

스프레드시트와 HTML 설정

실습을 위해서 몇 가지 준비가 필요합니다. 먼저 스프레드시트에 다음과 같이 문자 메시지를 보낼 고객의 정보를 입력합니다. **[삽입 → 체크박스]**를 눌러서 1열에는 체크박스를 채워주세요. 시트 이름은 '고객리스트'로 변경해주세요.

	A	B	C	D	E	F	G	H	I
1		성명	생년월일	성별	휴대폰번호	소속	마지막 메세지 전송일		
2	☐	서휘승	1993-01-03	남	010-1111-2222	앱스 스크립트			
3	☐	홍길동	1983-01-03	남	010-2222-3333	카카오			
4	☐	김유신	1973-01-03	남	010-3333-4444	구글			
5									
6									
7									

❶ 그리고 연결된 앱스 스크립트에 새로운 HTML 파일을 만들고 제공하는 '독자 제공 HTML 샘플' 중 ❷ sendMarketingSms.html 파일의 내용을 복사해서 붙여넣어주세요. 이름도 똑같이 지어주세요.

TIP 독자 제공 HTML 샘플 다운로드 : shorturl.at/cUgwT

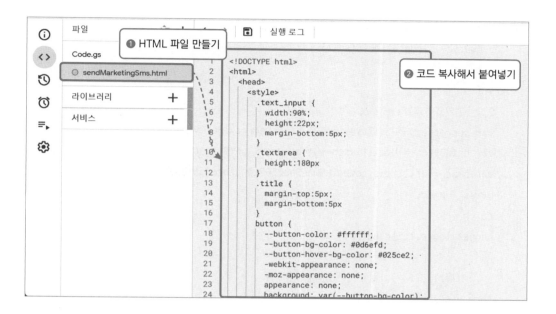

보조 함수 작성

다시 Code.gs 파일로 돌아와 다음 코드를 입력합니다. 스프레드시트에서 선택된 고객들에게 문자 메시지를 전송하는 기능을 구현하기 전에 사용할 함수와 변수를 미리 선언할 겁니다.

```
// ❶ API 활용에 필요한 전역 변수 선언                         project37.gs
const API_KEY = "NC***P9"; // 여러분의 API Key를 입력하세요
const API_SECRET = "XM***VAL"; // 여러분의 API Secret을 입력하세요
const HostPhoneNumber = "본인인증한 발신자용 핸드폰번호"; // 여러분의 번호를 입력하세요


function onOpen() { // ❷
```

```
  SpreadsheetApp.getUi()
    .createMenu("문자 메시지 보내기")
    .addItem("문자 메시지 보내기(사이드바)", "marketingSmsSender")
    .addToUi();
}
// ❸ 서명에 사용할 데이터 생성
function signApiRequest(datetime, salt, appSecret) {
  var query = `${datetime}${salt}`;
  var bytes = null;
  try {
    // 비밀키와 데이터를 이용하여 HMAC-SHA256 서명 생성
    var secretKey = Utilities.newBlob(appSecret).getBytes();
    var dataBytes = Utilities.newBlob(query).getBytes();
    var hmac = Utilities.computeHmacSha256Signature(dataBytes, secretKey);
    bytes = hmac;
  } catch (e) {
    Logger.log(e.toString());
  }
  // 바이트를 16진수 문자열로 변환하여 반환
  return byte2hex(bytes);
}


function byte2hex(bytes) {
  var sign = "";
  for (var i = 0; i < bytes.length; i++) {
    var hex = (bytes[i] & 0xff).toString(16);
    if (hex.length == 1) {
      sign += "0";
    }
    sign += hex.toUpperCase();
  }
  return sign;
}
```

```
// ❹ 전송 시간을 입력하기 위한 현재 시간 출력 함수
function getDateTime() {
  const today = new Date();
  const date = [
    today.getFullYear(),
    (today.getMonth() + 1).toString().padStart(2, "0"),
    today.getDate().toString().padStart(2, "0"),
  ].join("-");
  const time = [
    today.getHours().toString().padStart(2, "0"),
    today.getMinutes().toString().padStart(2, "0"),
    today.getSeconds().toString().padStart(2, "0"),
  ].join(":");
  const result = `${date}T${time}Z`;
  return result;
}
// ❺ UI 설정 관련 함수
function marketingSmsSender() {
  var html = HtmlService.createHtmlOutputFromFile("sendMarketingSms.html").
  setTitle( "문자 메시지 전송", );
  SpreadsheetApp.getUi().showSidebar(html);
}


function alertMessage(tit, msg) {
  var ui = SpreadsheetApp.getUi();
  ui.alert(tit, msg, ui.ButtonSet.OK);
}


function confirmMessage(tit, msg) {
  const ui = SpreadsheetApp.getUi();
  const response = ui.alert(tit, msg, ui.ButtonSet.YES_NO);
  if (response == ui.Button.YES) {
    return true;
```

```
    } else {
      return false;
    }
  }
```

❶ API를 쓰기 위해 필요한 변수들을 선언했습니다. ' Project 34 **앱스 스크립트로 문자 메시지 보내기**'를 참고하여 CoolSMS 서비스의 API_KEY와 API_SECRET 값을 받아 입력하세요.

- **API_KEY** : 문자 메시지를 전송하는 API키를 입력하는 변수
- **API_SECRET** : 문자 메시지를 전송하는 API Secret를 입력하는 변수
- **HostPhoneNumber** : 문자 메시지를 전송하는 발신 번호를 입력하는 변수

❷ onOpen( ) 함수로 스프레드시트가 열릴 때 상단 메뉴 버튼을 생성합니다.

❸ signApiRequest( ) 함수로 문자 전송에 필요한 서명을 생성합니다. 바이트를 16진수 문자열로 변환하는 byte2hex( ) 함수는 복잡한 서명을 생성하는데 사용합니다.

❹ getDateTime( ) 함수는 현재 시간을 출력합니다.

❺ 기능을 사용하기 위한 UI 설정과 관련된 함수들입니다.

- **marketingSmsSender( )** : 문자 메시지를 전송하는 사이드바를 여는 함수
- **alertMessage( )** : 스프레드시트에 알림 메시지를 표시해주는 함수
- **confirmMessage( )** : 스프레드시트에 확인 메시지를 표시해주는 함수

상단 메뉴에 생성한 [**문자 메시지 보내기 → 문자 메시지 보내기(사이드바)**] 메뉴를 클릭하면 문자 메시지를 입력할 수 있는 사이드바가 나타납니다. 이제 문자 메시지를 보낼 준비가 끝났습니다.

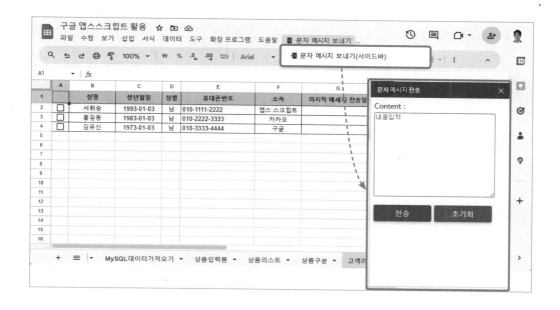

</> 선택된 고객에게 문자 메시지 전송하기

체크박스로 선택된 고객들에게 문자 메시지를 전송하는 코드를 작성해보도록 하겠습니다.

```
function sendSmsFromSidebarToSelectedUsers(content) {          project37.gs
  const sheet
  = SpreadsheetApp.getActiveSpreadsheet().getSheetByName("고객리스트");
  const checkRagne = sheet.getRange(`A2:A${sheet.getLastRow()}`);
  // ❶ 선택된 고객(체크박스)가 없으면 종료
  const checkedCnt = countCheckbox(checkRagne);
  if (checkedCnt < 1) {
    console.log("선택된 고객이 없습니다.");
    alertMessage("알림", "선택된 고객이 없습니다.");
    return;
  }
  // ❷ 문자 메시지 전송 인원 확인
  const confirm = confirmMessage("확인", `${checkedCnt} 명에게 문자 메시지를 전송하
시겠습니까?`);
```

```
    if (!confirm) {
      return;
    }
    // ❸ 데이터를 가지고 옴
    const data = sheet.getRange(`A2:G${sheet.getLastRow()}`).getValues();
    var cnt = 0;
    for (i in data) {
      // ❹ 체크박스가 선택된(true) 경우에만 실행
      if (data[i][0]) {
        const userPhone = data[i][4];
        const userName = data[i][1];
        // ❺ 체크된 데이터의 전화번호, 이름을 가지고 문자 메시지 전송
        const result = sendSmsSelectedUser(userPhone, userName, content);
        if (!result) {
          console.log(`${userName} 에게 문자 메시지 전송을 실패하였습니다.`);
        }
        // ❻ 문자 메시지 전송 시간 입력
        sheet.getRange(`G${parseInt(i) + 2}`).setValue(getDateTime());
        cnt++;
      }
    }
  console.log(`${cnt} 건의 문자 메시지를 전송하였습니다.`);
  alertMessage("성공", `${cnt} 건의 문자 메시지를 전송하였습니다.`);
}


function countCheckbox(range) {
  // ❼ 선택된 체크박스의 수를 확인
  const values = range.getValues();
  var checkCount = values.reduce(function (a, b) {
    return a + (b[0] === true ? 1 : 0);
  }, 0);
  return checkCount;
}
```

```
function sendSmsSelectedUser(phoneNo, name, message) {
  message = message.replace(/{name}/g, name); // ➑ 메시지에서 고객의 이름 설정
  const url = "https://api.coolsms.co.kr/messages/v4/send"; // SMS 발송 API 설정
  // header 설정
  var datetime = getDateTime();
  var salt = Date.now().toString();
  var sign = signApiRequest(datetime, salt, API_SECRET);
  // body 설정
  var formData = { message: { to: phoneNo, from: HostPhoneNumber, text: message,
  autoTypeDetect: true } };
  // SMS API에 POST 요청을 보내기
  const response = UrlFetchApp.fetch(url, {
    method: "POST",
    headers: {
      Authorization: `HMAC-SHA256 apiKey=${API_KEY}, date=${datetime},
      salt=${salt}, signature=${sign}`,
      "Content-Type": "application/json",
    },
    payload: JSON.stringify(formData),
  });
  const responseCode = response.getResponseCode();
  if (responseCode == "200") {
    const json = response.getContentText();
    const returndData = JSON.parse(json);
    console.log(returndData);
    return true;
  } else {
    return true;
  }
}
```

➊ countCheckbox( ) 함수를 이용해 선택된 체크박스의 수를 가지고 옵니다. 선택된 체크박스
가 없으면 문자 메시지를 보낼 대상이 없기 때문에 함수를 종료합니다.

TIP ' Project 10 스프레드시트에 체크박스 생성하기' 장에서 배웠습니다.

❷ 문자 메시지를 보낼 인원 수를 확인합니다. 앞서 선언한 checkedCnt 변수를 이용하여 확인 메시지를 표시합니다.

❸ 스프레드시트의 전체 데이터를 가지고 옵니다.

❹ 가지고 온 데이터에서 체크박스가 있는 1번째 열의 값이 true이면 문자 메시지 보내기를 실행합니다. 앞서 가지고 온 data의 수만큼 반복문을 실행하고, 1번째 열의 값을 가져오기 때문에 data[i][0]를 비교합니다.

❺ sendSmsSelectedUser( ) 메서드에 체크된 데이터의 2번째 열인 사용자 이름과 5번째 열인 전화번호, HTML에서 넘겨준 content를 이용해 문자 메시지를 전송합니다.

❻ 이력 관리를 위해 G열에 getDateTime( ) 함수를 이용해 현재 시간을 입력하고 문자 메시지를 보낸 횟수인 cnt 변수를 증가합니다.

❼ 선택된 체크박스의 수를 확인하는 함수입니다.

❽ HTML에서 입력한 문자 메시지 내용의 content에서 사용자 이름 변수인 {name}을 앞서 매개변수로 받아온 name으로 치환해줍니다.

HTML 확인하기

HTML 파일에서도 몇 가지 부분만 짚고 넘어가겠습니다.

```
sendMarketingSms.html

...생략...
<script type="text/javascript">
  <!-- ❶ 앱스 스크립트의 문자 메시지 전송 함수 호출 -->
  function sendit() {
    const content = document.getElementById("content").value;
    google.script.run.withSuccessHandler(resetForm).sendSmsFromSidebarToSelected
    Users(content);
  }
```

```
    function resetForm() {
      document.getElementById("content").value = "";
    }
</script>
<body>
  <!-- ❷ 문자 메시지 입력하는 화면 구성 -->
  <div>
    <p class="title">Content :</p>
    <textarea id="content" class="text_input textarea" placeholder="내용입력">
    </textarea>
  </div>
  <div style="margin-top: 10px">
    <button id="btnSendEmail" onclick="sendit()">전송</button>
    <button id="btnReset" onclick="resetForm()">초기화</button>
  </div>
</body>
...생략...
```

❶ HTML 파일에서 앱스 스크립트의 문자 메시지를 전송하는 sendSmsFromSidebarToSelectedUsers( ) 함수를 실행합니다.

❷ HTML 파일에 문자 메시지 입력하는 화면을 구성합니다.

작동 확인하기

이렇게 코드 작성은 끝났습니다. 코드를 저장한 다음 상단의 **[문자 메시지 보내기 → 문자 메시지 보내기(사이드바)]** 메뉴를 눌러 '문자 메시지 전송' 사이드바를 활성화합니다. 그리고 문자 메시지를 보낼 내용을 Content 입력창에 다음과 같이 입력합니다.

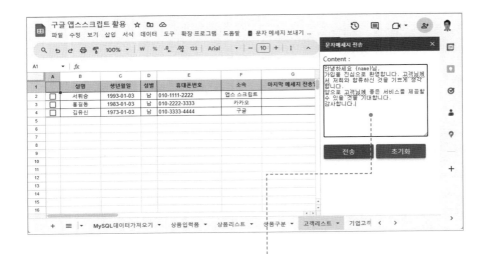

안녕하세요 {name}님,

가입을 진심으로 환영합니다. 고객님께서 저희와 합류하신 것을 기쁘게 생각합니다.

앞으로 고객님께 좋은 서비스를 제공할 수 있을 것을 기대합니다.

감사합니다.

{name}은 사용자 이름을 변수 형태로 사용하는 방식입니다. 이 부분으로 개인에게 맞는 단체 문자를 한 번에 보낼 수 있습니다. 일단 메시지 전송을 마무리하고 응용하는 방법을 설명하겠습니다.

스프레드시트에서 체크박스를 선택하지 않고 [전송] 버튼을 클릭하면 선택이 고객이 없다는 알림 메시지가 표시됩니다.

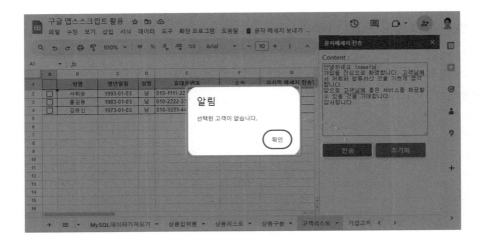

스프레드시트에서 2명의 체크박스를 선택하고 **[전송]** 버튼을 클릭하면 아래와 같이 2명에게 문자 메시지를 보낼 것인지 확인하는 메시지가 표시되고 **[예]**를 누르면 선택된 2명에게 문자 메시지가 전송됩니다.

TIP 스크립트가 작동하는 시간이 조금 걸립니다. 잠시 기다려주세요.

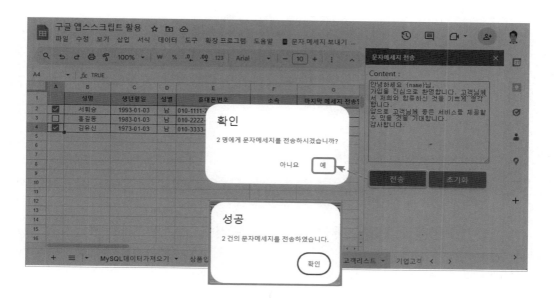

성공적으로 문자 메시지를 전송했습니다.

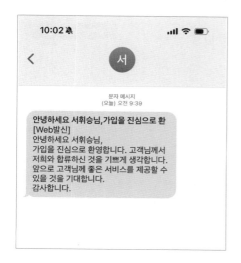

문자 메시지 전송이 완료되면 G열에 문자 메시지를 보낸 시간이 입력됩니다.

</> 필요한 내용을 동적으로 가져와 사용하기

배운 내용을 응용해봅시다. 전체 형식은 유지하고 사용자마다 일부 내용만 다른 문자 메시지를 보내기 위해, 사용자 이름을 변수 형태로 입력했습니다. 앞서 작성한 코드의 sendSmsSelectedUser() 함수 중 다음 부분을 볼까요?

```
function sendSmsFromSidebarToSelectedUsers(content) {
...생략...
  const userName = data[i][1]; // ❶
  const result = sendSmsSelectedUser(userPhone, userName, content); // ❷
...생략...
}


function sendSmsSelectedUser(phoneNo, name, message) {
...생략...
  message = message.replace(/{name}/g, name); // ❸
```

project37.gs

```
...생략...
}
```

❶ 셀의 이름을 입력한 열에서 이름 정보를 가져와 userName에 저장하고 ❷ sendSmsSelectedUser( ) 의 인수로 넣어 호출합니다. ❸ 입력창에 {name}이라고 작성한 부분을 ❷에서 받은 name 정보로 갈아끼웁니다. {name}은 [name]과 같이 다른 형식으로도 입력해도 됩니다.

그렇다면 소속과 같이 다른 정보를 활용하려면 어떻게 해야 할까요? 선택된 행의 이름과 소속을 함께 메시지로 전송하는 방법도 어렵지 않습니다. sendSmsSelectedUser( ) 함수에 이름과 소속을 함께 전달하고, sendSmsSelectedUser( ) 함수에서 전달받은 소속도 이름과 함께 replace( ) 함수를 이용해 텍스트를 치환해주면 됩니다.

```
function sendSmsFromSidebarToSelectedUsers(content) {
...생략...
  const userName = data[i][1];
  const company = data[i][5];  // 스프레드시트에서 소속을 가져옴
  // sendSmsSelectedUser 함수에 소속도 함께 전달
  const result
  = sendSmsSelectedUser(userPhone, userName, company, content);
...생략...
}
function sendSmsSelectedUser(phoneNo, name, company, message) {
  // company 변경 추가
  message = message.replace(/{name}/g, name).replace(/{company}/g, company);
...생략...
}
```

그러면 다음과 같이 문자 메시지가 변환되어 전송됩니다.

안녕하세요 {company}의 {name}님, 반갑습니다.

	A	B	C	D	E	F
1		성명	생년월일	성별	휴대폰번호	소속
2	☑	서휘승	1993-01-03	남	010-1111-2222	앱스 스크립트
3	☐	홍길동	1983-01-03	남	010-2222-3333	카카오
4	☑	김유신	1973-01-03	남	010-3333-4444	구글

안녕하세요 앱스 스크립트의 서휘승님, 반갑습니다.

이런 기능들을 활용하면 스프레드시트에서 고객의 생년월일을 관리하고, 일 단위 트리거를 이용해 생일인 고객들에게 자동으로 생일 축하 문자 메시지를 전송하는 등 고객 관리에 활용할 수 있습니다.

> 앞서 배운 프로젝트를 참고하면
> 이 프로젝트를 이해하는데 도움이 될 겁니다.

참고하면 좋아요

- Project 06 스프레드시트에 나만의 메뉴 만들기

- Project 13 문서에 공지사항 띄우기

- Project 34 앱스 스크립트로 문자 메시지 보내기

Project 38

스프레드시트에서 선택한 고객에게
파일 첨부 메일 보내기

난이도 ★★★   알아두면 유용해요 ★★★

스프레드시트에서 특정 고객을 선택하면 해당 고객의 정보를 활용하여 PDF 형식으로 생성된 명세서를 작성하고 이를 이메일에 첨부하여 손쉽게 전송하는 기능을 구현해보겠습니다. 이 실습을 응용하여 여러분의 업무를 자동화해보세요.

</> 준비해주세요

스프레드시트 설정

스프레드시트에 다음과 같이 메일을 보낼 고객의 정보를 입력합니다. **[삽입 → 체크박스]**를 눌러서 1열에는 체크박스를 채워주세요. 시트 이름은 '기업고객리스트'로 수정합니다.

	A	B	C	D	E	F	G	H	I	J
1		순번	구분	고객사	사업자등록번호	이메일	금액	마지막메일전송일	비고	
2	☐	1	거래처	네이버	111-1111-1111	whiseung@naver.com	500,000			
3	☐	2	거래처	구글	123-1234-1234	whiseung@kakao.com	1,500,000			
4	☐	3	거래처	구글	222-2222-2222	whiseung@gmail.com	451,000			
5										
6										
7										
8										
9										
10										
11										

보조 함수 작성

스프레드시트에서 선택된 고객들 명세서가 첨부된 이메일을 전송하는 기능을 구현하기 전에 사용 함수들을 미리 선언합니다.

```
                                                              project38.gs
function onOpen() {
  SpreadsheetApp.getUi()
    .createMenu('이메일 보내기')
    .addItem('명세서 이메일 보내기', "sendInvoice")
    .addToUi();
}


function alertMessage(tit, msg) {
  var ui = SpreadsheetApp.getUi();
  ui.alert(tit, msg, ui.ButtonSet.OK);
}


function confirmMessage(tit, msg) {
  const ui = SpreadsheetApp.getUi();
  const response = ui.alert(tit, msg, ui.ButtonSet.YES_NO);
  if ( response == ui.Button.YES ) {
    return true;
  } else {
    return false;
  }
}


function countCheckbox(range) {
  const values = range.getValues();
  var checkCount = values.reduce(function (a, b) {
    return a + (b[0] === true ? 1 : 0);
  }, 0);
  return checkCount;
```

```
}

function getDateTime() {
  const today = new Date();
  const date = [
    today.getFullYear(),
    (today.getMonth() + 1).toString().padStart(2, "0"),
    today.getDate().toString().padStart(2, "0"),
  ].join("-");
  const time = [
    today.getHours().toString().padStart(2, "0"),
    today.getMinutes().toString().padStart(2, "0"),
    today.getSeconds().toString().padStart(2, "0"),
  ].join(":");
  const result = `${date} ${time}`;
  return result;
}


function addComma(val) {
  return val.toString().replace(/\B(?<!\.\d*)(?=(\d{3})+(?!\d))/g, ",");
}
```

생성한 5개의 함수의 기능은 다음과 같습니다.

- **onOpen( )** : 스프레드시트가 열릴 때 상단 메뉴 버튼을 생성하는 함수

- **alertMessage( )** : 스프레드시트에 알림 메시지를 표시해주는 함수

- **confirmMessage( )** : 스프레드시트에 확인 메시지를 표시해주는 함수

- **countCheckbox( )** : 선택한 체크박스의 수를 출력해주는 함수

- **getDateTime( )** : 현재 시간을 출력하는 함수

- **addComma( )** : 숫자에 천 단위 쉼표를 생성해주는 함수

이어서 체크박스 선택 여부를 확인하고 선택된 대상에게 메일을 보내는 sendInvoice( ) 함수를
작성합니다.

```
project38.gs
function sendInvoice() {
  const sheet
  = SpreadsheetApp.getActiveSpreadsheet().getSheetByName("기업고객리스트");
  // ❶ 선택된 체크박스 개수 가져옴
  const checkRagne = sheet.getRange(`A2:A${sheet.getLastRow()}`);
  const checkedCnt = countCheckbox(checkRagne);
  // ❷ 선택된 첫 번째 고객명 가져옴
  const data = sheet.getRange("A2:I" + sheet.getLastRow()).getValues();
  var idx = data.findIndex((row) => row[0] === true);
  var name = data[idx > 0 ? idx : 0][3];

  if (checkedCnt < 1) {
    // ❸ 선택된 데이터가 없을 경우 알림을 표시하고 함수 종료
    alertMessage("알림", "선택된 데이터가 없습니다.");
    return;
  } else if (checkedCnt == 1) {
    // ❹ 단일건 선택 시 사용자에게 메일 전송 여부 확인
    const confirm
    = confirmMessage("확인", `"${name}"님에게 메일을 전송하시겠습니까?`);
    if (!confirm) {return}
  } else {
    // ❺ 다중건 선택 시 사용자에게 메일 전송 여부 확인
    const confirm = confirmMessage("확인", `"${name}"님 외 ${checkedCnt - 1}명 에
게 메일을 전송하시겠습니까?`);
    if (!confirm) {return}
  }
}
```

❶ countCheckbox( ) 함수로 활성화된 시트의 A행의 체크박스가 선택된 개수를 가져옵니다.

❷ 선택된 데이터 중 첫 번째 행의 이름을 가져옵니다. 전체 데이터 배열인 data에서 findIndex( )

메서드를 이용해 첫 번째 열의 값이 true인 행의 인덱스를 추출하고 해당 행의 이름을 가져옵니다.

이 부분은 아래에서 'xxx님에게 메일을 전송하시겠습니까?'와 같이 확인창에서 사용하기 위해 가져오는 값으로 확인창 이름을 표시하지 않을 거라면 생략해도 됩니다.

❸ 선택한 체크박스가 없을 경우 함수를 종료합니다.

❹ 선택한 체크박스가 1개인 경우 사용자에게 메일 전송 여부를 확인합니다.

❺ 선택한 체크박스가 2개 이상인 경우 사용자에게 메일 전송 여부를 확인합니다.

코드를 저장한 다음 [이메일 보내기 → 명세서 이메일 보내기] 메뉴를 클릭하면, 체크박스 선택 여부와 선택 개수에 따라 확인 메시지가 다르게 표시됩니다.

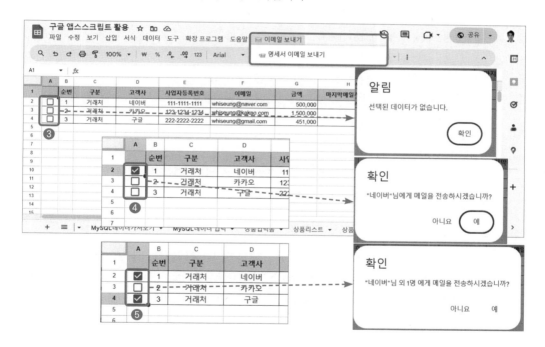

</> 선택된 고객에게 첨부파일과 함께 이메일 전송하기

이제 체크박스로 선택된 고객들에게 이메일을 전송하는 코드를 sendInvoice( ) 함수에 이어서
작성해보도록 하겠습니다.

```
                                                      project38.gs
function sendInvoice() {
...생략...
  var sendCnt = 0;
  // 이메일 전송
  try {
    for (i in data) {
      if (data[i][0]) {
        const now = getDateTime();
        // ❶ 이메일 본문 작성
        let html = `<h1>${data[i][3]} 고객님.</h1><br /><br />`;
        html += `<div>이번달도 저희 앱스 스크립트 서비스를 이용해 주셔서 감사합니다.</
div><br/ >`;
        html += `<div>이번달 납부하실 금액은 ${addComma(data[i][6])} 원입니다.</
div><br/ >`;
        html += `<div>신한은행 110-9999-9999999 으로 납부 부탁드립니다.</div><br/ >`;
        html += `<div>감사합니다.</div>`;

        // ❷ PDF 내용 작성
        let pdfContents = `<h1>[${data[i][2]}] ${data[i][3]} 고객님.</h1>`;
        pdfContents += `<div>서비스 납부요금 명세서</div><br />`;
        pdfContents += `<table border="1" style="border-collapse: collapse;">`;
        pdfContents += `  <tr>`;
        pdfContents += `    <th>고객명</th>`;
        pdfContents += `    <th>${data[i][3]}</th>  `;
        pdfContents += `  </tr>`;
        pdfContents += `  <tr>`;
        pdfContents += `    <td>사업자등록번호</td>`;
        pdfContents += `    <td>${data[i][4]}</td>`;
```

```
    pdfContents += `    </tr>`;
    pdfContents += `    <tr>`;
    pdfContents += `        <td>이메일</td>`;
    pdfContents += `        <td>${data[i][5]}</td>`;
    pdfContents += `    </tr>`;
    pdfContents += `    <tr>`;
    pdfContents += `        <td>금액</td>`;
    pdfContents += `        <td>${addComma(data[i][6])}</td>`;
    pdfContents += `    </tr>`;
    pdfContents += `</table><br /><br />`;
    pdfContents += `<div>이용해주셔서 감사합니다.<br />더 나은 서비스로 보답 드리
겠습니다.</div>`;
    // ❸ Blob 생성
    const blob = Utilities.newBlob(pdfContents, MimeType.HTML);
    blob.setName(`앱스_스크립트_${data[i][3]}_${now}.pdf`);

    const emailAddress = data[i][5];
    const subject = `앱스 스크립트 사용 명세서 (${data[i][3]} 고객님)`;
    // ❹ 이메일 전송
    MailApp.sendEmail({
      htmlBody: html,
      to: emailAddress,
      subject: subject,
      attachments: [blob.getAs(MimeType.PDF)],
    });
    // ❺ 전송 완료 정보 업데이트
    sheet.getRange(`H${parseInt(i) + 2}`).setValue(now);
    sheet.getRange(`I${parseInt(i) + 2}`).setValue("전송완료");
    sendCnt++;
  }
}


if (checkedCnt == 1 && checkedCnt == sendCnt) {
```

```
      alertMessage("성공", `${name} 고객님께 이메일을 전송하였습니다.`);
   } else if (checkedCnt == sendCnt) {
      alertMessage("성공", `${name}님 외 ${checkedCnt - 1} 명의 고객님께 이메일을
      전송하였습니다.`);
   }
 } catch (error) {
   // ❻ 이메일 전송 실패 처리
   const msg = error.message;
   console.log(msg);
   alertMessage("실패", `이메일 전송을 실패하였습니다. ${msg}`);
 }
}
```

❶ 이메일을 보낼 본문을 HTML 형식으로 작성합니다.

❷ PDF의 내용을 작성합니다. PDF 파일에 들어갈 내용 또한 HTML 형식으로 작성합니다.

❸ Utilities.newBlob( ) 메서드를 사용하여 ❷에서 작성한 HTML 형식의 데이터를 Blob으로 변환합니다. Blob은 파일들을 하나의 큰 덩어리로 저장하는 방식입니다. Blob을 생성하는 이유는 MailApp의 sendEmail( ) 메서드로 보내는 이메일에 파일을 첨부할 때 Blob 객체가 필요하기 때문입니다.

❹ MailApp.sendEmai( ) 메서드를 이용해 이메일을 전송합니다. sendEmail( ) 함수에서 매개변수로 받을 수 있는 이메일 전송 정보는 다음과 같습니다.

- **htmlBody** : HTML 형태의 이메일을 본문을 입력합니다.
- **to** : 수신자의 이메일 주소를 입력합니다. 여러 명의 수신자에게 이메일을 전송하려면 쉼표로 구분된 문자열로 입력합니다.
- **subject** : 이메일 제목을 입력합니다.
- **attachments** : 첨부파일을 배열 형태로 입력합니다.

TIP 이 외에도 cc(참조), bcc(숨은 참조) 등 다양한 매개변수를 사용할 수 있습니다.

attachments의 값으로 앞서 생성한 HTML 형식의 Blob을 PDF 파일 형식으로 변환하기 위해 blob.getAs(MimeType.PDF) 메서드를 사용합니다. 이 메서드를 통해 Blob 객체의 데이터를 PDF로 변환하고, 이를 이메일에 첨부해 보낼 수 있습니다.

❺ 전송이 완료되면 선택된 행에 이메일 전송 정보를 업데이트합니다.

❻ 예외처리 구분인 try … catch 문을 이용해 이메일 전송에 실패하였을 경우 실패 알림창을 표시해줍니다.

작동 확인하기

코드를 저장한 다음 스프레드시트에서 메일을 보내고자 하는 고객을 체크박스로 선택한 뒤 **[이메일 보내기 → 명세서 이메일 보내기]** 메뉴를 실행합니다. 선택한 고객에게 메일을 전송할지 여부를 한 번 더 확인하는 확인창이 나오면 **[예]** 버튼을 클릭합니다.

이메일 전송 성공하면 성공 메시지가 표시되고 스프레드시트의 마지막 메일 전송일과 비고에 최종 이메일 발송 시간과 전송 여부가 표시됩니다.

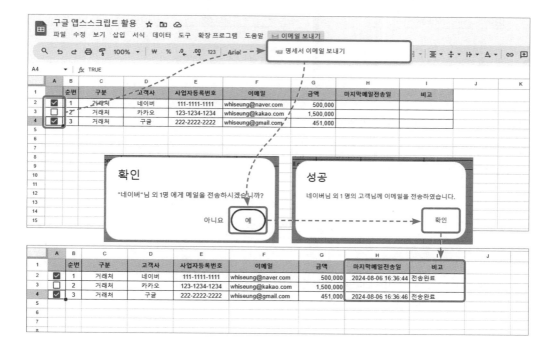

선택한 고객의 이메일 주소에서는 다음과 같이 이메일과 첨부파일을 확인할 수 있습니다.

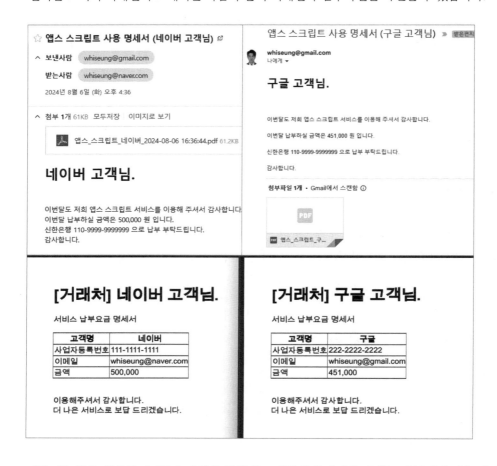

이런 기능들을 활용하면, PDF 파일을 생성해 고객들에게 메일을 보내는 반복적인 단순 작업을 효율적으로 개선할 수 있고, 시간 단위 트리거를 통해 매달 자동으로 고객에게 이메일을 전송하는 시스템을 구성할 수 있습니다.

 참고하면 좋아요

- Project 06   스프레드시트에 나만의 메뉴 만들기
- Project 13   문서에 공지사항 띄우기

Project 39

카카오톡으로 국내 장 종료 후
주가 정보 받기

난이도 ★ ★ ★   알아두면 유용해요 ★ ★ ★

매일 3시 30분, 주식 장이 마감되고 원하는 종목의 가격, 등락율 등의 정보를 확인하고 싶습니다.
여러 방법이 있겠지만 이번 프로젝트에서는 네이버 증권 페이지의 현재 가격, 고가, 저가 정보등
과 차트를 가져와 카카오톡 피드 메시지로 전송해주려고 합니다.

</> 준비해주세요

카카오 토큰 관리 시트

이 실습을 위해서는 ' Project 33 **앱스 스크립트로 카카오톡 메시지 보내기**'에서 작성했던 토큰 관리
시트가 필요합니다.

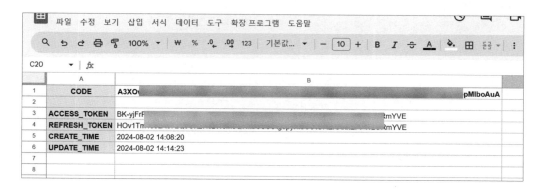

해당 실습을 따라 만든 스프레드시트를 열고 연결된 앱스 스크립트 프로젝트를 열어서 새로운 스크립트 파일을 만들어주세요. 앞으로의 코드 작성은 여기서 이루어집니다.

네이버 증권 접속

그리고 데이터를 가져올 네이버 증권 페이지(finance.naver.com)에 접속합니다. 모바일 버전이 아닌 PC 버전의 페이지에 접속해주세요.

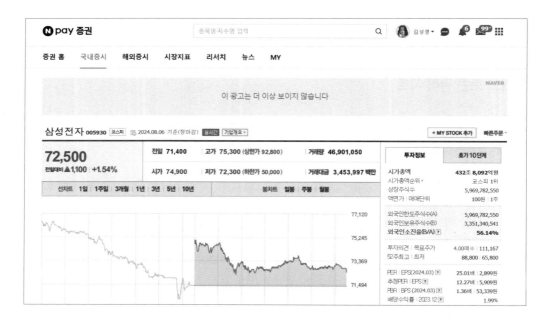

</> 네이버 증권 페이지 데이터 가져오기

네이버 증권 홈페이지에서 데이터를 추출하려면 먼저 UrlFetchApp.fetch( ) 메서드를 사용하여 HTML 페이지를 읽어와야 합니다. 페이지에서 추출할 데이터들은 각각 HTML 요소에 쌓여 있으므로 가져온 HTML 문자열을 HTML 객체로 파싱하여 각 요소에 쉽게 접근할 수 있습니다.

웹 페이지의 HTML을 쉽게 읽고 원하는 부분을 찾아낼 수 있게 도와주는 Cheerio 라이브러리를 앱스 스크립트로 사용해보겠습니다.

Cheerio 서비스 등록하기

앱스 스크립트에서 Cheerio 라이브러리를 등록해보겠습니다. Cheerio는 앱스 스크립트에서 서비스 형식으로 지원되지 않지만 다른 개발자가 개발하여 배포한 라이브러리를 앱스 스크립트 IDE에서 직접 등록하여 사용할 수 있습니다.

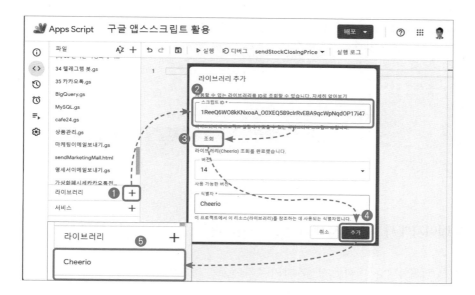

❶ 앱스 스크립트 IDE에서 '라이브러리' 탭의 ＋ 버튼을 클릭합니다.

❷ 스크립트 ID에 '1ReeQ6WO8kKNxoaA_O0XEQ589cIrRvEBA9qcWpNqdOP17i47u6N9M5Xh0' 를 입력합니다.

TIP 완성작 파일에 입력해놓았습니다. 복사하여 사용하세요.

❸ **[조회]** 버튼을 클릭하면 하단에 버전정보와 식별자를 입력할 수 있는 화면이 나옵니다. 이 부분은 건드리지 않고 넘어갑니다.

❹ **[추가]** 버튼을 클릭하면 Cheerio 라이브러리가 추가됩니다.

❺ 라이브러리 탭에 등록한 식별자 이름인 Cheerio 라이브러리가 등록되었습니다.

이제부터 앱스 스크립트 편집기에서 앞서 등록한 식별자인 'cheerio'를 입력하면 코드 제안에서 Cheerio 라이브러리를 제안해주고 Cheerio 라이브러리의 load( ) 메서드가 코드 제안에 표시됩니다.

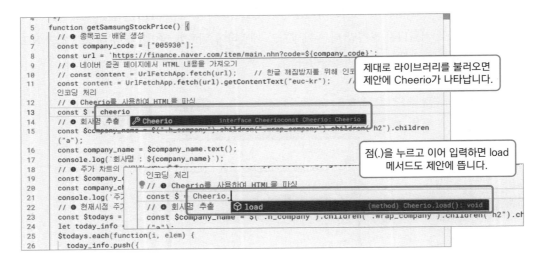

네이버 증권 페이지에서 삼성전자 주가 정보 가져오기

이제 다음 코드를 입력합니다. 예제로 삼성전자의 주가 정보를 가져오겠습니다.

`project39.gs`

```
function getSamsungStockPrice() {
  // ❶ 종목 코드 배열 생성
  const company_code = ["005930"];
```

```javascript
const url = `https://finance.naver.com/item/main.nhn?code=${company_code}`;
// ❷ 네이버 증권 페이지에서 HTML 내용을 가져오기(한글 깨짐 방지용 인코딩 처리)
const content = UrlFetchApp.fetch(url).getContentText("euc-kr");
// ❸ Cheerio를 사용하여 HTML을 파싱
const $ = Cheerio.load(content);
// ❹ 회사명 추출
const $company_name = $(".h_company").children(".wrap_company").
children("h2").children("a");
const company_name = $company_name.text();
console.log(`회사명 : ${company_name}`);
// ❺ 주가 차트의 이미지 URL 추출
const $company_chart_url = $(".chart").children("img").attr('src');
const company_chart_url = $company_chart_url;
console.log(`주가 차트 : ${company_chart_url}`);
// ❻ 현재 시점 주가 정보 추출
const $todays = $(".today").children("p").children("em");
var today_info = [];
$todays.each(function(i, elem) {
    today_info.push({
        data: $(this).children(".blind").text(),
        updown: $(this).children(".ico").text()
    })
});
// ❼ 주가 변동률 등의 추가 정보 추출
const $rate_ifno = $(".rate_info").children("table").children("tbody").
children("tr").children("td").children("em");
$rate_ifno.each(function(i, elem) {
if ( i == 0 || i == 1 || i == 5 ) {
    today_info.push({
        data: $(this).children(".blind").text(),
        updown: ''
    })
}
```

```
  });
  console.log(today_info);
}
```

❶ 주가를 확인하고 싶은 종목 코드를 배열 형태로 생성해줍니다. 종목 코드는 네이버 증권 페이지에서 쉽게 확인할 수 있습니다. 삼성전자의 주가 정보를 가져오기 위해 삼성전자의 종목 코드인 "005930"를 입력합니다.

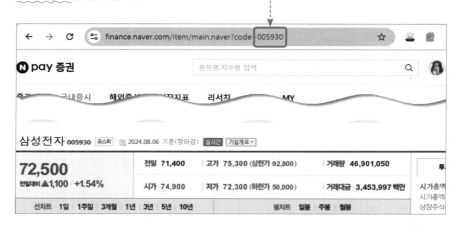

❷ 네이버 증권 페이지에서 HTML 내용을 가져오기 위해 UrlFetchApp.fetch( ).getContentText( ) 메서드를 사용합니다. 이때 한글이 깨지지 않도록 인코딩 방식을 'euc-kr'로 설정하여 HTML 페이지를 호출합니다. content 변수에는 호출한 페이지의 HTML이 문자열 형태로 저장됩니다.

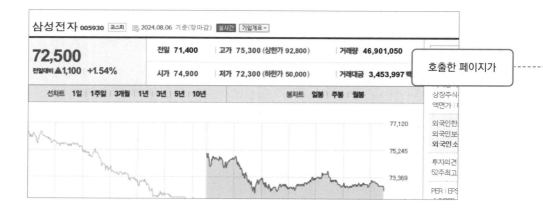

```
...생략...
<th class="title">현재가</th>
<td class="num"><strong class="tah p11" id="_nowVal">73,800</strong></td>
<th class="title">매도호가</th>
<td class="num"><span class="tah p11">74,700</span></td>
...생략...
```

> **HTML 형태로 저장**

❸ HTML 요소에 쉽게 접근하기 위해 Cheerio 라이브러리의 load( ) 메서드를 사용하여 문자열을 HTML 형태로 파싱합니다.

❹ 파싱된 HTML에서 회사명을 추출합니다. HTML 구조에서 "h_company" 클래스를 가진 요소의 하위에 위치한 "wrap_company" 클래스의 자식 "h2" 태그 안에 있는 "a" 태그를 선택합니다.

TIP 분량상 Cheerio의 자세한 사용법을 설명할 수 없으니 궁금하다면 유튜브 등을 통해 공부해도 좋겠습니다.

❺ HTML에서 주가 차트 이미지 URL을 추출합니다.

❻ 현재 시점 주가 정보를 추출합니다.

❼ 주가 변동률 등의 추가 정보를 추출합니다.

코드를 저장한 다음 getSamsungStockPrice( ) 함수를 실행하면 네이버 증권에서 가져온 삼성전자의 현재 주가 정보를 콘솔에 출력합니다.

```
회사명 : 삼성전자
주가 차트 : https://ssl.pstatic.net/imgfinance/chart/item/area/day/005930.
png?sidcode=1707890053976
[ { data: '74,200', updown: '' },
  { data: '200', updown: '하락' },
  { data: '0.27', updown: '-' },
  { data: '74,400', updown: '' },
  { data: '75,300', updown: '' },
  { data: '73,700', updown: '' } ]
```

콘솔에 뜬 정보와 화면을 비교해보면 정보를 잘 가져온 것을 알 수 있습니다.

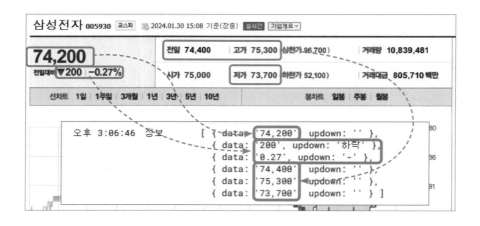

</> 주가 정보를 카카오톡 피드 메시지로 전송하기

앞서 가져온 주가 정보와 주가 차트 이미지를 이용해 카카오톡 피드 메세지 템플릿을 만들어 전송
해보겠습니다. 다음 코드를 이어서 작성합니다. 앞서 작성한 getSamsungStockPrice( ) 함수에
서 두 개 이상의 종목의 정보를 가져오도록 수정하고 메시지 전송 함수를 호출하는 부분을 추가한
함수입니다. 코드가 길기 때문에 함수별로 나눠서 보겠습니다. 먼저 주가 정보를 가져와 카카오
메시지 전송 함수에 정보를 전달하는 sendStockClosingPrice( ) 함수입니다.

```
project39.gs
function sendStockClosingPrice() {
  const company_codes = ["005930"]; // ❶ 종목 코드 배열 생성
  const this_time = getDateTime();
  // ❷ 종목 코드의 수만큼 반복문 수행
  for (i in company_codes) {
    // 종목 코드를 매개변수를 이용해 기업의 네이버 증권 페이지 호출
    const company_code = company_codes[i];
    const url = `https://finance.naver.com/item/main.nhn?code=${company_code}`;
    // 네이버 증권 페이지에서 HTML 내용을 가져오기(한글 깨짐 방지용 인코딩 처리)
    const content = UrlFetchApp.fetch(url).getContentText("euc-kr");
    // Cheerio를 사용하여 HTML을 파싱
```

```javascript
    const $ = Cheerio.load(content);
    // 회사명 추출
    const $company_name = $(".h_company").children(".wrap_company").
    children("h2").children("a");
    const company_name = $company_name.text();
    // 주가 차트의 이미지 URL 추출
    const $company_chart_url = $(".chart").children("img").attr("src");
    const company_chart_url = $company_chart_url;
    // 현재 시점 주가 정보 추출
    const $todays = $(".today").children("p").children("em");
    var today_info = [];
    $todays.each(function (i, elem) {
      today_info.push({
        data: $(this).children(".blind").text(),
        updown: $(this).children(".ico").text(),
      });
    });
    // 주가 변동률 등의 추가 정보 추출
    const $rate_ifno = $(".rate_info").children("table").children("tbody").
    children("tr").children("td").children("em");
    $rate_ifno.each(function (i, elem) {
      if (i == 0 || i == 1 || i == 5) {
        today_info.push({
          data: $(this).children(".blind").text(),
          updown: "",
        });
      }
    });
    // ❸ 피드 메시지 생성 후 피드 메시지 전송
    const message = createStockPriceKakaoTempate(company_name, company_code,
    today_info, company_chart_url, this_time);
    sendMessageTemplateToMe(message);
  }
}
```

❶ 주가를 확인하고 싶은 종목 코드를 입력합니다. 여러 개의 주가 정보를 전송하고 싶으면 다음과 같이 종목 코드들을 배열의 형태로 입력합니다. 그러면 배열에 입력한 종목의 개수만큼 카카오톡 피드 메시지를 전송합니다.

```
const company_codes = ["005930", "247540", "005490", "004140", "010950"];
```

❷ 종목별 주가 정보와 차트가 담긴 피드 메시지를 발송하기 위해 종목 코드 배열의 수만큼 반복문을 수행합니다.

❸ createStockPriceKakaoTempate( ) 함수에 HTML에서 추출한 데이터와 현재 시간을 매개변수로 전달해 피드 메시지 템플릿을 생성합니다. 필요한 매개변수는 다음과 같습니다.

- **company_name** : 회사명
- **company_code** : 종목 코드
- **today_info** : 오늘(현재) 주가 정보
- **company_chart_url** : 주가 차트 이미지 URL
- **this_time** : 현재 시간

sendMessageTemplateToMe( ) 함수에 앞서 생성한 피드 메시지 템플릿을 매개변수로 전달해 카카오톡 피드 메시지를 전송합니다.

메시지 템플릿을 구성하는 createStockPriceKakaoTemplate( ) 함수를 이어서 작성합니다.

```
                                                                  project39.gs
function createStockPriceKakaoTemplate(company_name,
company_code, company_price, company_chart_url, this_time) {
  // ❶ 카카오톡 피드 메시지 템플릿을 생성
  var dataString = `template_object={
"object_type": "feed",
"content": {
    "title": "${company_name} (${company_code})",
    "description": "${this_time} 주가 정보",
    "image_url": "${company_chart_url}",
```

```json
        "image_width": 700,
        "image_height": 289,
        "link": {
            "web_url": "https://developers.kakao.com",
            "mobile_web_url": "https://developers.kakao.com",
            "android_execution_params": "contentId=100",
            "ios_execution_params": "contentId=100"
        }
    },
"item_content" : {
    "profile_text" :"${company_name}",
    "items" : [
        {
            "item": "현재가",
            "item_op": "${company_price[0].data} 원"
        },
        {
            "item": "최고가",
            "item_op": "${company_price[4].data} 원"
        },
        {
            "item": "최저가",
            "item_op": "${company_price[5].data} 원"
        },
        {
            "item": "전일종가",
            "item_op": "${company_price[3].data} 원"
        },
        {
            "item": "전일대비",
            "item_op": "${company_price[1].updown == "상승" ? "▲" : company_
            price[1].updown == "하락" ? "▽" : "보합"}${company_price[1].data}
            (${company_price[1].updown == "상승" ? "▲" : company_price[1].updown
            == "하락" ? "▽" : "보합"}${company_price[2].data})"
```

```
            }
        ]
    },
    "buttons": [  •─────❷ 버튼의 링크 생성

        {
            "title": "페이지로 이동",
            "link": {
                "web_url": "https://finance.naver.com/item/main.naver?code=${company_
                code}",
                "mobile_web_url": "https://finance.naver.com/item/main.
                naver?code=${company_code}"
            }
        }
    ]}`;
    return dataString;
}
```

❶ 카카오톡 피드 메시지 템플릿을 생성하는 함수입니다. 템플릿은 JSON 형태로 생성하며, 화면에 들어가는 요소들은 다음과 같습니다. 코드에서 하이라이트 친 부분과 비교해보세요.

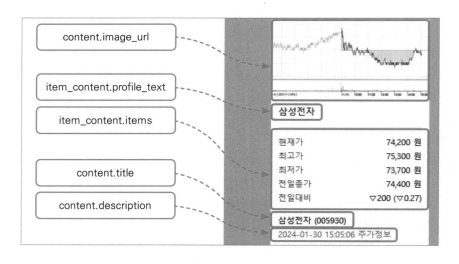

TIP 피드 메시지 템플릿의 자세한 설명은 다음 공식 문서를 참고하세요. vo.la/OnrBIC

❷ 메시지 내용의 버튼을 클릭했을때, 해당 종목의 페이지로 이동하도록 링크를 설정해줍니다.

마지막으로 생성된 템플릿을 카카오톡 메시지로 전송하는 함수를 작성하겠습니다. 이 함수는 'Project 33 **앱스 스크립트로 카카오톡 메시지 보내기**'에서 활용한 것과 같으니 자세한 설명은 생략하겠습니다.

```
function sendMessageTemplateToMe(message) {        project39.gs
  const ss = SpreadsheetApp.getActive();
  const ACCESS_TOKEN = ss.getRangeByName("ACCESS_TOKEN").getValue();
  const url = "https://kapi.kakao.com/v2/api/talk/memo/default/send";
  const options = {
    method: "POST",
    headers: {
      Authorization: "Bearer " + ACCESS_TOKEN,
      contentType: "application/x-www-form-urlencoded;charset=utf-8",
    },
    payload: message,
  };
  const res = UrlFetchApp.fetch(url, options).getContentText();
  console.log(res);
}

function getDateTime() {
  const today = new Date();
  const date = [
    today.getFullYear(),
    (today.getMonth() + 1).toString().padStart(2, "0"),
    today.getDate().toString().padStart(2, "0"),
  ].join("-");
  const time = [
    today.getHours().toString().padStart(2, "0"),
    today.getMinutes().toString().padStart(2, "0"),
    today.getSeconds().toString().padStart(2, "0"),
```

```
  ].join(":");
  const result = `${date}T${time}Z`;
  return result;
}
```

작동 확인하기

코드를 저장한 다음 sendStockClosingPrice( ) 함수를 실행하면 네이버 증권에서 가져온 삼성
전자의 현재 주가 정보를 카카오톡 피드 메시지로 전송합니다.

sendStockClosingPrice( ) 함수를 시간 단위 트리거로 장이 종료되는 시간에 실행되도록 설정해 놓으면 매일 주가 정보 알림을 받을 수 있습니다.

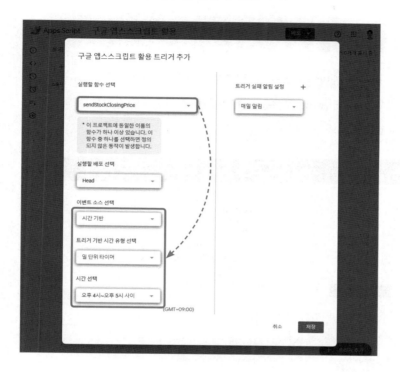

</> 페이지 이동 버튼 추가하기

메시지가 잘 전송되었나요? 그런데 뭔가 이상합니다. 앞서 템플릿에서 링크가 추가된 버튼을 만들었는데 전송된 카카오톡 메시지에는 버튼이 안보입니다.

```
"buttons": [
  {
    "title": "페이지로 이동",
    "link": {
      "web_url": "https://finance.naver.com/item/main.naver?code=${company_code}",
```
project39.gs

```
            "mobile_web_url": "https://finance.naver.com/item/main.
            naver?code=${company_code}"
    }
}
```

버튼을 보여주기 위해서는 카카오 개발자 웹사이트의 **[플랫폼]** 메뉴로 이동해서 Web 플랫폼의
사이트 도메인을 등록해줘야 합니다. **[Web 플랫폼 등록]** 버튼을 누르고 이동할 사이트의 링크를
입력한 후 **[저장]** 버튼을 누르면 도메인 등록이 완료됩니다.

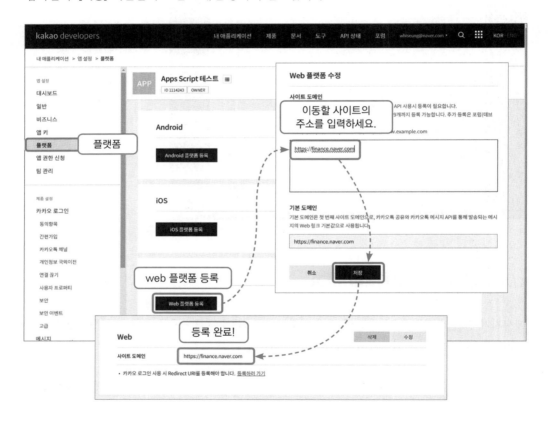

사이트 도메인은 1개만 등록할 수 있습니다. 도메인을 등록하면 코드에서 작성한 링크와 상관없
이 도메인으로 등록한 사이트로 이동합니다. 따라서 이 예제를 잘 활용하고 싶다면 네이버 증권
메인 홈페이지를 여기서 도메인으로 등록해 놓아도 좋겠습니다.

TIP 네이버 증권 메인 홈페이지 : finance.naver.com

도메인 등록을 마치고 다시 sendStockClosingPrice( ) 함수를 실행해 봅시다. 카카오톡 메시지에 템플릿에서 선언한 버튼이 보입니다. 버튼을 클릭해보면 도메인으로 설정한 페이지로 이동합니다.

참고하면 좋아요

- **Project 33** 앱스 스크립트로 카카오톡 메시지 보내기
- **Project 08** 트리거로 특정 시간, 이벤트에 맞게 함수 실행하기

Project 40

스프레드시트를 데이터베이스로
웹 페이지 만들기

난이도 ▱▱▱ 알아두면 유용해요 ▱▱▱

앱스 스크립트를 이용해 웹 페이지를 생성하고 배포할 수도 있습니다. 일반적으로 웹 페이지를 만들기 위해서는 별도의 서버가 필요하지만 앱스 스크립트의 웹 앱을 배포하면 별도의 서버 없이 웹페이지를 구성하고 사용자들이 접근할 수 있습니다.

TIP HTML, CSS 등의 지식이 있으면 더 완성도 있는 페이지를 만들 수 있습니다.

</> 준비해주세요

스프레드시트와 HTML 설정

이번 장에서는 다음과 같이 스프레드시트의 데이터를 웹 페이지에 출력해보도록 하겠습니다. 다음과 같은 데이터 구조를 가진 스프레드시트를 만들어주세요. 챗GPT에게 가상의 데이터를 받아도 좋습니다. 시트 이름을 '상품 리스트'로, B열에 '상품명' 데이터가 들어가게 설정해주세요. B열의 데이터들만 웹 페이지에 출력해보겠습니다.

연결된 앱스 스크립트 프로젝트를 만들고 새 HTML 파일을 만들어주세요. 예제 파일의
sheetData.html 내용을 복사해서 붙여넣습니다.

</> 내장 트리거 doGet( ) 메서드 사용하기

이번 실습에서는 내장 트리거 중 doGet( ), doPost( )를 사용해볼 겁니다. API를 호출을 위해 URLFetch 클래스를 사용할 때, method 매개변수에 'GET'과 'POST'를 지정했었습니다. doGet( ) 메서드와 doPost( ) 메서드는 각각 HTTP 전송 방식인 'GET'과 'POST' 방식의 요청을 처리하는데 사용됩니다.

> **TIP** 보통 GET은 조회 등 서버에서 데이터를 가져올 때 사용하고 POST는 로그인, 회원 가입 등 서버에 데이터를 전송하고 입력할 때 사용합니다.

그럼 doGet( ) 메서드를 이용해 코드를 작성해 보겠습니다.

```js
function doGet(e) {
  // ❶ HTML 파일로부터 템플릿 생성
  var htmlOutput = HtmlService.createTemplateFromFile("sheetData.html");
  // ❷ 스프레드시트에서 데이터를 가져와 HTML 템플릿에 추가
  const sheet = SpreadsheetApp.getActive().getSheetByName("상품 리스트");
  var data = sheet.getRange(2, 2, sheet.getLastRow()).getValues();
  htmlOutput.data = data;
  // ❸ 현재 스크립트의 웹 앱 URL을 HTML에 할당
  htmlOutput.url = getUrl();
  // ❹ HTML 페이지를 반환
  return htmlOutput.evaluate();
}


function getUrl() {
  // ❺ 현재 스크립트의 웹 앱 URL을 가지고 옴
  const url = ScriptApp.getService().getUrl();
  return url;
}
```

❶ HtmlService.createTemplateFromFile( ) 메서드에 'sheetData.html' 파일을 매개변수

로 전달하여 'sheetData.html' 파일을 기반으로 하는 HTML 템플릿을 생성합니다.

❷ '상품 리스트' 시트에서 데이터를 가져와 htmlOutput.data에 할당합니다.

❸ getUrl( ) 함수를 사용하여 현재 스크립트의 웹 앱 URL을 얻어 htmlOutput.url에 할당합니다. htmlOutput에 URL을 따로 할당하는 이유는 HTML 내에서 스크립트의 웹 앱 URL에 동적으로 접근할 수 있도록 하기 위함입니다.

❹ 앞서 생성한 HTML 템플릿인 htmlOutput에서 evaluate( ) 메서드를 이용해 HTML 템플릿을 페이지로 변환하여 반환합니다.

❺ ScriptApp.getService( ).getUrl( ) 메서드를 이용해 현재 스크립트의 웹 앱 URL을 가지고옵니다.

HTML 확인하기

앞서 가져왔던 sheetData.html 파일에서도 필요한 부분만 설명하겠습니다.

```html
<body>
    <div>
        <div>
            <h5>상품 리스트</h5>
            <h6>스프레드시트에 등록된 상품을 보여줍니다.</h6>
            <ul>
                <!-- ❶ data를 HTML에 출력 -->
                <? for (var i=0; i<data.length-1; i++) { ?>
                    <li><span><?= data[i] ?></span></li>
                <? } ?>
            </ul>
        </div>
    </div>
</body>
```

sheetData.html

❶ 앱스 스크립트의 doGet( ) 메서드에서 넘겨준 data라는 배열을 HTML 페이지에 반복문을 이용해 출력합니다. ⟨? ⋯ ?⟩ ⟨?= ⋯ ?⟩ 코드는 스크립틀릿Scriptlet이라고 부르며 서버(앱스 스크립트)의 변수를 HTML 페이지에서 사용할 수 있도록 합니다. ⟨? ⋯ ?⟩는 서버 측의 조건에 따라 동적인 HTML을 생성할 때 사용하는 코드로 data 배열의 크기만큼 반복문을 실행해 HTML의 li 요소를 반복하여 생성합니다. ⟨?= ⋯ ?⟩는 값을 출력하기 위한 코드로 반복문을 실행하는 배열 순번의 값을 출력하는 데 사용됩니다.

</> 앱스 스크립트 코드 배포하기

이제 앱스 스크립트 코드를 배포할 겁니다. 배포란 작성한 앱스 스크립트 코드에 다른 사람들이 접근하고 사용할 수 있도록 공개하는 과정을 의미합니다. 배포에는 여러 가지 방법이 있지만, 우리는 웹 페이지에 접근할 수 있도록 웹 앱으로 배포할 것입니다. 다음 순서를 따라하세요.

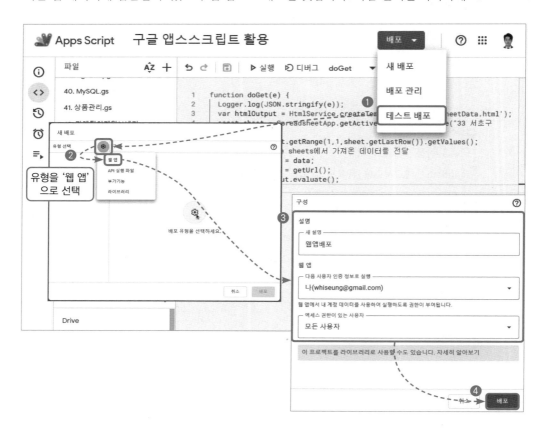

코드를 저장한 다음 앱스 스크립트 상단의 ❶ [배포 → 새 배포] 버튼을 클릭합니다. ❷ 유형 선택의 ⚙ 버튼을 클릭해 '웹 앱'을 선택합니다. ❸ 배포 정보를 입력한 뒤 ❹ [배포] 버튼을 클릭하면 배포가 완료됩니다. 배포가 완료되면 접속할 수 있는 웹 앱 URL이 나옵니다.

TIP 이 과정에서 권한 요청 창이 뜨면 [액세스 승인] 버튼을 누르고 계정으로 로그인하여 허용해주세요.

새 배포

배포가 업데이트되었습니다.

버전 1(2024. 2. 6., 오후 2:00)

배포 ID

AKfycbwUxNKDMsPySsk7slOSYcER0m1guMV2t2pCqy3EDKMV8fSLb2vllN_n20fqL6wKOtBt

📋 복사

웹 앱

URL

https://script.google.com/macros/s/AKfycbwUxNKDMsPySsk7slOSYcER0m1guMV2t2pCqy3EDKMV8fSLb2vllN_n20fqL6...

📋 복사

완료

웹 앱 URL을 클릭하면 스프레드시트의 데이터가 웹 페이지에 출력됩니다.

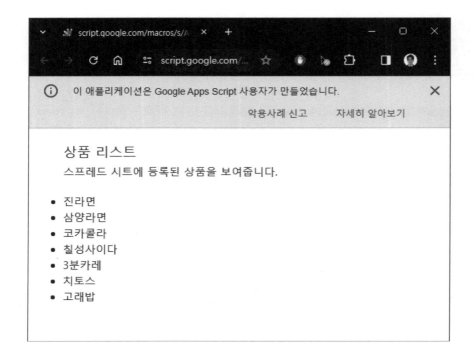

이런 기능들을 활용하면 스프레드시트의 데이터를 간단히 웹 페이지로 표현해 줄 수 있습니다. 배포한 웹 앱의 URL을 구글 사이트에 등록하면 상단의 '이 애플리케이션은 Google Apps Script 사용자가 만들었습니다.' 라는 문구를 없앨 수 있으며, 다른 사용자들이 쉽게 접근할 수 있습니다.

TIP 제 이력을 정리한 사이트도 앱스 스크립트로 만들었습니다. sites.google.com/view/whiseung

⌷ 참고하면 좋아요

- · Project 08 트리거로 특정 시간, 이벤트에 맞게 함수 실행하기
- · Project 32 앱스 스크립트로 공공데이터포털의 주택청약 정보 가져오기

Project 41

구글 서비스로 예약 시스템
자동화하기

난이도 ★★★   알아두면 유용해요 ★★

이번 장에서는 앱스 스크립트를 활용해 사용자의 예약을 받아 구글 캘린더에 종일 일정을 저장하는 웹 페이지를 만들어보겠습니다. 계획은 다음과 같습니다.

계획 1 앱스 스크립트를 사용하여 예약을 받을 수 있는 웹 페이지를 구성합니다.

계획 2 웹 페이지에서 입력한 날짜를 구글 캘린더에 종일 일정으로 등록합니다.

계획 3 등록된 정보를 스프레드시트에 저장합니다.

계획 4 저장된 정보를 기반으로 예약 완료 이메일을 전송합니다.

앱스 스크립트를 이용해 구글 캘린더, 스프레드시트, 지메일 총 3개의 구글 서비스를 사용하는 서비스를 구성해보겠습니다.

</> 준비해주세요

스프레드시트와 HTML 설정

정보를 입력할 스프레드시트를 만들고 스프레드시트와 연결된 앱스 스크립트 프로젝트를 만들어주세요. 그리고 새로운 HTML 파일을 만들어 '독자 제공 HTML 샘플' 중 reservation.html 파일의 내용을 복사해서 붙여넣어주세요.

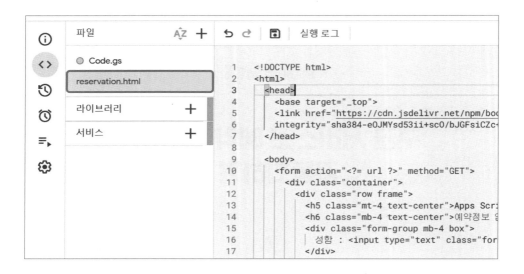

</> 예약 화면 구성하기

예약을 하기 위한 정보를 입력하는 웹 페이지를 만들어 배포해보도록 하겠습니다.

```
project41.gs

function doGet(e) {
  var htmlOutput = HtmlService.createTemplateFromFile("reservation.html");
  // ❶ 초기 호출 시 예외처리
  if (!e.parameter["username"] || !e.parameter["input_date"] ||
  !e.parameter["phone"] || !e.parameter["email"]) {
    htmlOutput.message = "입력한 값이 없습니다.";
  }
  htmlOutput.url = getUrl();
  return htmlOutput.evaluate();
}


function getUrl() {
  const url = ScriptApp.getService().getUrl();
  return url;
}
```

URL을 입력할 수 있는 웹 페이지를 호출하기 위해 doGet( ) 메서드를 생성합니다. reservation.html 이라는 HTML 파일을 생성하고 해당 HTML 파일을 HTML 객체로 생성합니다.

❶ 처음 페이지 호출 시 HTML에서 입력되어 처리하는 값들인 username, input_date, phone, email이 빈 값으로 넘어오기 때문에 예외 처리를 진행합니다.

HTML 확인하기

예제로 제공한 HTML 파일에서 필요한 부분도 잠깐 보고 가겠습니다.

```html
<!-- ❶ html 입력 폼 구성 -->
...생략...
<form action="<?= url ?>" method="GET">
  <div>
    <div>
      <h5>Apps Script 웹 앱 예약 시스템</h5>
      <h6>예약정보 입력 Form</h6>
      <div>성함 : <input type="text" id="username" name="username" placeholder="
      성함을 입력해주세요." autocomplete="off" /></div>
      <div>전화번호 : <input type="text" id="phone" name="phone" placeholder="전
      화번호를 입력해주세요." autocomplete="off" /></div>
      <div>이메일 : <input type="text" id="email" name="email" placeholder="이메
      일을 입력해주세요." autocomplete="off" /></div>
      <div>예약날짜 : <input type="date" id="input_date" name="input_date"
      placeholder="입력" autocomplete="off" /></div>
      <sapn><?= message ?></sapn>
      <div><input type="submit" name="Submit" value="예약하기" /><br /></div>
    </div>
  </div>
</form>
...생략...
```
reservation.html

❶ HTML 페이지에서 이름, 전화번호, 이메일, 예약 날짜를 입력하고 앱스 스크립트로 데이터를 전송하기 위한 form을 구성합니다. 예약 날짜는 날짜만 입력받기 위해 input의 type을 date로 설정합니다.

코드를 저장한 다음 앱스 스크립트의 웹 앱 배포를 진행하고, 웹 브라우저에서 생성된 URL로 접속합니다.

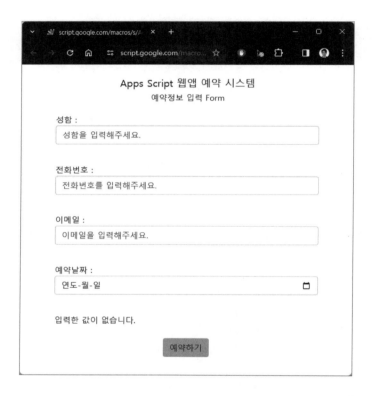

예약을 할 수 있는 간단한 웹 페이지가 만들어졌습니다.

</> 구글 서비스 연동하기

웹 페이지에서 **[예약하기]** 버튼을 클릭했을 때, 원하는 날짜에 다른 예약(일정)이 있는지 확인합니다. 해당 날짜에 예약이 가능하다면, 캘린더에 일정을 등록하고 스프레드시트에 예약 이력을 기록한 뒤, 예약 완료 메일을 웹 페이지에서 등록한 이메일로 보내는 기능을 구현해보겠습니다.

먼저 앞서 작성한 doGet( ) 함수를 다음과 같이 수정해주세요. doGet( ) 메서드의 필수값을 확인하는 아래 부분에 코드를 추가합니다.

```
function doGet(e) {                                    project41.gs
...생략...
  if (!e.parameter["username"] || !e.parameter["input_date"] ||
  !e.parameter["phone"] || !e.parameter["email"]) {
    htmlOutput.message = "입력한 값이 없습니다.";
  } else { // 여기서부터의 코드를 추가해주세요
    var reservationDate = new Date(e.parameter["input_date"]);
    // ❶ 해당 날짜의 중복 일정 여부 확인
    const existCnt = checkExistSchedule(reservationDate);
    if (existCnt < 1) {
      // ❷ 스프레드시트에 이력 등록
      const sheet = SpreadsheetApp.getActive().getSheetByName("예약정보");
      sheet
        .getRange(sheet.getLastRow() + 1, 1, 1, 4)
        .setValues([[e.parameter["username"], e.parameter["phone"],
        e.parameter["email"], e.parameter["input_date"]]])
        .setBorder(true, true, true, true, true, true);
      // ❸ 구글 캘린더에 일정 등록
      setReservationSchedule(e.parameter["username"], reservationDate);
      // ❹ 완료 메일 전송
      sendReservationEmail(e.parameter["username"], e.parameter["email"],
      e.parameter["input_date"]);
      // ❺ 처리 결과 메시지 출력
      htmlOutput.message = `${e.parameter["username"]} 님 ${e.parameter["input_
      date"]} 일에 예약이 접수되었습니다.`;
```

```
    } else {
      // ⑤ 처리 결과 메시지 출력
      htmlOutput.message = `${e.parameter["input_date"]} 일은 이미 예약되어 있는
      일정입니다.`;
    }
  }
...생략...
}
```

❶ 이후 생성할 checkExistSchedule( ) 함수를 호출하여 입력한 날짜의 중복 예약이 있는지 확인하고, 결과를 existCnt 변수에 저장합니다. existCnt 변수를 이용하여 중복 예약이 없는 경우와 있는 경우를 구분하고, 각각에 따라 아래에 설명된 작업들을 수행합니다.

❷ 입력한 날짜에 등록된 일정이 없는 경우, '예약정보' 시트에 입력된 값인 이름, 전화번호, 이메일, 예약일을 추가합니다.

❸ 이후 생성할 setReservationSchedule( ) 함수를 사용해 입력한 날짜에 구글 캘린더에 일정을 등록합니다.

❹ 이후 생성할 sendReservationEmail( ) 함수를 사용해 입력한 이메일에 예약 완료 메일을 전송합니다.

❺ HTML에서 보여줄 결과 메시지를 선언합니다. 일정 등록을 성공했거나 이미 일정이 있는 경우의 메시지를 설정합니다.

이어서 다음 세 함수를 추가로 작성해주세요.

```
// ❶ 입력한 날짜에 등록된 일정이 있는지 확인                    project41.gs
function checkExistSchedule(getDate) {
  var checkDate = new Date(getDate);
  var events = CalendarApp.getDefaultCalendar().getEventsForDay(checkDate);
  var allDayEventsCount
  = events.filter((event) => event.isAllDayEvent()).length;
  console.log(`${checkDate}일 의 종일 일정 갯수는 ${allDayEventsCount}`);
```

```
    return allDayEventsCount;
  }
  // ❷ 입력한 날짜에 일정 등록
  function setReservationSchedule(name, date) {
    CalendarApp.createAllDayEvent(`${name}님 앱스 스크립트를 통한 예약`, date);
  }
  // ❸ 예약완료 이메일 전송
  function sendReservationEmail(name, recipient, date) {
    const subject = `${name}님 ${date} 예약 완료 메일`;
    var html = `<h1>감사합니다. ${name} 님.</h1>`;
    html += `<div>${date} 예약이 완료되었습니다.</div>`;
    html += `<div>이용해주셔서 감사합니다.</div>`;
    MailApp.sendEmail({
      to: recipient,
      subject: subject,
      htmlBody: html,
    });
  }
```

❶ 입력한 날짜에 등록된 종일 일정이 있는지 확인하는 함수입니다. getEventsForDay( ) 메서드를 이용해 해당 날짜의 모든 일정을 가져온 뒤, 필터를 이용해 이벤트가 종일 일정인 경우만 개수를 반환합니다.

❷ 입력한 날짜에 일정을 등록하는 함수입니다.

❸ 예약 완료 이메일을 전송하는 함수입니다.

작동 확인하기

코드를 저장한 다음 상단 메뉴의 **[배포 → 테스트 배포]**를 눌러 배포 없이 테스트를 할 수 있는 URL을 생성합니다. 이 URL을 통해 재배포를 하지 않고 수정된 내용을 쉽게 확인할 수 있습니다.

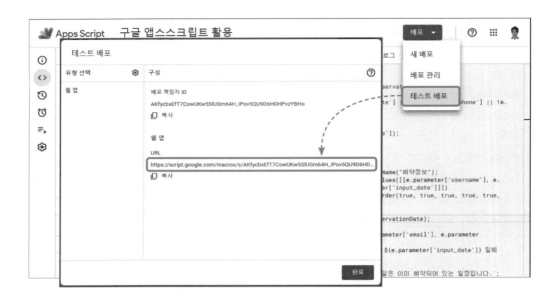

예약자 이름, 전화번호, 이메일, 예약 날짜를 입력한 뒤 **[예약하기]** 버튼을 클릭합니다. 예약이 정상적으로 처리되면 아래에 예약 접수 메시지가 출력됩니다.

구글 캘린더에 입력한 날짜인 2024년 1월 15일에 정상적으로 일정이 등록되었습니다.

TIP 만약 일정이 등록되지 않는다면 여러분의 캘린더 해당 날짜에 이미 다른 종일 일정이 등록되어 있지 않은지 확인해보세요. 그리고 종일 일정이 없는 날로 다시 테스트해보세요.

스프레드시트에 웹 페이지에서 등록한 예약자 이름, 전화번호, 이메일, 예약 날짜가 추가되어 있습니다.

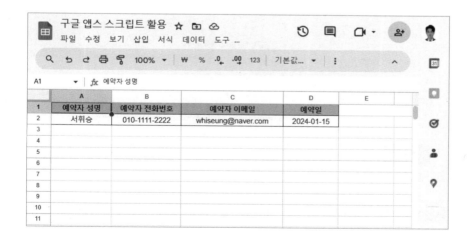

웹 페이지에서 입력한 이메일 주소로 예약 완료 이메일이 전송됩니다.

만약 2024년 1월 15일에 또 다른 예약을 추가하려고 하면 이미 예약된 일정이라는 메시지가 출력됩니다.

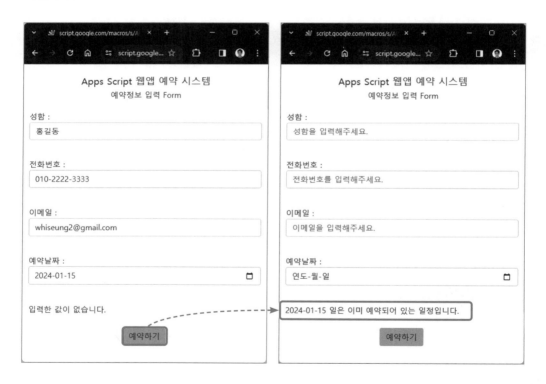

이 실습을 응용하면 여러분의 필요에 맞는 예약 서비스나 일정 관리 서비스를 만들고 자동화할 수 있을 겁니다.

참고하면 좋아요

- Project 40 스프레드시트를 데이터베이스로 웹 페이지 만들기
- Project 20 구글 캘린더 일정 관리하기

(Project 42)

챗GPT로 답변 템플릿 생성하기

난이도 ★ ★ ★   알아두면 유용해요 ★ ★ ★

회사 업무 중에는 고객이나 직원들의 다양한 문의나 요청에 대응해야 하는 상황이 종종 발생합니다. 하루에 수십 건, 많게는 수백 건씩 발생하는 문의에 일일이 대응하는 건 효율적이지 않습니다.

이번에는 챗GPT를 이용해 문의에 대한 답변을 자동으로 생성하는 실습을 해보겠습니다. 챗GPT에게 어떤 식으로 답변을 생성할 것인지 미리 가이드라인을 만들어주고, 챗GPT는 가이드라인에 따라 답변을 생성하게 됩니다. 계획은 다음과 같습니다.

계획 1 스프레드시트에 고객의 정보와 문의 내용을 정리합니다.

계획 2 체크박스로 고객을 선택하고 **[답변]** 버튼을 누르면 챗GPT를 이용하여 답변을 자동으로 생성합니다.

계획 3 사이드바에서 **[전송]** 버튼을 누르면 생성된 답변을 고객의 휴대폰으로 전송합니다.

이렇게 답변에 따른 템플릿을 자동으로 생성해 문자 메시지 전송까지 해주는 시스템을 구현해보겠습니다.

</> 준비해주세요

스프레드시트와 HTML 설정

고객들의 요청 사항을 관리하는 시트를 구성합니다. 다음과 같이 문자를 보낼 고객의 정보와 문의 내용, **[답변]** 내용을 작성할 수 있도록 열 제목과 가상의 문의 내용을 준비해주세요. 그리고 **[삽입→그림]**을 클릭해서 **[답변]** 버튼을 넣고 sendCustomerService라는 이름의 함수를 할당해주세요. 시트 이름은 '고객claim'으로 수정합니다.

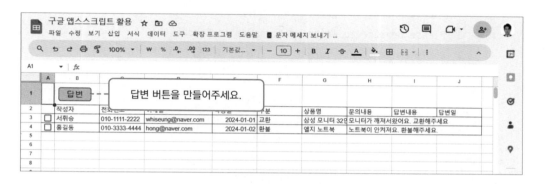

연결된 앱스 스크립트 프로젝트를 만들고 새 HTML 파일을 만든 후 '독자 제공 HTML 샘플'에서 customerService.html 파일의 내용을 복사해서 붙여넣기 해주세요.

</> API 사용에 필요한 변수와 함수 선언하기

그리고 차근차근 필요한 함수와 변수들을 생성하겠습니다. API를 불러오는 데 필요한 변수, 챗 GPT에서 답변을 가져오는 함수, 스프레드시트에 알림을 띄우는 함수 등 다양한 함수를 작성해야 하므로 코드가 길고 복잡합니다. 필요에 따라 나눠서 보겠습니다.

챗GPT API 사용 설정

먼저 챗GPT의 환경변수 객체를 선언합니다.

```
// 챗GPT 환경설정
var GPT = {
  env: {
    'API_KEY' : "sk-***AhsB", // 발급받은 챗GPT API 키
    'MODEL' : 'gpt-4',
    'MAX_TOKENS' : 1500,
    'TEMPERATURE' : 0.1,
    'TOP_P' : 1.0,
    'MESSAGE' : `You are an '앱스 스크립트 챗봇' that responds to customer
    inquiries. Please fill out the following:
        1. Please answer the questions kindly.
        2. Please be sure to write your answer in Korean.
        3. Unify the response target as "{name} 고객님".
        4. The answer begins with an apology for the content of the inquiry.`
  }
};
// 시스템 메시지 설정
var conversation = [
  { role: "system", content: GPT.env.MESSAGE }
];
```

환경변수의 'MESSAGE'가 챗GPT에게 답변 가이드라인을 제공하는 변수, 즉 프롬프트입니다. 이 프롬프트를 개선하는 것을 프롬프트 엔지니어링이라고 부릅니다. 예를 들어 반품 요청, 교환 요청, 상품 질문 등 다양한 상황의 답변 예시나 가이드를 프롬프트로 작성하면 챗GPT는 해당 상황에 적합한 답변을 생성해 줍니다. 실습 예제에서는 챗GPT에게 고객 대응 챗봇이라는 역할을 주고 친절한 말투, 한글 사용, 호칭, 사과로 시작할 것이라는 4개의 답변 가이드라인을 입력했습니다.

문자 메시지 API 사용 설정

coolSMS API를 사용할 정보들을 선언하고 SMS 인증 시 signature를 생성하기 위한 함수들을 선언합니다.

```javascript
// coolSMS 환경설정 ●———[ 여러분의 정보를 입력하세요. ]
const API_KEY = "NC****P9";
const API_SECRET ="XM***VAL";
const HostPhoneNumber = "본인인증한 발신자용 핸드폰번호";
function signApiRequest(datetime, salt, appSecret) {
  // 서명에 사용할 데이터 생성
  var query = `${datetime}${salt}`;
  var bytes = null;
  try {
    // 비밀키와 데이터를 이용하여 HMAC-SHA256 서명 생성
    var secretKey = Utilities.newBlob(appSecret).getBytes();
    var dataBytes = Utilities.newBlob(query).getBytes();
    var hmac = Utilities.computeHmacSha256Signature(dataBytes, secretKey);
    bytes = hmac;
  } catch (e) {
    Logger.log(e.toString());
  }
  // 바이트를 16진수 문자열로 변환하여 반환
  return byte2hex(bytes);
}


function getDateTime() {
  const today = new Date();
  const date = [
    today.getFullYear(),
    (today.getMonth() + 1).toString().padStart(2, "0"),
    today.getDate().toString().padStart(2, "0"),
  ].join("-");
  const time = [
    today.getHours().toString().padStart(2, "0"),
    today.getMinutes().toString().padStart(2, "0"),
    today.getSeconds().toString().padStart(2, "0"),
  ].join(":");
```

```
    const result = `${date}T${time}Z`;
    return result;
 }
```

각 함수와 변수를 간단히 설명하면 다음과 같습니다.

- **API_KEY :** 문자 메시지를 전송하는 API키를 입력하는 변수
- **API_SECRET :** 문자 메시지를 전송하는 API Secret를 입력하는 변수
- **HostPhoneNumber( ) :** 문자 메시지를 전송하는 발신번호를 입력하는 변수
- **signApiRequest( ) :** 서명을 생성하는 함수
- **byte2hex( ) :** 바이트를 16진수 문자열로 변환하는 함수
- **getDateTimeSms( ) :** 현재 시간을 출력하는 함수

TIP ' Project 34 앱스 스크립트로 문자 메시지 보내기'의 설명을 참고하세요.

</> 챗GPT로 답변 생성해서 문자 보내기

답변 처리를 위해 원하는 행의 체크박스를 선택하고 **[답변]** 버튼을 클릭하면, 선택한 행의 정보를 추출하고 챗GPT를 활용하여 문의 사항에 대한 답변 템플릿을 생성하여 스프레드시트의 사이드 바에 입력하는 기능을 구현합니다. 또한, 사이드바에서 **[전송]** 버튼을 클릭하면 등록된 고객 휴대 폰 번호로 문자 메시지를 전송하는 기능도 구현합니다.

챗GPT로 답변 생성하기

챗GPT로 문의 사항에 맞는 답변을 받는 기능부터 작성해봅시다.

```
function sendCustomerService() {                          project42.gs
  const sheet
  = SpreadsheetApp.getActiveSpreadsheet().getSheetByName("고객claim");
```

```javascript
  // 선택된 체크박스에 해당하는 행 데이터 가져오기
  const values = sheet.getRange("A2:J" + sheet.getLastRow()).getValues();
  const row = values.filter((row) => row[0] === true)[0];
  const idx = values.findIndex((row) => row[0] === true);

  // 선택된 데이터가 없을 경우 알림을 표시하고 함수 종료
  if (row.length < 1) {
    console.log("선택된 데이터가 없습니다.");
    alertMessage("알림", "선택된 데이터가 없습니다.");
    return;
  }
  const content = row[7];
  var html = HtmlService.createTemplateFromFile("customerService.html");
  // ❶ 필요한 데이터들을 html로 전달
  html.idx = idx;
  html.name = row[1];
  html.phone = row[2];
  html.email = row[3];
  html.product = row[6];
  html.content = content;
  // ❷ 챗GPT로 생성된 답변 템플릿을 html로 전달
  html.answerTemplate = creatingAnswerWithGpt(content);
  var htmlOutput = html.evaluate();
  htmlOutput.setTitle("고객 응대");
  SpreadsheetApp.getUi().showSidebar(htmlOutput);
}


function creatingAnswerWithGpt(message) {
  // ❸ 챗GPT를 이용해 문의 사항에 대한 답변 템플릿을 생성
  // 질문을 위한 챗GPT 설정
  conversation.push({ role: "user", content: message });
  const url = "https://api.openai.com/v1/chat/completions";
  var formData = {
```

```
    model: GPT.env.MODEL,
    max_tokens: GPT.env.MAX_TOKENS,
    messages: conversation,
  };
  // 챗GPT 요청 옵션 설정
  const options = {
    method: "POST",
    headers: {
      Authorization: "Bearer " + GPT.env.API_KEY,
      "Content-Type": "application/json",
    },
    payload: JSON.stringify(formData),
  };
  // 챗GPT 답변 추출 및 콘솔에 출력
  const response = UrlFetchApp.fetch(url, options);
  const data = JSON.parse(response.getContentText());
  const result = data.choices[0].message.content;
  return result;
}
```

❶ 스프레드시트의 사이드바에서 사용할 HTML에 변수들을 전달합니다. 기존에는 사이드바를 활성화할 때 HtmlService 클래스의 createHtmlOutputFromFile( ) 메서드를 이용해 HTML 객체를 생성했지만, HTML에서 변수를 사용할 수 있도록 createTemplateFromFile( ) 메서드를 이용해 HTML 템플릿을 먼저 생성합니다. 생성된 HTML 템플릿에 행 번호, 이름, 전화번호 등 사이드바에서 보여줄 데이터들을 담습니다. 템플릿 구성이 완성되면 evaluate( ) 메서드를 이용해 사이드바에서 표현될 HTML을 생성합니다.

❷ creatingAnswerWithGpt( ) 메서드에 content를 매개변수로 문의 내용을 전달해 챗GPT로 답변을 생성합니다. 생성된 답변을 HTML의 answerTemplate라는 변수에 담습니다.

❸ 챗GPT를 이용해 문의 내용에 대한 답변 템플릿을 생성합니다.

답변 문자로 전송하고 스프레드시트에 입력하기

이제는 챗GPT로 생성한 답변을 문자 메시지로 전송하고 스프레드시트에 입력하는 코드를 작성해보겠습니다.

```
function sendSmsSelectedUser(phoneNo, name, message, idx) {       project42.gs
  // ❶ 답변을 문자 메시지로 전송
  const confirm
  = confirmMessage("확인", `${name} 님에게 답변 문자 메시지를 전송하시겠습니까?`);
  if (!confirm) {
    return;
  }
  message = message.replace(/{name}/g, name);
  // 문자 메시지 발송 API 설정
  const url = "https://api.coolsms.co.kr/messages/v4/send";
  // header 설정
  var datetime = getDateTime();
  var salt = Date.now().toString();
  var sign = signApiRequest(datetime, salt, API_SECRET);
  // body 설정
  var formData = { message: { to: phoneNo, from: HostPhoneNumber, text: message,
  autoTypeDetect: true } };
  // 문자 메시지 API에 POST 요청을 보내기
  const response = UrlFetchApp.fetch(url, {
    method: "POST",
    headers: {
      Authorization: `HMAC-SHA256 apiKey=${API_KEY}, date=${datetime},
      salt=${salt}, signature=${sign}`,
      "Content-Type": "application/json",
    },
    payload: JSON.stringify(formData),
  });
  const responseCode = response.getResponseCode();
  if (responseCode == "200") {
```

```
    const json = response.getContentText();
    const returndData = JSON.parse(json);
    console.log(returndData);
    // ❷ 전송한 답변을 시트에 저장
    const sheet = SpreadsheetApp.getActive().getSheetByName("고객claim");
    sheet.getRange(`I${parseInt(idx) + 2}:J${parseInt(idx) + 2}`).
    setValues([[message, getDateTime()]]);
    alertMessage("성공", `${name} 님에게 답변 문자 메시지를 전송하였습니다.`);
    return true;
  } else {
    alertMessage("성공", `${name} 님에게 답변 문자 메시지를 전송을 실패하였습니다.`);
    return false;
  }
}


function alertMessage(tit, msg) {
  var ui = SpreadsheetApp.getUi();
  ui.alert(tit, msg, ui.ButtonSet.OK);
}


function confirmMessage(tit, msg) {
  const ui = SpreadsheetApp.getUi();
  const response = ui.alert(tit, msg, ui.ButtonSet.YES_NO);
  if (response == ui.Button.YES) {
    return true;
  } else {
    return false;
  }
}
```

❶ 답변 내용을 등록된 고객의 휴대폰 번호로 전송합니다.

❷ 전송한 답변과 문자 메시지를 전송한 시간을 시트에 저장합니다.

체크박스 선택 관리하기

체크박스로 답변을 원하는 행을 선택하기 때문에 한 번에 하나의 행만 체크해야 합니다. onEdit( ) 트리거로 시트의 체크박스 변경을 확인하고, 하나의 행만 선택해서 챗GPT 답변을 요청하도록 관리하는 함수도 작성하여 사용성을 더욱 높여보겠습니다.

```gs
function onEdit(e) {
  const getValue = e.value;
  const spreadSheet = e.source;
  const sheetName = spreadSheet.getActiveSheet().getName();
  const column = e.range.getColumn();
  const row = e.range.getRow();
  const activeCell = spreadSheet.getActiveCell();
  // "고객claim" 시트에서 데이터 변경 발생 시
  if ( sheetName == "고객claim" ) {
    // 변경된 행이 1열의 3번째 행 이상일 경우
    if ( column == 1 && row >= 3 ) {
      var lastRow = spreadSheet.getLastRow();
      // 모든 체크박스 선택 해제
      unckeckAll(lastRow);
      // 선택된 셀의 값이 'FALSE'인 경우 함수 종료
      if ( getValue == 'FALSE' ) {  return; }
      // 선택된 셀을 'TRUE'로 설정
      activeCell.setValue(true);
    }
  }
}


function unckeckAll(lastRow){
  const range = `A3:A${lastRow}`;
  const value = false;
  allCheckbox(range, value);
}
```

```
function allCheckbox(range, value) {
  const checkRange = SpreadsheetApp.getActiveSpreadsheet().getRange(range);
  checkRange.setValue(value);
}
```

HTML 확인하기

HTML 파일의 구성도 살펴보겠습니다.

```
...생략...                                                customerService.html
<script type="text/javascript">
  function sendAnswer() {
    <!-- ❶ 전송한 답변을 시트에 저장 -->
    var phone = document.getElementById("phone").value;
    var username = document.getElementById("username").value;
    var answer = document.getElementById("answer").value;
    var idx = document.getElementById("idx").value;
    google.script.run.sendSmsSelectedUser(phone, username, answer, idx);
  }
</script>
...생략...
<body>
  <input type="hidden" id="idx" name="idx" value="<?= idx ?>" disabled />
  <div>
    <p class="title">고객명 :</p>
    <!-- ❷ 보여줄 값들 입력하고 비활성화 -->
    <input type="text" id="username" name="username" value="<?= name ?>"
disabled />
  </div>
...생략...
  <div>
    <p class="title">답변 :</p>
```

```
    <!-- ❸ 답변 템플릿을 입력하고 수정할 수 있도록 구성 -->

    <textarea id="answer" class="text_input textarea"><?= answerTemplate ?></
textarea>
  </div>
  <div style="margin-top: 10px">
    <!-- ❹ 전송 버튼에 이벤트 할당 -->

    <button id="btnSendAnswer" onclick="sendAnswer()">전송</button>
  </div>
</body>
```

❶ 사이드바에 입력된 값들을 앱스 스크립트의 sendSmsSelectedUser( ) 함수의 매개변수로 전 달하여 함수를 실행합니다.

❷ 스크립틀릿 코드로 고객명을 보여주고 입력을 비활성화합니다. 이후 전화번호, 상품명, 문의 내용도 모두 같은 방식으로 구성했습니다.

❸ 챗GPT로 생성한 answerTemplate변수를 textarea에 입력하고 수정할 수 있도록 구성합 니다.

❹ 전송 버튼의 onClick 이벤트에 앞서 생성한 sendAnswer( ) 함수를 할당합니다.

작동 확인하기

코드를 저장한 다음 답변할 행의 체크박스를 선택하고 **[답변]** 버튼을 클릭합니다. 스프레드시트의 사이드바에 선택된 행의 데이터들이 입력되고, 챗GPT를 이용해 생성된 답변 템플릿도 답변에 입력됩니다. 답변의 내용은 프롬프트에서 설정한 대로 고객의 이름을 입력하기 위한 {name} 변수를 시작으로 메시지가 생성된 것까지 확인할 수 있습니다.

답변 내용을 확인한 후 수정할 부분이 있으면 수정하고, **[전송]** 버튼을 클릭하면 답변은 입력된 고객의 전화번호로 전송됩니다.

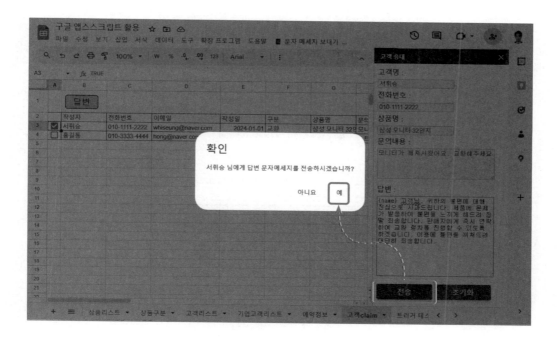

{name} 변수에 고객의 이름이 입력되어 문자 메시지가 전송되었습니다.

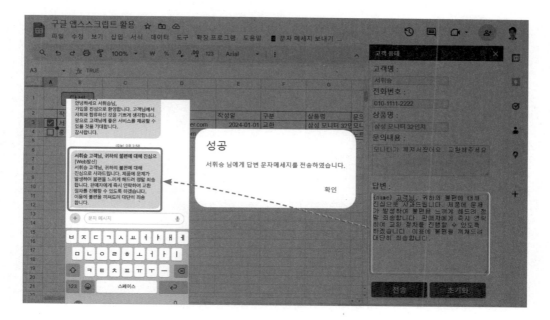

'고객claim' 시트에는 선택된 문의 내용에 대한 문자 메시지로 전송된 답변과 답변 시간이 저장됩니다.

참고하면 좋아요

- Project 07 스프레드시트에 나만의 버튼 만들기
- Project 13 문서에 공지사항 띄우기
- Project 34 앱스 스크립트로 문자 메시지 보내기
- Project 36 앱스 스크립트로 챗GPT 사용하기

스프레드시트의 데이터를
챗GPT로 분석하기

난이도 ● ● ● ●   알아두면 유용해요 ● ● ● ●

내가 현재 보고 있는 스프레드시트의 데이터를 요약하거나 원하는 데이터를 쉽게 추출할 수 있는 방법이 있을까요? 그럼 복잡한 데이터 분석 작업을 효율적으로 수행할 수 있을 텐데요.

챗GPT에게 스프레드시트의 데이터를 전달하면 요약이나 특정 데이터 추출을 요청하는 방식으로 데이터 분석을 할 수 있습니다. 이번 실습의 계획은 다음과 같습니다.

계획 1 데이터 분석을 수행할 수 있는 사이드바를 만듭니다.

계획 2 스프레드시트에서 분석할 시트를 선택합니다.

계획 3 챗GPT가 이해할 수 있도록 스프레드시트 데이터를 CSV 형식으로 변환합니다.

계획 4 챗GPT에게 데이터와 함께 질문을 전달합니다.

이번 실습을 활용하면 데이터를 직접 이해하지 않아도 빠르게 원하는 정보를 얻을 수 있을 겁니다.

TIP OpenAI에서 파일을 업로드하여 문서의 내용을 검색하는 기능이 제공되지만 작성일 기준 엑셀이나 CSV 파일 형식은 지원하지 않습니다. 따라서 이 실습에서는 분석하려는 데이터 전체를 CSV로 변경한 후 업로드가 아닌 본문으로 전달하는 방식으로 진행하겠습니다.

TIP 최대 토큰 수의 제한이 있기 때문에 챗GPT-4 Omni(GPT-4o) 모델을 사용해야 합니다. 분석하고자 하는 데이터의 양이 많은 경우, 챗GPT에 전달하는 과정에서 속도가 느려지거나 최대 토큰 수를 초과하는 오류가 발생할 수도 있습니다.

</> 준비해주세요

스프레드시트와 HTML 설정

앞서 ' Project 25 **데이터 서식 설정하기**'에서 사용했던 교통사고 통계 데이터를 한 번 더 이용하겠습니다. 스프레드시트에 데이터를 입력하고 준비해주세요.

TIP 챗GPT에게 '도로교통공단에서 사고 유형별 교통사고 통계치를 보여주는 데이터'를 요청해서 받았었죠?

그리고 새로운 HTML 파일을 만들어 '독자 제공 HTML 샘플' 중 data_analysis.html 파일의 내용을 복사해서 붙여넣어주세요.

</> 시트를 선택할 수 있는 분석기 사이드바 만들기

사이드바를 호출하는 버튼을 생성하고, HTML에서 시트를 선택할 수 있도록 시트의 이름들을 배열 형태로 생성하는 함수를 작성합니다. 보통 여러분이 업무에서 사용하는 스프레드시트에는 여러 개의 시트가 있을 겁니다. 그런 상황을 가정하고 실습을 진행하겠습니다.

TIP 시트의 이름을 배열 형태로 생성해주는 함수는 ' Project 16 스프레드시트에 목차 생성하기'에서 배웠습니다.

```
function onOpen() {
  SpreadsheetApp.getUi()
  .createMenu("데이터 분석기")
  .addItem("데이터 분석하기", "openGptAnalysis")
  .addToUi();
}


function openGptAnalysis() {
  var html = HtmlService.createTemplateFromFile("data_analysis.html");
  // ❶ 시트 이름을 배열 형태로 HTML에 전달
  html.sheetNames = getSheetsNames();
  html.evaluate();
  var htmlOutput = html.evaluate();
  htmlOutput.setTitle("데이터 분석하기");
  SpreadsheetApp.getUi().showSidebar(htmlOutput);
}


function getSheetsNames() {
  const ss = SpreadsheetApp.getActiveSpreadsheet();
  const sheets = ss.getSheets();
  var sheet_list = new Array();
  for (i in sheets) {
    const sheetName = sheets[i].getName();
    sheet_list.push(sheetName);
```

project43.gs

```
    }
    return sheet_list;
}
```

❶ getSheetsNames( ) 함수는 스프레드시트의 시트 이름을 배열 형태의 변수 sheetNames로 HTML에 전달합니다.

HTML 확인하기

HTML 파일에서 드롭다운 생성과 관련된 부분을 보겠습니다.

```
                                                    data_analysis.html
...생략...
  <select id="data_sheet" name="data_sheet">
    <!-- ❶ sheetNames를 드롭다운으로 생성 -->
    <? for (var i = 0; i < sheetNames.length; i++) { ?>
        <option value="<?= sheetNames[i] ?>"><?= sheetNames[i] ?></option>
    <? } ?>
  </select>
</div>
<div>
  <p class="title"> 데이터 영역 </p>
  <input type="text" id="data_area" class="text_input" placeholder="데이터 영역" />
</div>
...생략...
```

❶ HTML에서는 스크립틀릿을 이용해 sheetNames 배열의 수만큼 반복문을 실행해 드롭다운을 생성합니다.

작동 확인하기

코드를 저장한 후 ❶ [데이터 분석기 → 데이터 분석하기] 메뉴를 실행하면 사이드바가 활성화됩니다. ❷ 사이드바에서 데이터 시트 항목의 드롭다운을 사용해 스프레드시트의 시트를 선택할 수 있습니다.

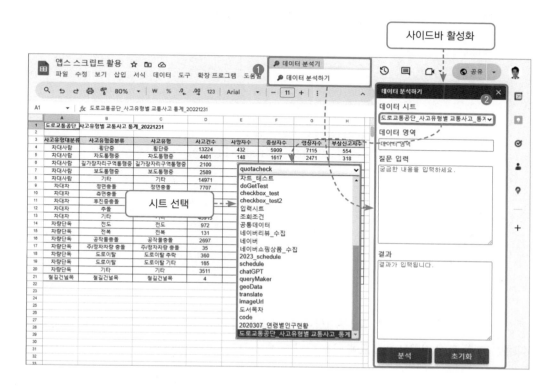

👨‍💻 with 챗GPT 데이터를 CSV 형태로 변환하는 코드를 생성해볼까요?

이 책에서 배우지 않은 코드도 챗GPT와 함께 작성할 수 있을까요? 스프레드시트의 데이터를 챗GPT가 이해할 수 있도록 전달하기 위해 CSV 형식으로 변환해야 하는데 그 방법을 챗GPT에게 물어보겠습니다.

앱스 스크립트로 스프레드시트의 데이터를 CSV형태로 가공하는 코드를 짜줘.

구글 스프레드시트 데이터를 CSV 형식으로 가공하는 Google Apps Script 코드는 다음과 같습니다. 이 스크립트는 지정된 시트의 데이터를 읽어와 CSV 형식의 문자열로 변환합니다

```javascript
function convertToCSV(data) {
  var csv = "";
  data.forEach(function (row, rowIndex) {
    var rowString = row
      .map(function (cell, colIndex) {
        return '"' + cell.toString().replace(/"/g, '""') + '"';
      })
      .join(",");
    csv += rowString + "\n";
  });
  return csv;
}
```

앱스 스크립트의 활용 방법은 무궁무진합니다. 이 책을 통해 앱스 스크립트와 많이 가까워졌을테니 챗GPT와 함께 여러분의 필요에 맞는 다양한 스크립트를 만들어보세요.

이제 챗GPT가 알려준 스프레드시트를 CSV로 가공하는 함수를 이용해 사이드바에서 입력한 데이터를 기반으로 챗GPT에게 답변을 요청하는 코드를 작성해보겠습니다.

```javascript
function analysis_sheet_data(data_sheet, data_area, message) {        project43.gs
  // ❶ 처리가 시작됨을 토스트 메시지로 알림
  SpreadsheetApp.getActiveSpreadsheet().toast("데이터를 분석중입니다.", "분석중", -1);
  // ❷ 선택된 데이터를 csv형태로 재가공
  const sheet = SpreadsheetApp.getActive().getSheetByName(data_sheet);
  const data = sheet.getRange(data_area).getValues();
  var csvData = convertToCSV(data);
```

```javascript
  // ❸ 데이터와 질문을 함께 처리
  const result = processGPT(`${csvData}\n\n${message}`);
  // ❹ 처리가 완료됨을 토스트 메시지로 알림
  SpreadsheetApp.getActiveSpreadsheet().toast("데이터 분석이 완료되었습니다.",
  "완료", 2);
  return result;
}


function convertToCSV(data) {
  // ❺ 스프레드시트 데이터를 CSV형태로 변환
  var csv = "";
  data.forEach(function (row, rowIndex) {
    var rowString = row
      .map(function (cell, colIndex) {
        return '"' + cell.toString().replace(/"/g, '""') + '"';
      })
      .join(",");
    csv += rowString + "\n";
  });
  return csv;
}
```

❶ 함수가 실행될 때, 토스트 메시지를 통해 처리가 시작되었음을 사용자에게 알립니다. 알림이 없다면 사용자는 함수가 실행되었는지 여부를 알 수 없기 때문에, 별도의 알림 처리를 추가하였습니다.

❷ 사이드바에서 전달받은 데이터 시트의 이름과(data_sheet)와 데이터 영역(data_area)을 기준으로 데이터를 추출합니다. 추출된 데이터를 CSV 형태로 변경해줍니다.

❸ CSV 형태의 데이터와 질문을 함께 챗GPT 함수에 전달합니다.

❹ 처리가 완료되면 토스트 메시지로 알려줍니다.

❺ 스프레드시트 데이터를 CSV 형태로 변환해주는 함수입니다.

</> 챗GPT API로 답변 생성하기

이제 챗GPT의 API를 사용하기 위한 설정을 하고 답변을 생성하는 함수를 만들겠습니다.

```
project43.gs
// 챗GPT 환경변수 설정
var GPT = {
  env: {
    API_KEY: "sk-***AhsB", // 발급받은 챗GPT API 키
    MODEL: "gpt-4o",
    MAX_TOKENS: 1500,
    TEMPERATURE: 0.1,
    TOP_P: 1.0,
    MESSAGE: `You are a helper who analyzes CSV data and derives insight. You
    must always answer in Korean.`,
  },
};


function processGPT(message) {
  // ❶ 챗GPT로 답변을 생성
  // 메세지 설정
  var conversation = [{ role: "system", content: GPT.env.MESSAGE }, , { role:
  "user", content: message }];
  const url = "https://api.openai.com/v1/chat/completions";
  var formData = {
    model: GPT.env.MODEL,
    max_tokens: GPT.env.MAX_TOKENS,
    temperature: GPT.env.TEMPERATURE,
    top_p: GPT.env.TOP_P,
    messages: conversation,
  };
  // 챗GPT 호출
  const options = {
    method: "POST",
```

```
    headers: {
      Authorization: "Bearer " + GPT.env.API_KEY,
      "Content-Type": "application/json",
    },
    payload: JSON.stringify(formData),
  };
  // 챗GPT 답변 추출
  const response = UrlFetchApp.fetch(url, options);
  const data = JSON.parse(response.getContentText());
  const result = data.choices[0].message.content;
  return result;
}
```

❶ 챗GPT로 답변을 생성해주는 함수입니다. 선택된 영역의 전체 데이터를 챗GPT에게 넘기기 때문에, 토큰 수 제한에 걸리지 않기 위해 gpt-4o 모델을 사용해야 하는 점에 주의해야 합니다.

HTML 확인하기

HTML 파일의 주요 부분도 살펴보겠습니다.

data_analysis.html

```
...생략...
<script type="text/javascript">
  function dataAnalysis() {
    const data_sheet = document.getElementById("data_sheet").value;
    const data_area = document.getElementById("data_area").value;
    const input = document.getElementById("input").value;
    <!-- ❶ 앱스 스크립트의 gpt_test 함수 실행 -->
    google.script.run.withSuccessHandler(onSuccess)
    .analysis_sheet_data(data_sheet, data_area, input);
  }
  function onSuccess(result) {
    <!-- ❷ 답변을 result에 입력 -->
```

```
      document.getElementById("result").value = result;
    }
    function resetForm() {
      <!-- ❸ 입력 항목 초기화 -->
      document.getElementById("data_area").value = "";
      document.getElementById("data_sheet").value = "";
      document.getElementById("input").value = "";
      document.getElementById("result").value = "";
    }
  </script>
  ...생략...
```

❶ 앱스 스크립트의 analysis_sheet_data( ) 함수를 실행합니다. 함수가 정상적으로 실행된 경우, 이벤트 핸들러인 withSuccessHandler( ) 메서드에 응답을 처리하는 함수인 onSuccess를 입력합니다.

❷ 생성된 답변을 result에 입력해줍니다.

❸ [초기화] 버튼을 클릭했을 경우 항목을 초기화해주는 함수입니다.

작동 확인하기

코드를 저장한 다음 [데이터 분석기 → 데이터 분석하기] 메뉴를 실행해 사이드바를 활성화합니다. 데이터 시트에서 분석하고자 하는 시트를 선택하고, 데이터 영역에는 분석하고자 하는 데이터 영역을 입력해줍니다. 질문 입력 란에는 챗GPT에 요청하고 싶은 내용을 입력하고 [분석] 버튼을 클릭합니다.

다음과 같이 다양한 질문에 대해 데이터를 분석해서 결과를 알려줍니다.

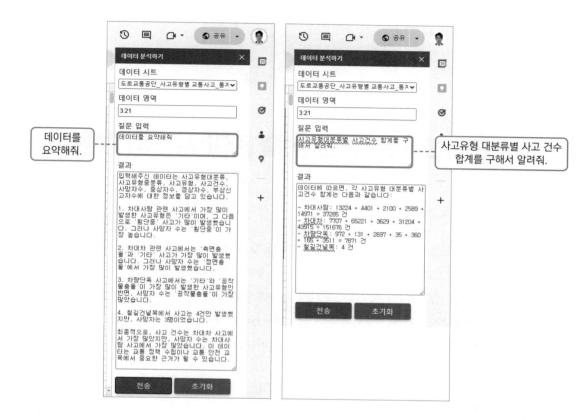

데이터를
요약해줘.

사고유형 대분류별 사고 건수
합계를 구해서 알려줘.

참고하면 좋아요

- Project 13 문서에 공지사항 띄우기
- Project 36 앱스 스크립트로 챗GPT 사용하기

스프레드시트 기반 상품 관리 시스템 만들기

난이도 ★ ★ ★   알아두면 유용해요 ★ ★ ★

이제 앱스 스크립트를 업무나 일상에 다양하게 활용할 수 있을 것 같은가요? 이 프로젝트는 스프레드시트를 기반으로 한 상품 관리 시스템입니다. 책에서 큰 비중을 차지했던 스프레드시트 활용을 다양하게 넣었습니다. 이 프로젝트는 따라 작성하기보다는 제공한 완성작을 보고 어떻게 설계했는지, 어떤 함수와 메서드를 사용했는지 분석해보겠습니다. 함수끼리 어떻게 연결되어 있는지, 어떤 변수를 만들어 어디서 쓰는지 확인하면서 여러분만의 자동화 시스템을 만드는 아이디어를 얻어가기 바랍니다.

📄 사용자 스프레드시트

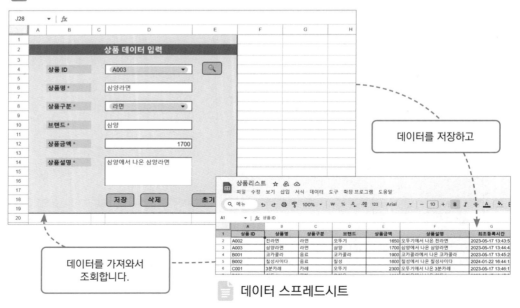

📄 데이터 스프레드시트

사용자용 스프레드시트와 데이터 저장용 스프레드시트를 만들고 상품을 등록, 조회, 수정, 삭제할 수 있는 관리 시스템의 기본 기능을 구현했습니다.

</> 준비해주세요

스프레드시트 구성

사용자와 데이터, 이렇게 두 개의 스프레드시트를 사용했습니다. 각 스프레드시트별 시트의 구성은 다음과 같습니다.

사용자 스프레드시트

- 시트 1 : 상품 입력폼
- 시트 2 : 상품 리스트
- 시트 3 : 상품 구분

데이터 스프레드시트

- 시트 1 : 상품 리스트
- 시트 2 : 수정 history
- 시트 3 : 삭제 history

시트의 구성은 상황에 따라 간소화할 수도 있습니다. 이력 관리 방법을 설명하기 위해 history 시트를 별도로 구성했지만, 바로 상품 리스트 시트에서 데이터를 관리할 수도 있습니다.

기능 구성 계획

프로젝트가 복잡해지면 기능이 어떤 식으로 작동할지 미리 계획을 세워보는 것이 좋습니다. 그러면 필요한 함수와 시트 구조를 떠올리는 데 도움이 됩니다.

사용자의 스프레드시트에서 상품을 등록하면 상품의 키값은 상품 구분별로 자동으로 생성됩니다. 등록된 상품의 정보는 별도의 스프레드시트에서 관리하며 상품 수정과 삭제 시 수정 내역과 삭제 내역도 별도의 시트에 저장합니다.

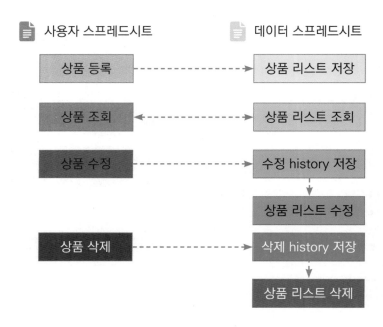

사용자 스프레드시트에 상품 리스트 연결하기

상품 리스트 시트는 사용자 스프레드시트에서 데이터 조작을 할 수 없도록 구성했습니다. 데이터 스프레드시트의 상품 리스트를 사용자 스프레드시트의 상품 리스트 시트에서 보여주기 위해 IMPORTRANGE( ) 함수를 활용합니다. 이 함수를 이용하면 데이터 시트의 데이터를 가져와서 사용자 시트에서 확인할 수 있습니다. 이로써 두 개의 스프레드시트 간 데이터를 공유하고, 사용자는 직접적인 조작 없이 필요한 정보를 쉽게 열람할 수 있게 됩니다. IMPORTRANGE( ) 함수의 기본 구문은 다음과 같습니다.

```
=IMPORTRANGE("가져올 데이터가 있는 스프레드시트 ID", "가져올 데이터의 범위")
```

TIP 앱스 스크립트 함수가 아니라 스프레드시트 함수 IMPORTRANGE( )입니다.

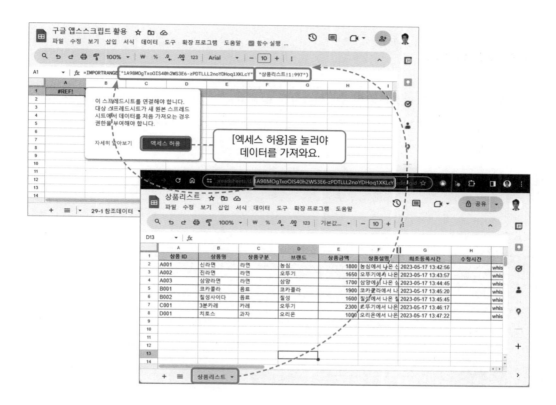

IMPORTRANGE( ) 함수를 사용할 때 유의할 점이 있습니다. 처음 입력하면 '참조가 유효하지 않음'이라는 #REF! 오류 메시지가 나타날 겁니다. 이는 데이터 시트에 대한 액세스 권한을 허용하지 않았기 때문입니다. 정상적으로 상품 리스트를 사용자 스프레드시트에서 확인하려면 [액세스 허용] 버튼을 눌러 데이터 스프레드시트에 대한 접근을 허용해야 합니다.

</> 상품 등록 함수 살펴보기

상품 등록 폼 구성

상품을 등록하는 폼은 다음과 같이 구성했습니다. 상품 ID는 상품 리스트 시트의 A열을 드롭다운으로 가져와 상품을 조회할 수 있도록 구성하고, 상품 구분은 상품 구분 시트의 A열을 드롭다운으로 구성합니다.

상품 ID와 상품 구분의 드롭다운은 **[데이터 → 데이터 확인]**에서 데이터 확인 규칙을 추가해서 생성할 수 있습니다.

기능 보조 함수 미리 선언

상품을 저장하는 기능을 구현하기 전에 입력폼 초기화, 알림 등 기능을 더 편하게 사용할 수 있도록 보조하는 함수들을 미리 선언했습니다. **이 프로젝트의 모든 함수는 사용자 스프레드시트와 연결된 앱스 스크립트 프로젝트에 작성합니다.**

```
project44.gs
function resertProductInputForm() {
  const inputSheetName = "상품입력폼";
  const sheet = SpreadsheetApp.getActive().getSheetByName(inputSheetName);
  const dataRange = sheet.getRange("D4:D14");
  dataRange.clearContent();
}


function getDateTime(getDate) {
  var dataObj;
  if (getDate == "" || getDate === undefined || getDate == null) {
```

```
    dataObj = new Date();
  } else {
    dataObj = new Date(getDate);
  }
  const today = new Date();
  const date = [
    today.getFullYear(),
    (today.getMonth() + 1).toString().padStart(2, "0"),
    today.getDate().toString().padStart(2, "0"),
  ].join("-");
  const time = [
    today.getHours().toString().padStart(2, "0"),
    today.getMinutes().toString().padStart(2, "0"),
    today.getSeconds().toString().padStart(2, "0"),
  ].join(":");
  const result = `${date} ${time}`;
  return result;
}


function alertMessage(tit, msg) {
  var ui = SpreadsheetApp.getUi();
  ui.alert(tit, msg, ui.ButtonSet.OK);
}
function confirmMessage(tit, msg) {
  const ui = SpreadsheetApp.getUi();
  const response = ui.alert(tit, msg, ui.ButtonSet.YES_NO);
  if (response == ui.Button.YES) {
    return true;
  } else {
    return false;
  }
}
```

각 함수의 기능은 다음과 같습니다. getDateTime( ) 함수나 alertMessage( ) 함수는 이제 익숙하죠? 자주 사용하는 함수들은 따로 모아두고 필요할 때마다 가져와서 써도 좋습니다.

- **resertProductInputForm( )** : 입력폼의 입력값들을 초기화 해주는 함수
- **getDateTime( )** : 현재 시간 혹은 스프레드시트의 입력된 값을 datetime 형태로 반환해 주는 함수
- **alertMessage( )** : 스프레드시트에 alert 메시지를 표시해주는 함수
- **confirmMessage( )** : 스프레드시트에 confirm 메시지를 표시해주는 함수

상품 정보를 저장하는 함수

이제 데이터 입력 폼에 정보를 작성하고 **[저장]**을 누르면 상품을 저장하는 함수를 보겠습니다. 상품이 신규 상품이면 상품 리스트 시트에 새로운 행을 추가해 데이터를 입력합니다. 이미 등록된 상품이면 기존 데이터를 수정하고 기존 데이터는 수정 history 시트에 이력 관리를 하는 기능을 구현합니다. 코드가 길기 때문에 파란색 코드 설명과 코드를 잘 따라가면서 각 코드와 함수의 기능을 파악해보세요.

```
function saveProduct() {                                      project44.gs
  // ❶ 사용할 변수들 선언
  var cnt = 0; // 컬럼의 순번
  var executeGubun = "저장"; // 처리구분
  var createdDttm, updatedDttm; // 등록일, 수정일
  var inputArr = [
    // 입력폼 위치정보
    { row: 2, value: "상품명" },
    { row: 4, value: "상품 구분" },
    { row: 6, value: "브랜드" },
    { row: 8, value: "상품금액" },
    { row: 10, value: "상품설명" },
  ];
```

```javascript
var dataRow = new Array(1);
dataRow[0] = new Array(inputArr.length);
// ❷ 입력한 데이터 가져오기
const sheet = SpreadsheetApp.getActive().getSheetByName("상품입력폼");
const key = sheet.getRange("D4").getValue();
const dataRange = sheet.getRange("D4:D14");
const values = dataRange.getValues();
// ❸ 키값이 입력(선택) 되어 있을 경우 확인 메시지
if (key != "") {
  const confirm = confirmMessage("확인", `${key} 상품을 수정하시겠습니까?`);
  if (!confirm) {
    return;
  }
}
// ❹ 입력 데이터 필수값 확인 및 가공
for (const input of inputArr) {
  const row = input.row;
  const inputValue = values[row][0];
  if (inputValue === "" || inputValue.length < 1) {
    alertMessage("오류", `${input.value}은(는) 필수 입력 값입니다.`);
    return;
  }
  dataRow[0][cnt++] = values[row];
}
// 배열 첫 번째에 키값 추가
if (key == "") {
  const newKey = createKey(dataRow[0][1][0]);
  dataRow[0].unshift([newKey]);
} else {
  dataRow[0].unshift([key]);
}
cnt++;
// ❺ 상품 리스트의 모든 데이터 가져오기
```

```
    const dataSheetId = "1A98MOgTxoOIS40h2WS3E6-zPDTLLL2noYDHoq1XKLcY";
    const dataSheetSs = SpreadsheetApp.openById(dataSheetId);
    const dataSheet = dataSheetSs.getSheetByName("상품 리스트");
    const dataListLastRow = dataSheet.getLastRow() + 1;
    const dataListValues
    = dataSheet.getRange(`A2:I${dataListLastRow}`).getValues();
    var dataListRange
    = dataSheet.getRange(`A${dataListLastRow}:I${dataListLastRow}`);
}
...계속...
```

❶ 아래에서 사용할 변수들을 선언합니다.

- **cnt** : 상품 정보를 저장할 때 사용되는 컬럼의 순번을 나타내는 변수
- **executeGubun** : 데이터 신규 저장/수정 처리 구분을 나타내는 변수
- **createdDttm** : 데이터 최초 등록 datetime 변수
- **updatedDttm** : 데이터 최종 수정 datetime 변수
- **inputArr** : 상품 정보를 입력하는 데 필요한 입력 폼의 위치와 관련된 정보를 담은 배열 입력폼의 D4:D14 범위의 데이터를 가져오기 때문에 상품명의 행 번호는 2가 됩니다.
- **dataRow** : 상품 정보를 저장할 때 사용되는 배열

❷ 상품 입력폼 시트에서 입력된 데이터를 가지고 옵니다.

❸ 키값이 입력(선택)되어 있으면 기존 데이터를 수정할지 확인하는 메시지를 표시합니다. '아니오'를 선택하면 저장 프로세스를 종료합니다.

❹ 폼에 필요한 데이터를 전부 입력했는지 확인하는 부분입니다. 앞서 선언한 inputArr 배열을 반복문으로 실행하고 inputArr의 행 번호인 row를 이용해 선택된 범위에서 데이터를 가지고 옵니다. 필수 입력값이 빈 값이면 오류 메시지를 표시합니다.

입력한 데이터 중 ID, 즉 key값이 없으면 createKey( ) 함수를 이용해 새로운 키를 생성하고, key값이 있으면 해당 key 값을 배열의 unshift( ) 메서드를 이용해 배열의 맨 앞에 추가한 후

cnt를 증가시킵니다.

❺ 상품 리스트 시트의 모든 데이터를 가져옵니다. 상품 리스트가 있는 스프레드시트를 아이디로 선택합니다. 신규 상품을 등록하려면 데이터를 최하단행에 추가해야 하기 때문에 dataListRange 변수에 추가할 데이터의 영역을 설정합니다.

상품 정보를 수정하는 함수

이제부터는 입력한 값이 기존에 있을 때 기존 데이터를 수정하는 기능과 관련된 코드를 설명하겠습니다. 앞 코드에 이어서 하나의 함수에 작성되었습니다.

```
project44.gs
...생략...
// ❶ 상품 리스트에 입력한 키값이 있는 경우 기존 데이터를 수정 history에 저장
for (k in dataListValues) {
  if (dataRow[0][0] == dataListValues[k][0]) {
    createdDttm = getDateTime(dataListValues[k][6]); // 등록일시
    updatedDttm = getDateTime(); // 수정일시
    const thisRow = parseInt(k) + 2; // 현재 행 번호
    // 상품 리스트에서 수정할 영역 선택
    dataListRange = dataSheet.getRange(`A${parseInt(k) + 2}:I${parseInt(k) + 2}`);
    // 수정 내역 데이터 가공
    var modifyValues = dataListRange.getValues();
    modifyValues[0][6] = getDateTime(modifyValues[0][6]); // 등록일시
    modifyValues[0][7] = getDateTime(modifyValues[0][7]); // 수정일시
    modifyValues[0].push(Session.getActiveUser().getEmail()); // 수정자
    // 수정 history 시트에 수정내역 저장
    const modifySheet = dataSheetSs.getSheetByName("수정history");
    const modifyLastRow = modifySheet.getLastRow() + 1;
    modifySheet.getRange(`A${modifyLastRow}:J${modifyLastRow}`).
    setValues(modifyValues).setBorder(true, true, true, true, true, true);
    executeGubun = "수정";
    break; // for문 탈출
  }
```

```
    createdDttm = getDateTime(); // 등록일시
    updatedDttm = ""; // 수정일시
}
// ❷ 등록일시, 수정일시, 삭제일시 정보 추가
dataRow[0][cnt++] = [createdDttm]; // 등록일시
dataRow[0][cnt++] = [updatedDttm]; // 수정일시
dataRow[0][cnt++] = [Session.getActiveUser().getEmail()]; // 작성자
// ❸ 데이터 시트에 저장 및 성공처리
dataListRange.setValues(dataRow).setBorder(true, true, true, true, true, true);
dataRange.clearContent(); // 입력폼 초기화
alertMessage("성공", `데이터 ${executeGubun}을 성공하였습니다.`); // 성공 메시지
}
```

❶ 기존 데이터가 담긴 배열을 돌면서 새로 입력한 데이터와 비교하며 이미 있는지 확인합니다. 그리고 이미 있는 데이터라면 이력 관리를 위해 기존 데이터를 수정 history 시트에 저장합니다. modifyValues 변수에 데이터를 가공하여 수정 history 시트에 수정된 내역을 추가하고 executeGubun 변수에는 "수정"을 입력한 뒤 break 명령어를 이용해 for문을 탈출합니다.

❷ dataRow 배열에 등록일시, 수정일시, 삭제일시 정보를 추가합니다.

❸ 데이터 시트에 dataRow 배열을 저장한 후 입력폼을 초기화하고 성공 메시지를 표시합니다.

코드를 저장한 다음 saveProduct( ) 함수를 상품입력폼 시트의 **[저장]** 버튼에 할당하면 버튼을 눌렀을 때 이 기능이 작동합니다.

필수 항목들에 값들을 입력하고 **[저장]** 버튼을 누르면 상품 리스트 시트에 입력한 데이터가 추가 됩니다.

상품 신규 키 생성

상품을 효율적으로 관리하기 위해 상품의 고유한 ID(key) 값을 생성하는 함수입니다. 폼에서 상 품 ID를 할당하지 않고 새로운 데이터를 입력한 후 저장을 누르면 상품 리스트 시트에 새 값이 추 가되고 이 값에 새로운 ID가 할당됩니다.

상품 구분 시트의 A열에는 상품 구분명이, B열에는 상품 구분 코드가 있습니다. ID 채번 규칙은 아이스크림의 ID가 G001, G002, G003으로 코드 뒤 세 자리 숫자가 증가하는 방식입니다.

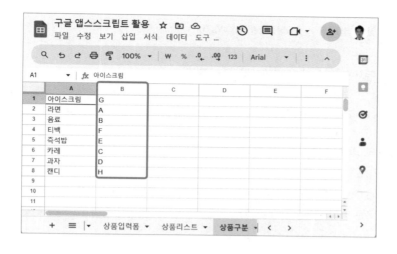

```
function createKey(inputCategory) {                                    project44.gs

  const ss = SpreadsheetApp.getActive();

  // ❶ 입력한 상품 구분

  console.log(`입력한 상품 구분 : ${inputCategory}`);

  // ❷ 상품 구분 코드 확인

  const categorySheet = ss.getSheetByName("상품 구분");

  const categoryValues = categorySheet.getRange(`A1:B${categorySheet.
  getLastRow()}`).getValues();

  const categoryKey = categoryValues.find((categoryValues) => categoryValues[0]
  === inputCategory)?.[1];

  console.log(`상품 구분코드 : ${categoryKey}`);

  // ❸ 상품 리스트의 상품 구분 값들 가져오기

  const dataSheetId = "1A98MOgTxoOIS40h2WS3E6-zPDTLLL2noYDHoq1XKLcY";

  const dataSheetSs = SpreadsheetApp.openById(dataSheetId);

  const dataSheet = dataSheetSs.getSheetByName("상품 리스트");

  const dataValues = dataSheet.getRange(`C2:C${dataSheet.getLastRow()}`).
  getValues().flat();

  console.log(`데이터 리스트 : ${dataValues}`);

  // ❹ 삭제 history에서 상품 구분 값들 가져오기

  const deletedDataSheet = dataSheetSs.getSheetByName("삭제 history");

  const deletedDataValues = deletedDataSheet.getRange(`C2:C${deletedDataSheet.
  getLastRow()}`).getValues().flat();
```

```
        console.log(`삭제된 데이터 리스트 : ${deletedDataValues}`);
        // ❺ 상품 리스트와 삭제 history의 상품 구분값 합치기
        const concatValues = dataValues.concat(deletedDataValues);
        // ❻ 합친 배열에서 입력한 상품 구분 값의 개수 확인
        const countCategory = concatValues.filter((food) => food === inputCategory).
        length;
        console.log(`상품 구분의 최대 키값 : ${countCategory}`);
        // ❼ 입력한 상품 구분의 새로운 키값 생성하기
        const newKey = categoryKey + String(countCategory + 1).padStart(3, "0");
        console.log(`상품의 새로운 키값 : ${newKey}`);
        return newKey;
    }
```

❶ 입력한 상품 구분을 변수로 받아옵니다.

❷ 상품 구분의 코드를 확인합니다. 상품 구분 시트의 데이터들을 가져와 배열의 find( ) 메서드를 이용해 만족하는 배열의 값이 앞에서 선언한 inputCategory와 일치하는 값을 찾습니다.

❸ 상품 리스트 시트의 C열, 상품 구분 값들을 가져옵니다.

❹ 키값 중복을 방지하기 위해 삭제 history 시트의 C열, 상품 구분 값들을 가져옵니다.

❺ 앞서 가져온 상품 리스트 시트와 삭제 history 시트의 상품 구분 배열을 concat( ) 메서드를 이용해 합칩니다.

❻ 합친 배열에서 입력한 상품 구분 값의 개수를 확인합니다. 배열의 filter( ) 메서드를 이용해 입력한 데이터의 상품 구분과 일치하는 데이터만 남기고 필터링된 배열의 length를 통해 배열의 길이를 얻습니다.

❼ 입력한 상품 구분의 새로운 키값을 생성합니다. 키값의 채번 규칙에 의거하여 상품 구분 코드인 categoryKey와 상품 구분의 개수인 countCategory에 1을 더하고 padStart( ) 메서드를 이용해 앞에 0을 붙여 키값을 완성합니다.

데이터 입력 폼으로 가서 새로운 값을 입력해봅시다. 상품 ID를 입력하지 않고 나머지 입력폼에

새로운 데이터를 작성한 후 **[저장]** 버튼을 누르세요.

</> 상품 조회 함수 살펴보기

상품의 ID를 이용해 상품의 상세 정보를 조회하는 기능을 살펴봅니다. 입력 화면에서 상품 ID를
선택하여 선택된 ID의 상품 정보를 조회하는 기능입니다.

```javascript
function getProductInfo() {
  // ❶ 선택된 키값 확인
  const inputSheetName = "상품입력폼";
  const sheet = SpreadsheetApp.getActive().getSheetByName(inputSheetName);
  const searchValue = sheet.getRange("D4").getValue();
  // ❷ 키값이 선택되지 않은 경우 알림
  if (searchValue == null || searchValue == "") {
    alertMessage("알림", "조회조건을 입력해주세요.");
    resertProductInputForm();
    return;
  }
  // ❸ 상품 리스트의 데이터 가져오기
  const dataSheetId = "1A98MOgTxoOIS40h2WS3E6-zPDTLLL2noYDHoq1XKLcY";
  const dataSheetSs = SpreadsheetApp.openById(dataSheetId);
  const dataSheet = dataSheetSs.getSheetByName("상품 리스트");
  const dataListLastRow = dataSheet.getLastRow() + 1;
  const dataListValues = dataSheet.getRange(`A2:I${dataListLastRow}`).
getValues();
  var resultFlag = false;
  // ❹ 선택된 키값에 해당하는 데이터 찾기
  for (const data of dataListValues) {
    if (searchValue === data[0]) {
      // ❺ 일치하는 데이터가 있을 경우 입력 폼에 값 입력
      const ranges = ["D6", "D8", "D10", "D12", "D14"];
      ranges.forEach((range, index) => sheet.getRange(range).setValue(data[index + 1]));
```

```
        resultFlag = true;
        break;
      }
    }
  }
  // ❻ 선택된 키값에 해당하는 데이터가 없을 경우 알림 및 입력 폼 초기화
  if (!resultFlag) {
    alertMessage("알림", `"${searchValue}" 데이터가 없습니다.`);
    resertProductInputForm();
  }
}
```

❶ "D4"셀의 선택된 상품 코드를 searchValue 변수에 할당합니다.

❷ 키값을 선택하지 않으면 조회할 수 없기 때문에 키값을 선택하라는 알림 메시지를 표시합니다.

❸ 상품 리스트 시트의 데이터를 가져옵니다.

❹ 반복문을 통해 선택된 키값에 해당하는 데이터를 찾습니다.

❺ 일치하는 데이터가 있으면 입력 폼에 값을 입력합니다. 데이터를 입력하는 셀들의 위치가 항상 같기 때문에 ranges 배열에 입력할 셀의 위치를 미리 지정해주었습니다. forEach( ) 메서드를 사용하여 배열에 포함된 각 셀 주소에 해당하는 셀에 값을 입력하는 작업을 반복합니다.

❻ 선택된 키 값에 해당하는 데이터가 없으면 입력 폼을 초기화하고 알림 창을 띄워줍니다.

getProductInfo( ) 함수를 상품 입력폼 시트에 🔲 버튼을 만들고 할당했습니다.

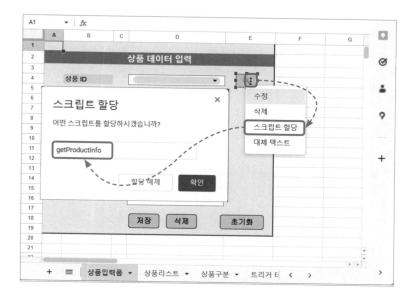

상품 ID를 드롭다운에서 선택하고 버튼을 누르면 상품 리스트 시트에 기록된 해당 ID의 정보가 데이터 입력 폼에 뜹니다.

이 부분을 참고한다면 검색 버튼 말고 다른 방법으로도 응용할 수 있습니다. onEdit( ) 트리거를 이용해 드롭다운의 변경을 감지하면 상품 ID를 선택해서 바로 상품 정보를 조회할 수 있겠네요.

</> 상품 삭제 함수 살펴보기

상품의 ID를 이용해 상품을 삭제하는 기능을 살펴봅니다. 입력 화면에서 상품 ID를 선택하고 **[삭제]** 버튼을 누르면 선택된 ID의 상품을 삭제하는 기능입니다. 이력 관리를 위해 삭제된 데이터는 상품 리스트에서 삭제하고, 삭제 history 시트에 삭제된 정보가 입력됩니다.

```
function deleteProduct() {                                    project44.gs
  // ❶ 선택된 키값 확인
  const inputSheetName = "상품입력폼";
  const sheet = SpreadsheetApp.getActive().getSheetByName(inputSheetName);
  const dataRange = sheet.getRange("D4");
  const searchValue = dataRange.getValue();
```

```
// ❷ 키값이 선택되지 않은 경우 알림 및 삭제 의사 재확인
if (searchValue == null || searchValue == "") {
  alertMessage("알림", "삭제할 id가 없습니다.");
  resertForm();
  return;
} else {
  const confirm
  = confirmMessage("확인", `${searchValue} 상품을 삭제하시겠습니까?`);
  if (!confirm) {
    return;
  }
}
// ❸ 상품 리스트 데이터 가져오기
const dataSheetId = "1A98MOgTxoOIS40h2WS3E6-zPDTLLL2noYDHoq1XKLcY";
const dataSheetSs = SpreadsheetApp.openById(dataSheetId);
const dataSheet = dataSheetSs.getSheetByName("상품 리스트");
const dataListLastRow = dataSheet.getLastRow() + 1;
const dataListValues
= dataSheet.getRange(`A2:I${dataListLastRow}`).getValues();
var resultFlag = false;
// ❹ 상품 리스트에서 기존 데이터를 삭제 history에 저장
for (k in dataListValues) {
  if (searchValue == dataListValues[k][0]) {
    const thisRow = parseInt(k) + 2;
    // ❺ 상품 리스트에서 삭제할 영역 선택
    const dataListRange = dataSheet.getRange(`A${thisRow}:I${thisRow}`);
    // ❻ 삭제 history에 입력할 데이터 가공
    var deleteValues = dataListRange.getValues();
    deleteValues[0][6] = getDateTime(deleteValues[0][6]); // 등록일시
    deleteValues[0][7] = getDateTime(deleteValues[0][7]); // 수정일시
    deleteValues[0].push(getDateTime()); // 삭제일시
    deleteValues[0].push(Session.getActiveUser().getEmail()); // 삭제자
    // ❼ 삭제 history 저장
```

```
        const deleteSheet = dataSheetSs.getSheetByName("삭제 history");
        const deleteLastRow = deleteSheet.getLastRow() + 1;
        deleteSheet.getRange(`A${deleteLastRow}:K${deleteLastRow}`).
        setValues(deleteValues).setBorder(true, true, true, true, true, true);
        // ❽ 상품 리스트에서 해당 row 삭제
        dataSheet.deleteRow(thisRow);
        resultFlag = true;
        break;
      }
    }
    // ❾ 삭제 처리가 완료된 경우 성공 알림 및 입력 폼 초기화
    if (resultFlag) {
      alertMessage("성공", `데이터 삭제를 성공하였습니다.`); // 성공 메시지
      resertProductInputForm(); // 입력폼 초기화
    }
}
```

❶ D4셀의 선택된 상품 코드를 searchValue 변수에 할당합니다.

❷ 키값을 선택하지 않으면 삭제할 수 없기 때문에 키값을 선택하라는 알림 메시지를 표시합니다. 키값이 선택되었다면 정말 데이터를 삭제할 것인지 확인하는 창을 표시합니다.

❸ 상품 리스트 시트의 데이터를 가져옵니다.

❹ ~ ❽은 이력 관리를 위해 기존 데이터를 삭제 history 시트에 저장하는 과정입니다. 삭제도 수정 작업이기 때문에 모든 단계가 끝나면 executeGubun 변수에 "수정"을 입력한 뒤 break 명령어를 이용해 for문을 탈출합니다.

❺ 상품 리스트 시트에서 삭제할 영역을 선택합니다. 상품 리스트 시트에서 데이터를 삭제하기 위해 dataListRange 변수에 데이터가 있는 현재 범위를 입력합니다.

❻ 삭제 history시트에 입력할 데이터를 가공합니다. 삭제일시는 getDateTime( ) 함수를 이용해 현재 시간을 입력하고, 삭제자는 Session.getActiveUser( ).getEmail( ) 메서드를 이용해 함수를 실행하는 세션의 이메일 주소를 입력합니다.

❼ 삭제 history 시트에 앞서 가공한 데이터를 저장합니다.

❽ deleteRow( ) 메서드의 매개변수에 앞서 선언한 thisRow를 변수로 입력해 상품 리스트 시트에서 데이터를 삭제합니다.

❾ 삭제 처리가 완료되면 성공 알림을 표시하고 입력 폼을 초기화합니다.

deleteProduct( ) 함수는 상품 입력폼 시트의 **[삭제]** 버튼에 할당했습니다.

상품 ID를 선택해 조회한 뒤 **[삭제]** 버튼을 클릭하면 상품 리스트 시트에서 선택한 ID의 상품은 삭제되고, 삭제 history 시트에 삭제한 ID의 상품이 추가됩니다.

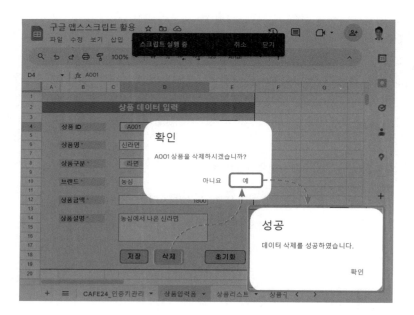

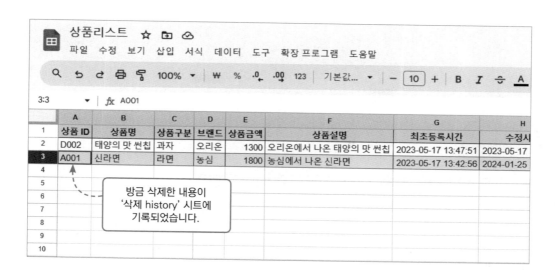

이렇게 분석이 끝났습니다. 수고 많았습니다. 하나의 앱스 스크립트 함수만을 사용해서 간단한 업무를 자동화할 수도 있지만 이렇게 여러 개의 스프레드시트와 앱스 스크립트 함수를 정교하게 연결하면 훌륭한 프로그램을 만들 수도 있습니다. 이 프로젝트에서 사용했던 함수, 이 책에서 사용했던 함수를 다양하게 응용해서 여러분의 것으로 만들어보세요.

참고하면 좋아요

- Project 07 스프레드시트에 나만의 버튼 만들기
- Project 13 문서에 공지사항 띄우기
- Project 24 음영과 테두리 지정하기

이게 되네?

업무 자동화 미친 활용 앱스 스크립트 with 챗GPT

업무부터 일상까지, 3일 작업 한 방에 처리하는
45가지 미친 자동화 치트키

초판 1쇄 발행 2024년 11월 1일

지은이 서휘승

펴낸이 최현우 · **기획** 김성경 · **편집** 박현규, 김성경, 최혜민

디자인 표지 박은정 **내지 · 조판** 안유경

마케팅 버즈 · **피플** 최순주

펴낸곳 골든래빗(주)

등록 2020년 7월 7일 제 2020-000183호

주소 서울 마포구 양화로 186 LC타워 5층 514호

전화 0505-398-0505 · **팩스** 0505-537-0505

이메일 ask@goldenrabbit.co.kr

홈페이지 goldenrabbit.co.kr

SNS facebook.com/goldenrabbit2020

ISBN 979-11-91905-99-1　93000

* 파본은 구입한 서점에서 바꿔드립니다.

우리는 가치가 성장하는 시간을 만듭니다.

골든래빗은 가치가 성장하는 도서를 함께 만드실 저자님을 찾고 있습니다.

내가 할 수 있을까 망설이는 대신, 용기 내어 골든래빗의 문을 두드려보세요.

apply@goldenrabbit.co.kr